法国陆军合成战术群
战术研究

邱　健　◎主编

Wuhan University Press
武汉大学出版社

图书在版编目(CIP)数据

法国陆军合成战术群战术研究/邱健主编. —武汉：武汉大学出版社，2021.6
ISBN 978-7-307-22298-4

Ⅰ.法…　Ⅱ.邱…　Ⅲ.陆军－合同战术－研究－法国　Ⅳ.E565.51

中国版本图书馆CIP数据核字(2021)第092607号

责任编辑：黄朝昉　　　　责任校对：孟令玲　　　　版式设计：天　韵

出版发行：**武汉大学出版社**　　（430072　武昌　珞珈山）
　　　　　（电子邮箱：cbs22@whu.edu.cn 网址：www.wdp.com.cn）
印刷：三河市京兰印务有限公司
开本：710×1000　1/16　　　印张：21.5　　　字数：305千字
版次：2021年6月第1版　　　2021年6月第1次印刷
ISBN 978-7-307-22298-4　　　定价：68.00元

编 委 会

主　编　邱　健

副主编　李露露　管宁宁

编　者　孙　静　熊世英　张　庆

前　言

为适应不断发展变化的信息化战争作战需求，法军基于模块化思想实施陆军改革。在法国陆军合成战术群的建设上，它是如何区分定位模块的功能要素，如何设计模块的单元结构，作战中如何管理模块和进行动态组合变化等，这些都是值得我们探索和研究的问题。另外，在我军建设上，合成营作战是陆军当前重点研究方向之一。在作战部队调整改革上，我陆军编制也正在由原来的"团以上合成，营以下单一"向"营以上合成，连以下单一"的组织结构发展，而未来我陆军作战部队主要是在"师－旅－合成营/专业营"框架内展开作战。在合成营建设问题上，我军是以美军"斯特赖克"旅的一个合成营作为参照，还是借鉴法国陆军合成战术群"水泡"系统？如何处理"合成"与"模块化组合"之间的关系？针对这些问题，本书以法国陆军合成战术群为研究对象，主要针对其作战力量模块化编成和战术运用来展开研究，希望能为加强我军合成营战术运用方面的研究提供参考。

本书将研究重心放在"战术"研究上。为更好研究和理解法国陆军合成战术群战术，笔者认为，有必要首先对我军与外军的"战术"定义从概念上进行对比。法军对"战术"的定义是"在作战行动中，将各种军事手段的行动进行组合的艺术，以达成战略战役层指定的目标"[①]。美军对战术的定义为"战术是对彼此相关的部队的运用和有序安排""战术级的重点

---

① 万福明，卜万成，李建伟. 中美陆军战术理论比较与思考 [J]，军事，2009，2.

是计划和实施战斗、交战和其他行动，完成战术部队或特遣部队受领的军事目标"。而我军 2011 年版的《中国人民解放军军语》对"战术"一词的定义，是"进行战斗的方法。内容包括战斗原则，战斗部署、战斗指挥、战斗协同、战斗行动的方法，以及各种保障措施等。还包括行军、宿营、运输、变更部署和换班的方法。按类型，分为进攻战术和防御战术；按形式，分为联合战术和合同战术；按军种兵种，分为军种战术和兵种战术；按规模，分为兵团战术、部队战术和分队战术等。某些兵种的部队、分队在战斗中遂行任务的方法也属战术。如通信兵战术、工程兵战术"[①]。从外军与我军的战术定义对比中，可以看出外军与我军对战术的认识各有特点。为了便于对法国陆军合成战术群战术的理解，本书将从力量编成、战斗特点、战术原则、基本任务、战术运用、战斗指挥等方面，对法国陆军合成战术群进行剖析。主要在战术运用上，探究法国陆军合成战术群的战斗队形、战斗程序和战术手段等。

作为本书的研究对象，法国陆军合成战术群是营规模的作战力量，是负责接触作战功能的基本战术组织。它拥有参谋部以及相应后勤保障分队，因而独立作战能力很强。例如，机械化步兵合成战术群可分成两个梯队部署，在 6~10 千米的正面上，分 2~3 路对敌实施攻击侦察。轮式装甲合成战术群可分成两个梯队部署，在 20~30 千米的正面，40~50 千米的纵深地域，实施攻击侦察。而坦克合成战术群实施强攻时，可在 4~5 千米的正面上发起攻击，随后的行动地域可宽达 6~9 千米，行动地域纵深可以从 10 千米到 25 千米不等。

在研究方法上，本书不是运用"还原论"的思想和方法，对研究问题进行细分和综合；而是利用联系的方法，强调整体系统观念。所以，在进入合成战术群战术问题研究之前，首先通过介绍与法军陆军合成战术群紧密联系的相关概念、作战理念，以及合成战术群的理论基础和物质基础，

---

① 全军军事术语管理委员会，军事科学院. 中国人民解放军军语（全本）[M]. 北京：军事科学出版社，2011:137.

为随后合成战术群战术研究做铺垫。然后，就法军步兵合成战术群、轮式装甲合成战术群、坦克合成战术群，以及对合成战术群作战提供支援的相关陆军兵种力量进行详细探讨。最后，以法军合成战术群在阿富汗的一次作战行动的战例研究来结束。全书贯穿着从概念定义，到理论思想，再到战术战法，最后到实战检验及其经验反馈这一脉络。

本书第一章主要是相关概念介绍。通过介绍法国陆军合成战术群概念、特点和类型，先对本书研究的对象进行粗线条素描；随后介绍法国陆军以"作战功能"概念取代"兵种"概念，明确各个"作战功能"的区分，并指出合成战术群属于"接触作战"功能；通过"模块化"组合原则的定义及其历史发展，论述法国陆军对合成战术群力量编组的理念；最后介绍"作战矢量"概念，它是法国陆军空地一体作战的一个相关概念，进而对法国陆军的作战行动勾勒出一幅整体图像，以从全局角度来审视合成战术群的战术行动。

第二章是在前面对合成战术群的相关概念进行界定后，从理论基础的角度对法国陆军基本作战思想和作战理念展开探究。首先介绍法军的"强制性行动"和"控制暴力行动"两种行动样式，指出法国陆军合成战术群在不同的武装力量使用框架下展开不同的战术行动；随后从战役上的"间接方法"再到战术上瞄准"重心"的空地决定性作战，来介绍合成战术群战术所处的陆军整体作战思想背景，理解从战术行动到战役效果再到达成战争目的这一逻辑；结合"空地作战水泡"和"蝎子"系统的发展，剖析法国陆军专门针对合成战术群而开发的作战理念；最后介绍法国陆军作战条令体系构成，它对联合作战中的合成战术群的作战行动做出相应规范。

第三章主要从物质基础的角度，介绍法国陆军合成战术群的相关情况。首先，法国陆军通过前期的编制体制改革，为模块化编组作战力量奠定组织基础；通过有规划地发展 FELIN 单兵数字化作战系统、VBCI 多功能装甲战车、"勒克莱尔"坦克、"虎"式直升机等武器装备的发展，为合成战术群提供有力的物质保障；在信息系统方面，通过开发相应的指挥信息系统，为陆军合成战术群作战提供可靠的信息支持。

第四、五、六章是本书的重点，分别详细介绍了法国步兵合成战术群、轮式装甲合成战术群、坦克合成战术群的具体编组、战斗特点、战术思想和运用原则、基本任务、攻防战斗中的战术运用。通过法国陆军在"强制性行动""控制暴力行动"两种行动样式下不同合成战术群的战术运用，并结合示意图，力求原汁原味地介绍法国陆军合成战术群的战术。

第七章，介绍在合成战术群编成之外，与合成战术群作战相关的其他陆军作战支援保障兵种力量，包括陆军航空兵、炮兵、防空兵、工兵等。

第八章以法军在阿富汗战场上合成战术群的作战战例，描述法国陆军合成战术群的实战运用，以及法军在实战中取得的合成战术群作战运用经验教训。

通过本书的介绍，希望读者能对法国陆军合成战术群有一个全面而系统的了解。在本书编写过程中，要感谢仲永龙、俞存华、张晓杰等专家教授提出的宝贵意见，并向全体研究人员表示诚挚的谢意。本书仅是针对法国陆军合成战术群展开研究的一个开始，后期还将密切跟踪法军相关动态发展和新出版的条令条例，继续开展深入研究。由于研究水平有限，不当之处，敬请专家、读者批评指正。

目　　录

第一章 相关概念介绍

概念是人类认知思维体系中最基本的构筑单元。因此，在探究法国陆军合成战术群的战术之前，有必要对相关概念、定义进行介绍。下面首先明确法国陆军的"合成战术群和战术分群"的定义、特点和种类，对所研究的对象进行界定；随后介绍与之相关的"作战功能"概念和分类，并指出法国陆军合成战术群属于"接触作战功能"；而"模块化"是合成战术群进行力量编组所遵循的原则；"作战矢量"是合作战术群在法军空地一体作战行动中涉及的相关概念。

第一节 合成战术群与合成战术分群概念

法国陆军总兵力约12万人，编成8个合成旅、3个专业保障旅和1个特种作战旅，加上总部直属部队，共81个团。作为法国陆军主力部队的8个合成旅，根据其编组力量不同，分为2个"决战旅"、4个"多功能旅"、2个"应急作战旅"。法国陆军作战时，通常在师、旅一级设立作战行动指挥部，根据作战需要将数个兵种营、连编成在一起，灵活编组成具有不同作战行动功能的战术群，包括负责接触作战的合成战术群，置于师、旅指挥所的指挥下具体展开作战行动。合成战术群根据作战任务、行动环境、战场情况等，以及根据合成战术群编成内不同兵种特点，将各兵种连的兵力进行混合搭配，灵活编组成战术分群。

一、合成战术群和合成战术分群定义

法国陆军合成战术群，是以常备建制或临时编组的方式组建起来的营规模力量体系，是能够组织计划和指挥实施合同作战行动的基本战术组织。法军用合成战术群这一概念取代传统的"团"概念[①]，作为"战术运用基本力量模块"。在作战能力构成上，合成战术群拥有超短程、短程、中程和远程反坦克、反步兵直瞄火力，短程间瞄火力，以及相应作战保障能力。合成战术群的规模根据任务而定，通常为 800～1200 人左右。它一般是在旅一级作战编成内遂行任务，也可以单独行动。

目前，法国陆军合成战术群以步兵为主或以装甲兵为主编成[②]，采取可对接编成的模块化组合结构。合成战术群围绕核心力量（1个指挥与后勤单元，4个作战单元），视情况加强不同性质和数量的支援力量编组而成。例如，步兵合成战术群兵力组成一般如下：1个指挥与后勤连，3个装甲步兵连，1个"勒克莱尔"坦克连（或 1 个 AMX–10RC 轮式装甲战车连，或 1 个摩托化步兵连），1个工兵连，1个火力支援连（炮兵），以及各兵种相应的保障力量。

通常合成战术群根据作战任务、行动环境、战场情况等，以及根据合成战术群编成内不同兵种的特点，将各兵种连兵力进行混合搭配，灵活编组成战术分群。战术分群负责具体实施接触作战。一般情况下，1个合成战术群至少由 4 个战术分群组成。

战术分群是战术群根据任务需要和具体战术情况，以合成基础分队为主，围绕装甲兵或步兵指挥机构编组的一个小型合成作战力量系统。在战术群指挥员的直接指挥下，战术分群的行动具有局部性和临时性，并且在战术运用上有一定限制。合成战术分群在合成战术群编成内行动，可得

---

① 法军军标上，"团"与"战术群"属同一级别。实际上，法军的合成战术群等同于合成营的概念。

② 将来还考虑以陆航力量为主编成。

到其他兵种力量加强，也可将其建制内的部分力量加强给另一个混编合成分队。战术分群指挥员在使用配属或加强的兵种力量时，兵种分队指挥员将充当技术顾问，为指挥员使用相应兵种力量提供建议和意见。配属或加强的兵种分队在数量和性质上，必须在对应指挥机构的指挥协同能力范围之内。以"勒克莱尔"坦克战术分群为例，其力量编成为1个指挥与后勤排，3个"勒克莱尔"坦克排，1个直接支援排（前进装甲车）、1个摩托化或机械化步兵排，以及相应保障力量。

作战时，通常根据任务需要，合成战术群和战术分群可获得一定数量的炮兵、工兵、陆航力量等的支援加强。

二、法国陆军合成战术群的特点

法军认为，合同作战已经成为部队作战行动的基本模式；只有通过实施合同作战，才能实现各兵种力量战术行动的整体一致性。它要求在统一指挥下，各兵种部队展开协调一致的作战行动，以达成预定目标。

法国陆军合成战术群具有以下特点：

1. 合成战术群是组织计划和指挥实施合同作战行动的基础战术组织

由于合成战术群拥有展开作战行动所需的各种能力，既可以在旅编成内行动，也可以单独展开行动，所以它成为计划和实施合同作战的基础战术组织。在作战力量构成上，合成战术群拥有反坦克、反步兵直瞄火力（超短程、短程、中程和远程），短程间瞄火力（迫击炮），以及一定自我保障能力。一个合成战术群大约有800名官兵。从建制级别上看，法军将合成战术群称为"营"，取代"团"的概念，作为"战术运用基本模块"。但在军队标号上，法军依然以"团"称谓。实际上，合成战术群兵力规模是可以根据任务需要灵活变化的。

2. 合成战术群仅由法国本国军人编成

法军以本国部队力量来编组合成战术群，目的在于增强组成人员的一致性，以及简化操作程序。这种做法免去了因多国力量编组而带来的沟通问题，使得合成战术群在战场上拥有更快的反应能力。

3. 合成战术群以步兵或装甲兵为主编成

根据任务和战场上要实现的作战功能，法国陆军目前主要以机械化步兵为主编成步兵合成战术群，以轮式装甲战车或以"勒克莱尔"坦克为主编成装甲合成战术群。将来，法军可能还以陆航部队为主，编成空中机动作战合成战术群。

4. 合成战术群具有模块化结构

通常合成战术群的力量编成包括 4 个接触作战单元，不同性质和数量的支援力量，以及 1 个指挥与后勤单元（能够保障自身作战行动）。步兵合成战术群一般包括 1 个指挥与后勤单元、3 个步兵连、1 个装甲（坦克）连、1 个工兵连、1 个火力支援连（炮兵），以及每个单元所必要的后勤保障力量。装甲兵合成战术群则由 1 个指挥与后勤单元、3 个坦克连、1 个步兵连、1 个工兵连、1 个火力支援连（炮兵），以及每个单元必要的后勤保障力量构成。合成战术群采取可对接的模块化组合结构，可根据任务、行动情况、战场环境等对其所掌握的各种力量进行灵活编组；根据兵种合成的力量编组要求，可通过交换战术小分队，实现战术分群的合成编组。

5. 合成战术群至少包括 4 个战术分群，负责接触作战

为实施机动作战，根据行动自由和作战自主原则，法军强调在战术群层面要拥有 1 个可直接使用的预备队。因此，合成战术群通常编 4 个战术分群，其中 3 个战术分群根据任务需要和战场情况展开行动，并将 1 个战术分群作为预备力量，灵活使用。作为合成战术群的下一级战术单位，战术分群一般由 1 个坦克连（或 1 个步兵连，或 1 个炮兵连），指挥所加强分队（通信联络组、专业组、协同联络组），以及相应保障力量组成。

三、法国陆军合成战术群的类型

根据合成战术群主体力量的不同，其作战运用也有所不同，但通常都用于实施机动作战。目前，法国陆军编成以下几个类型的合成战术群。

1. "勒克莱尔"坦克合成战术群

作为决战力量使用时，战术群利用有利的战场态势实施纵深突进，或压制、摧毁对方装甲群；执行安全防卫作战任务时，战术群作为装甲预备队，可用于迟滞敌方坦克进攻，或实施反击作战，或作为前锋部队，或展开翼侧攻击以支援前锋部队作战；在夺控地域作战中，战术群主要被用于攻占关键区域和地点，并遏制对方。常用战术有强攻、灵活攻击、纵深割裂、奔袭、迟滞、拦阻、反击、控制地域。

2. 轮式战车合成战术群

主要用于安全防卫作战，也可作为决战力量使用。在以装甲兵或机械化步兵为主的作战旅编成内实施作战时，轮式装甲战车部队通常在直升机支援下，担任先锋或安全防卫作战任务。根据情况需要，通常可获得一定数量作战坦克的加强。在以轻装甲为主或摩托化步兵为主的作战旅编成内实施作战时，轮式装甲战车部队将是实施攻击和干预作战的主体力量。除非特殊情况，一般不给予该战术群作战坦克加强，而是给予直升机加强。在使用轮式装甲战车合成战术群时，法军注重发挥其在广阔地域分散行动的能力，主要用于作战侦察，或展开以安全防卫作战为主的掩护行动。作战中，必须将它与反坦克导弹部队或坦克部队相结合，以灵活行动对抗敌方坦克。常用战术有作战侦察、灵活攻击、反击、纵深突进、奔袭；警戒、迟滞、拦阻、掩护；控制地域、防守要点。

3. 步兵合成战术群

既能够乘车作战，也能徒步行动，因此特别适合紧急投送作战，并可在割裂的、难以抵达的复杂地形上行动，尤其是可在居民地大规模展开。步兵合成战术群既可以在旅编成内行动，也可独立展开作战。它可承担安全防卫、进攻、防御为主的作战任务，或居间调停、撤侨、参与人道主义救援、帮助重建等辅助性任务。常用战术有攻击侦察、掩护、侧卫、强攻、灵活攻击、奔袭、反击、纵深突进、占领要点、歼灭、支援作战；迟滞、拦阻、拒止、坚守防御、耗敌防御等。

除了合成战术群的主体力量决定其战术运用的基调外，其他各兵种力量加强也使得法国陆军合成战术群的战术运用多样变化。

第二节 "作战功能"概念

法国陆军在作战中，强调以"作战功能"模块概念而不再是简单的"兵种"概念去编组和运用合成战术群。为更好理解法国陆军合成战术群的力量编组，下面介绍法国陆军在作战力量运用中优先考虑"作战功能"概念而不是"兵种"概念的动因，以及法国陆军对作战功能的定义和分类。

一、以"作战功能"取代"兵种"概念的动因

法国陆军为落实所承担的"保卫国土""投送行动""预防危机"等职能，以及在"强制性行动"和"控制暴力行动"两种行动样式中顺利完成任务，必须解决好各种力量之间的协调性问题。为解决好陆军部队行动的内部协调性问题，法军认为首先要解决在多国行动框架下和联合作战环境中部队的兼容性问题；其次是要"对兵种概念，以及参与行动的兵种合成规模进行重新定义"。这正是法军发展合成战术群及相应战术的动因。

事实上，法国陆军长期以来都是根据炮兵、步兵、装甲兵、通信兵等不同专业来组织部队，集中相应的手段、装备和人员。这便是所谓的"兵种"概念。但法军认为这种逻辑已无法完全应对当前的战场实际情

况。法军之所以仍然保留"兵种"这一概念，除了认为它是暂时还不宜摒弃的"传统"概念之外，更主要的是认为它在培训上和在军事行动上还有存在的价值。虽然法军在学习和掌握军事知识与技能上仍然将"兵种"作为基本参照，但在军事力量的运用上，已不再将"兵种"作为基本参照。以"兵种"区分作战力量运用的逻辑思路逐渐被合成作战的思路所取代。法军主张优先考虑寻求兵种间的互补性和协同作用，并将其作为作战力量运用的基本参考条件，来将不同兵种力量聚合构成一定的作战功能。正是出于以"作战功能"取代"兵种"的逻辑思路，使得法军以兵种互补性和协同作用为基本要求，以作战功能为出发点来编组合成战术群。

二、法军"作战功能"的界定和区分

法军对"作战功能"的定义，是指为了使陆军部队在新的战场上顺利完成所承担的任务，针对任务（子任务）确定相关的专业领域，并在这些专业领域协同展开行动而产生的功能。法军这里所说的"作战功能"，并不只是某几个相关专业的简单结合，而是强调这些专业的"协同行动"为陆军部队完成任务所产生的功效。具体而言，法军提出的"作战功能"定义涉及"兵种"相关专业的概念，但法军正在用"作战功能"承担合同作战任务的理念来超越"兵种"承担合同作战的理念。在这种发展趋势下，法军界定了三类"作战功能"：

1. 通用类功能

该功能在横向上适用于各类作战行动。通用功能是作战系统整体不可缺少的一项功能，它包括的第一个功能是"指挥"功能。"指挥"功能是指由指挥权限、组织结构关系和程序等构成的整体，使得军事负责人可以动用所掌握的资源，计划所属力量的运用，并组织和指挥这些力量去完成任务。第二个功能是"信息通信系统"功能，它为指挥的实施提供技术支持。第三个功能是"情报"功能，同样具有横向联系的特性，由获取、使用和分发相关敌情、行动环境等信息情报的手段构成。第四个是"后勤"功能，涵括卫勤、维修保养、物资补给、劳动力、运输和基础设施等。在现代作战中，"后勤"功能作为一个整体起着决定性作用。它要在支援保障需求动态变化的环境下，使用合理规模的资源来保障行动顺利实施。

2. 作战行动类功能

这类功能构成法国陆军的主要行动领域。法军根据优先采取"强制性行动"或"控制暴力行动"为主的行动方式，展开不同强度的作战行动。它包括的第一个功能是"接触作战"功能。"接触作战"指通过战术机动和直瞄火力打击等作战行动，打击和毁伤敌方目标，塑造有利战场态势。本书研究的重点，也正是担负"接触作战"的步兵合成战术群和装甲合成战术群的战术行动。第二个功能是"间接作战"功能，它是"接触作战"功能的补充。主要包括支援己方部队接触作战的火力，以及纵深火力的运用。它还包括电子战、心理战等领域的某些行动。第三个功能是"陆战场空间设置"功能，包括机动保障、反机动保障、辅助部队展开部署等。第四个功能是"防空"功能，主要针对敌人各种性质的空中行动和威胁，确保己方地面部队的行动自由。

3. 行动环境类功能

这是法军当前特别注重发展的新功能。它首先包括"作战沟通"功能。法军将"作战沟通"视为获取制信息权的主要要素。其次是"军事民事行动"功能，它是另一个环境功能，主要用于控制暴力行动。

在引入兵种合成的"作战功能"概念后，法军又要面对另一个问题，即如何将不同兵种力量合成编组来实现不同作战功能。而且在力量编组上，还对"效率"提出要求，即部队的构成、部队在战场上投入行动的能力等必须精确地符合要采取的行动和实现的作战效果。为此，法军采用作战集群的思想，来应对模块化编组和作战力量运用的问题。

第三节 "模块化"概念

法国陆军在编组合成战术群时，贯彻模块化组合原则。法军将陆军视为一个统一的力量整体，在全军范围内配置和编组作战力量。这些陆军部队既要能够实施不同强度的作战，也要能够展开军事控制行动。陆军作为统一的力量整体，作战编队不再专属地隶属于某个常备部队或常设指挥组织。针对某一具体行动的需要，法军可在统一的力量储备库中灵活选择所需的分队，合理编组成一支作战力量。

一、模块化组合原则的定义

1994 年法国国防白皮书首次正式提出了模块化组合原则的概念："在部队的力量组织结构上，要允许能将部队分割成基本单元，然后根据需要进行重新编组，组合成拥有实施干预行动所必需的指挥、行动、支援和保障等各种能力且结构一致的整体。模块化组合原则将是各种组织获得效率的基本条件。"

随后，法国陆军在 TTA 900 军语规范中，对模块化组合原则做了进一步的诠释：对于实施作战行动的地面部队而言，"通过模块组合，可以按需编组相适应的作战力量且手段（人员、装备、时间等）耗费最低。首先，它需要明确全部可用的模块并建立一个目录表，以便可快速编组作战力量的各个组成部分。其次，模块组合要求建立一个能够衡量力量编组各组成部分与实际情况相符程度的工具，并要求建立一个能对全部模块的可支配程度进行跟踪的组织。最后，还要求在和平时期取消将大单位（军和师）作为常设编制组织"。

法军 TTA 900 对"模块"这一概念的表述为："模块是一个在和平时期组建的、可投送的作战单元（构件或组成部分）；它自身具备可以相对独立完成一项或多项特定任务的能力，从而能够为实现一项作战功能（或子功能）做出贡献；而该作战功能被称为该模块的主要功能。"

根据这一概念，"模块"是基于特定的专业领域，具有专业性，并且是可投送的基本单元。在相应的组织结构中，"模块"是被使用的最基本单元（根据兵种和担负功能的不同，"模块"基本单元级别也不同）。在平时，"模块"就有明确的组成和特点。其组成人员的专业能力、手段器材的技术能力、武器装备等为"模块"提供了可量化的作战能力。"模块"通常隶属于某一兵种专业方向。当需要展开某一地面作战力量时，陆军可以将不同种类的数个"模块"编组成一个结构紧凑、具有同质性和相应作战能力的合成整体。此外，由于编组的合成整体可以根据作战不同阶段，灵活变化其构件（组成部分）的种类和组成，因此可以在战场上根据需要实现编组力量动态化。

二、法军模块化组合原则的发展

模块化组合不是一个新概念，模块化编组作战力量也不是什么创新的思想。

法国陆军作战力量模块化组合原则，是在战争实践中摸索总结出来的。海湾战争得出的诸多结论之一，就是各种作战力量按任务、按需求进行灵活编配的可行性，这促使法军建立和发展了模块化组合原则这一"工具箱"。

法军在第二次世界大战后期编组的"战术群"只是合成部队（师）下属兵种的合同作战力量编组，还未清晰显示出模块化编组原则的轮廓。在海湾战争中，法国第 2 外籍军团和第 1 装甲战车团在攻占 As-salman 飞机场时所采取的作战力量编组，就显示出鲜明的模块化编组特征。当时，法国机械化步兵团由 3 个 AMX-10P 机械化步兵连和 1 个 AMX-30B 坦克连组成；该坦克连可以排的方式分散编入机械化步兵分队，从而构成 4 个力量编成相同的作战连。这种编组结合强大的突击力和火力，给团指挥员在作战力量的使用上带来了很大的灵活性。此外，由于得到团属重型迫击炮排的火力支援，以及得到炮兵联络分队和 1 个工兵连的支援，法军机械化步兵团是当时唯一真正的模块化组合作战部队。

例如，在 1996 年 11 月 18 日至 1997 年 2 月 25 日，法军在中非展开的 "Alamandin" 行动中，由于任务需求发生变化，要临时组建一支纵深侦察与作战特遣队，直接隶属于战术参谋部，负责向它提供准确、全面和实时的情报。另外，法军在战场实践中还注意到，兵种间的合作需求经常发生明显的动态变化。例如，1997 年在波斯尼亚战场上，由 2 个步兵连和 1 个 "标枪" 装甲连组成的 "猎豹" 营，在作战中其步兵和装甲兵的行动对其他兵种行动的依赖性很快就显现出来，特别是对炮兵、工兵和后勤补给的依赖，于是它临时请求加强 1 个侦察装甲连和 1 个工兵连。

在科索沃战争后期的强制和平行动中，法军首次正式使用模块化编组原则，使旅指挥员掌握一系列重型和轻型的作战力量，可以根据不同战术情况灵活编组作战力量。但从最近的战场经验总结看，法军虽然提倡运用模块组合原则编组作战力量，但认为最好能使用同一建制内的力量来编组，以便于指挥和协调；而且在编组时要遵守 "模块" 最低级别的要求（基本单位、排、小组），不能往下拆分 "模块"。

第四节　作战矢量概念

在对法军 "作战矢量" 的理解上，可以将一个作战矢量视为一个工具或手段；其特征是有一个方向和一个量的大小。这里方向不仅可能是空间上的方向，更是指它所瞄准的目的和行动效果；量的大小，则是指力量或能力的大小。每个作战矢量由数个基础模块组成；而每个矢量的具体构成又可根据当时的作战需求灵活变化。每个矢量的运用能产生一个或多个效果，如观察、机动、指挥、损害、摧毁等。

一、作战矢量概念的来源

进入飞速发展的信息时代，法军认为必须实施跨越式发展，建立新的作战理论，重新定义一个新的作战系统，在行动中展开空地矢量作战，确保法国陆军部队的行动优势。

法军认识到，由于技术手段和信息网络的飞速发展，与过去相比，今天的作战环境在时间和空间上发生了前所未有的巨大变化。首先在空间上，不仅作战行动的作用距离在不断扩大，甚至于空间概念都正在逐渐消亡。生活中，各种媒体持续不断地向人们传递全球各地正在发生的事件的实时图像，一切就如同发生在身边；战场上，无处不在的监视系统，发现即意味着被摧毁的打击能力，使得距离几乎不再是妨碍行动的束缚。其次在时间上，法军已经不再强调缩短或延长行动持续的时间，转而寻求以能够实时展开行动的干预能力和技术系统，来应对在时间上遇到的持续行动难题。例如，可快速全球投送的干预部队，集侦察监视与打击为一体的攻击无人机。面对时间－空间上这两个巨大的跃变，面对不断变化的行动环境，法军认为必须寻找新的作战理论来实现军事行动质的飞跃。为此，法军提出要将作战力量的运用从"算术"和"模拟"的逻辑，向"矢量"和"数字"的逻辑过渡转变。

法军认为从冷战时期延续下来的传统机动作战方式，已经不符合今天的新情况、新要求，必须对机动作战艺术进行重新思考定位。首先，陆军部队的任何行动都是针对某一目的而展开的，这是基础。不应只针对某一方面的技术威胁来建设军队和发展部队的作战能力，而应根据要实现的目的来组织、建设和发展军队力量。法军这里所说的"目的"，是指要实现的整体效果，以及要达成的目的。然而在冷战期间，法军针对当时的威胁和作战背景设计出来的空地机动作战模式却遵循另一种逻辑，其实质还是通过在人员和武器数量上的优势，来赢得作战的胜利。它具体表现出以下四个特征：（1）按"兵种"概念区分编组不同作战功能的部队，主要编组三类部队：兵种混合部队、作战支援部队、战场环境改造部队。（2）以分层组织原则构建部队组织，并按指挥权来区分等级层次。（3）空间上，部队在作战中集中所有的建制力量，并将它们编成数个群队展开作战，各群队之间的行动方式类似。（4）时间上，部队将整个作战行动划分为连续的、相互独立的数个阶段（如机动、监视、火力打击等阶段），并按一定顺序投入作战行动。从一个行动过渡到另一个行动时，部队要调整改变部署，而且各个群队不能同时实施两个以上阶段的行动。

　　如今，法军认为这套针对冷战行动环境而建立的作战理论，其四个特征都已过时，不再符合未来作战行动的要求。现代战场上实施机动作战，不能像过去那样只寻求部队作战能力的简单算术加和。作战部队要有效地应对战场环境的复杂性，必须精确地选择和调配作战力量，针对精确界定的目标来精确地展开行动。

二、展开作战矢量实施空地机动作战

　　法国陆军倡导的未来空地矢量机动作战，是指针对要达成的作战目的，通过精心选择目标，根据要实现的作战效果选取和调整各种作战矢量展开行动，并在战场整体上，按己方强加给敌人的作战节奏，采取矢量的方法将各种性质的行动在空间和时间上进行灵活组合。法军在组织和实施空地矢量机动作战时，有以下几个特点：

　　1. 能进行精确群集的作战矢量

　　矢量机动作战遵循合同作战群集的新思路，要求根据不同具体情况，灵活组合不同的空地作战部、分队实施作战；通过多个作战矢量的整体作用，在预定的时间和地点上"涌现"和"生成"要实现的每一个作战效果。

　　根据具体作战任务，法军从陆军力量储备库中选取所需要的各个基础模块（坦克、火炮、直升机、通信设备等），再将数个基础模块构建成一个矢量。根据不同情况编组不同规模、不同性质的作战矢量，并根据它们在作战中的地位重要性，以"数字化"的方式精确地投入行动，通过整体作用"生成"要实现的行动效果。随着战场情况变化，这些矢量中任何一个都可以按需转变成行动主角。因此，传统的兵种混合部队、作战支援部队和战场环境改造部队之间的区分已经没有太大的意义。

2. 瞄准敌人重心在战场全纵深实施整体机动作战

矢量化作战方法，要求陆军部队在广阔的战场上，以及在各种有形的或无形的行动领域中能很好地把控行动，充分发挥各种力量的作用。法军强调这种对战场的有效把控能力应覆盖战场全纵深，从而能在敌人作战部署的关键部位上集中展开各种性质的行动，瞄准敌人的行动能力和意志来打败敌人。机动作战必须对敌人的"重心"构成威胁，从而通过在空间上造成敌人力量的不平衡，在时间上迫使敌人不断重新展开行动，进而对敌造成决定性影响，迫使敌人放弃作战意图。

未来作战，将是在空地一体的数字化战场空间中展开的整体作战。法军通过展开具有超高机动性的各个矢量，在各主要行动领域精确集中各个矢量的作战效果，发挥整体作战的效率，赢取军事上的胜利。通过实施矢量化机动作战，法军展开作战的地面部队要成为能在复杂战场上赢得行动优势并持久保持行动优势的作战系统。

3. 有效控制和变化作战节奏

矢量化机动作战，要求以超过敌人能力范围的行动节奏展开作战。通过与敌形成显著对比的快速行动节奏，并根据需要自如地控制行动节奏的变化，将己方行动意愿强加到战场上相应的地方。矢量化机动作战不再是由数个相互独立的作战阶段组成，并依次按顺序展开的作战行动。它是由多个作战行动组成部分（如机动、监视、火力等）按照指挥部规定的行动节奏同时展开的一体化行动，而且在行动中还可快速地对各个力量进行重新编组配置，变化行动节奏。通过变化行动节奏，使敌人难以在动态变化中保持作战部署的一致和平衡，造成敌方整体部署产生断裂和脱节，从而阻止敌人获得战场上的主动权。

4. 精确集中作战效能

通过在广阔的战场空间实施矢量化机动作战，灵活变化作战节奏，法军的一切作战行动不仅要有效地集中作战效能，而且要精确集中作战效能。在集中作战效能上，要遵照"足够且适度"的原则；针对决定性目标，通过精确选择各种作战力量（矢量），将它们的作战效能精确集中和合成，并有选择性地、快速地聚焦（先后或同时）到决定性目标，从而取得作战的胜利。

总之，法军以基本作战模块编组作战矢量，再以矢量精确群集作战"生成"行动结果；通过在广阔的战场上控制和变化作战行动节奏，通过实施精确的效能集中，来展开矢量机动作战。法军认为，高机动性的空地作战矢量，灵活变化和可控的作战"节奏"，作战效能的精确集中，这些将构成未来空地矢量机动作战的特征，并将在现代战场上实现决定性优势。

第二章 理论基础

本章内容主要围绕陆军合成战术群的相关理论思想基础展开。首先，不同的作战样式，不仅决定着所使用的军事力量，而且还决定这些军事力量在完成任务中所采取的行动和战术。法军构建模块化的陆军部队，正是为了满足涵括在"强制性作战行动"和"控制暴力行动"这两种行动样式中全频谱作战的需求。尤其是在"强制性作战行动"中，法军强调瞄准"重心"展开空地机动作战；而法军合成战术群正是在这一行动框架下负责展开接触作战。作为战场上的棋子，合成战术群始初是在"作战水泡"的作战思想指导下行动，目前则是随着"蝎子"计划的推进构建更加完善的信息化作战体系，融入空地一体作战体系中。为规范陆军合成战术群在联合作战中的行动，法国陆军在联合条令框架下，按不同"作战功能"建立了完善的条令体系，并且不断地进行动态更新。

第一节 法军构建模块化陆军部队
实施全频谱作战

为有效达成国家战略目标，针对不同强度的作战行动，法军将军队行动区分为两种行动样式："强制性作战行动"和"控制暴力行动"。法国陆军合成战术群在这两种行动样式框架下都可展开战术行动。然而根据不同行动样式，合成战术群承担的任务有所不同。

一、指导思想

为适应作战背景环境的转变，法军将陆军承担的行动职能围绕着"预防"和"解决危机"重新组织起来，以"维持国际力量的平衡和促进和平"。

（一）强调"行动优先"的思想

法国国防政策的调整，强调实施"行动优先"的策略。这要求法国三军（陆、海、空）围绕着"行动"重新平衡各自的战略职能。当然，法国战略核威慑仍然是主要的战略职能，但陆军不再直接参与战略核威慑。由于法国本土面对的外来威胁变小，"保卫国土"这一职能不再是陆军承担的最大职能，但这一职能仍然是陆军的主要职责，并且是一个常备能力要求。它要求法国陆军能在任何时候都要有能力实施干预行动，作为法国宪兵和警察力量的补充，保护法国国家领土完整和人民安全。同样，在公共服务任务方面（如抢险救灾），法国陆军必须在发生重大事件时，为民众提供有效的支援和帮助。

今天，法国陆军主要承担的是"投送行动"职能。该战略职能是指法国根据所遇到的不同情况，采取相适应的方式和规模，在境外投送军事力量展开行动。"投送行动"作为法国陆军当前的首要职能，不仅要求它加强投送能力的建设，而且需要在危机上游切实展开行动，通过"预防危机"职能来阻止冲突的突然出现。

因此，法国陆军从原来优先关注"确保核摧毁"的威慑逻辑向强调"通过有选择性的常规行动来说服对方"的威慑逻辑过渡。法军通过重新调整和平衡其承担的各个战略职能，以便于加强力量投送和展开行动，这重新赋予常规部队特别是陆军部队重大的战略角色。

（二）肯定多国联合行动的思路

历史上，为了保证法国国家战略的独立自主性，戴高乐曾拒绝法国加入北约，对多国行动持消极态度。如今，法国认为必须以多国行动为舞台，全面展开干预行动，以实现维护法国价值观体系的目的。

为能更好地融入多国行动，法军认为确保部队在盟军行动框架下具有兼容性非常重要。法军希望通过在这一方面的建设，实现部队在多国行动功能上的兼容性和本国文化多样性相统一。法军认为，部队的多国行动兼容性是一个必须满足的要求，法国文化多样性是一个必须尊重的实际情况，而法国在欧洲防务与安全框架下展开行动则是未来要强化的建设方向。

在部队兼容性能力建设方面，法军将积极参与多国行动各个要素集成的整个过程，从条令开发到行动指挥。如通过"经验反馈"程序总结法军参与多国作战的经验教训，以强化条令开发；将多国行动环境下的作战指挥融入军事教育培训中，等等。

（三）以务实的态度发展在时间和空间上有限的行动能力

法军要承担起"保卫国土""投送行动""预防危机"等职能任务。这些职能任务的多样性，要求法军长期承担作战值班任务，在世界各地展开危机预防，以及在本国或国际组织委托下实施干预行动。同样，法军还要承担对从数百人到几万人不同规模、不同性质的部队进行投送、指挥和支援保障的任务，以展开维持或恢复和平行动。然而，法军总体规模和能力有限，它只能通过采取"节约原则"，将有限的资源和能力适当地用于关键的时间和空间上。因此，法军希望通过军队职业化建设，可以合理部署数量有限但质量优越的部队。

今后，法国陆军部队将在以上三个指导思想基础上展开行动，全方位贯彻新的"行动优先"战略，强调在"多国框架"下展开行动，并精准地界定行动的"时间－空间"范围。

二、两种行动样式

由于行动职能的转变，法军更新了作战理论，重新界定了联合作战中作战力量的运用，特别是陆军力量的运用。在多国部队框架下行动，指挥机构爆炸性扩大，新的行动职能不断涌现，媒体在行动中占据重要角色等因素影响下，法军对作战功能进行了调整：不再简单地将部队行动划分为"战争行动"和"非战争行动"，也不再强调按作战规模区分"战役"行动和"战术"行动；如今法军将部队行动区分为两种行动样式，即"强制性行动"和"控制暴力行动"。

法军将"控制暴力行动"视为第一种行动样式，用于解决和平息一场危机事态。对于法军而言，这是一种新的行动样式，遵循反对使用暴力的逻辑思路。在展开"控制暴力"行动时，法军是通过控制相互关联的各个领域的方法来解决危机，包括控制地理空间、控制人群运动、控制武器流散、采取人道主义紧急行动、控制各方武装力量、恢复城市正常生活等。

法军将"强制性行动"视为第二种行动样式，针对对称性敌人，陆军通过展开空地作战寻求取得决定性胜利。它属于传统战争范畴的行动。法军希望采取一种新的作战方法，来应对可能出现的局部武装冲突。法军在展开"强制性行动"时，是通过实施确保军事优势的机动作战这一方法来赢得胜利。它包括从部队展开部署到撤出行动的一连串连贯行动。陆军在参与实施"强制性行动"时，主要是通过在战场上展开空地矢量机动作战，来完成上级赋予的任务。

将部队行动区分为"控制暴力行动"和"强制性行动"这两种样式，主要是由法军的作战指导思想和所面临的实际情况所决定的。法军认为，在面对一个敌人时，与其消灭敌人不如说服敌人；要根据敌人的行动和态度，对敌做出对应比例的反应。此外，今天法军要实施的任务大部分是居间调停、安全防卫、维持和平等。这些任务要求法军能够长期控制局势，使行动具有持久性的特点。通常在完成同一任务过程中，法军既要展开"强制性行动"，也要实施"控制暴力行动"。这就要求法国陆军模块化编组合成战术群，使其灵活适应战场情况，既能满足"强制性行动"需要，也能完成"控制暴力行动"的任务。

第二节 "间接方式"的空地机动作战理念

在作战指导上，针对现代战争的特点和自身实际能力，法军主张瞄准敌方作战能力源头采取"间接方法"实施作战。这一作战指导是法军在对现代战争经验总结和未来一段时期内的展望基础上，形成指导战争实践的基本方法论。在这一方法论指导下，法军形成针对敌方"重心"展开作战的全纵深作战思想。而为具体实现这一作战思想，法军提出以"作战矢量"展开空地一体作战的作战样式。法国陆军合成战术群正是在这种空地一体的作战背景下具体展开与敌人的接触作战行动。

一、从"直接方式"到"间接方式"

法军所谓的"直接方式"，是指前后梯队的部队以相类似的作战队形，通过交替与敌人接触作战，从正面攻击敌人作战部队，迫使敌人退出战斗的方法。而"间接方法"则注重攻击敌方的作战能力来源；其关键在于突然地打击敌人，使敌人失去平衡，进而瓦解敌人，以展开数个持续时间有限的战斗来获得军事上的胜利。

根据利德·哈特的理论，"间接方式"可以理解为拿破仑战术（按约米尼的描述，是对敌人后方实施打击的作战行动）和福熙战术思想的延伸。利德·哈特所笃信的思想，可以将其概括为："针对一个目标使用直接方法，不管该目标是具体的还是抽象的，都只会导致负面结果。如果顺着敌人有所准备的正常路线实施攻击，只会引起敌人的重视而不断增强抵抗力量。因此，直接攻击要求拥有非常大的对敌优势才能取得胜利。实际上，作战中通常是通过间接攻击来使敌人瓦解的。"

在高科技信息时代，"间接方式"不断得到改进。克劳塞维茨将敌人的能力来源称为"重心"，即"一切运动和一切能力的核心，我们必须针对该核心集中力量"。在法军当前的军事术语中，根据作战层次的不同，"重心"概念被进一步细化：战略级的"重心"被称为"要害中心"，战役级重心被称为"关键中心"，战术级重心则被称为"决定点"。例如，战役层面的"关键中心"主要包括敌方陆、海、空重兵作战集团、政治或军事决策中心、指挥信息系统、通信渠道等。地面战术行动作为联合作战的组成部分，它要针对"决定点"来取得一定的作战效果：通过对某一"决定点"进行压制、摧毁、锁定或控制，来对一个或数个"关键中心"产生作用。在战术层面，"决定点"可以是敌人的作战部队、敌人的要点（预备队、炮兵支援力量等）、指挥所和通信中心、敌人的弱点（敌方部署还未占领的区域、后勤地域等），也可以是对敌人实施监视、情报侦察、地域控制和压制的关键地形等。

为对敌方"重心"进行有效打击，法军根据任务需要和战场情况灵活编组合成战术群，并确保其行动自由，使其针对敌方战术层面的"决定点"展开全纵深机动作战，精确集中效能，以获取战术上的胜利。所以，法军"间接方法"体现的是体系破击思想；在陆战场上，其主要是通过空地机动作战来达成预期作战效果。

二、瞄准"重心"的空地机动作战理念

由于技术的发展，法国陆军的机动能力和机动距离大幅跃升，可以全天候昼夜连续机动，而且可在多维空间同时实施机动。今天法军陆战场上的作战行动，是以高机动性为特征的全纵深作战。

实施纵深作战往往可达成决定性的作战效果。为此，法军优先考虑采取"间接方法"，通过展开纵深作战，在迫使敌人放弃抵抗的同时，尽可能使己方负责地面接触作战的部队避免遭受重大损失，减少陷入困境的风险，以及降低可能的附带损失。法军认为抵近接触作战只局限于起到锁定敌方作战部队的功能，为一个或多个纵深作战行动创造有利条件。这为负责具体接触作战的法国陆军合成战术群确立了一个明确的作战指导思想，见图 2-1。

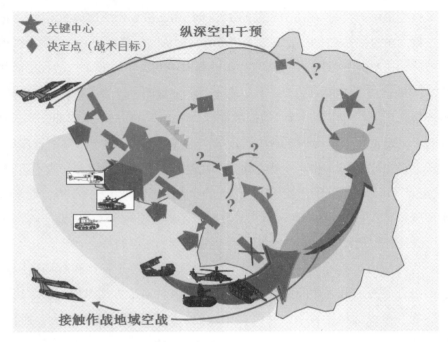

图 2-1　全纵深作战示意图

另外，实施空地机动作战更有利于部队在行动中夺取和保持主动权。在不断运动变化的现代战场上，胜利往往属于能出其不意地打击敌人，并迫使敌人按己方意愿作战的一方。在实施以高机动性为特征的空地机动作战时，法军要求将一般的作战原则和新技术相结合，创新性地运用于新的作战环境中。因此，在己方夺取制信息权的作战支援下，法军地面作战部队将主要采取"矢量法"来实施空地机动作战。

第三节　"空地作战水泡"与"蝎子"
作战系统理念

法军在对部队作战功能进行调整后，在确立以模块化组合原则编组作战力量的同时，借鉴其他国家在新军事革命中取得的新成果、新思想，积极探索合成战术群的战术运用，经历了从提出"空地作战水泡"作战概念，到全面建设数字化陆军的"蝎子"计划这一发展过程。目前，法军还在"蝎子"计划的初始阶段。随着法军数字化部队的建设，相关陆军作战条令还在不断发展变化中。

一、"空地作战水泡"与合成战术群战术的初级发展阶段

"空地作战水泡"作战概念，即法军于 2002 年 6 月推出的 BOA 计划。BOA 是"空地作战水泡"（Bulle Opérationnelle Aéroterrestre）首字母的缩写，由于其与法语"蟒蛇"（Boa）相同，所以法军的"空地作战水泡"计划又称"蟒蛇"计划。

在"空地作战水泡"计划中，法军将作战空间比喻为"一个立体的、像水泡一样的透明圆罩"，通常距离接触交战地点 70 千米（km）半径范围内都属于该作战空间。在该"空地作战水泡"内，法军步战车、坦克等装甲车辆将在无人机、陆航直升机和战场指挥控制系统的支持配合下，实施网络化联合作战。法军始初提出"空地作战水泡"作战概念，是借鉴美军"网络中心战"的思想，企图在有限战场空间实现以网络为中心的协同作战。通过对现役装甲战斗车辆等进行现代化升级改造，以及着重开发新一代高技术武器装备，为担负接触作战的战术群实现作战行动的现代化和网络化。

"空地作战水泡"作战概念的提出，是法军为实现陆军"空地矢量作战"理念，与陆军部队改革、武器装备研发改造、作战条令升级更新等同步展开的改革举措。法军针对现代立体作战需求，提出以信息实时共享为基础，将诸军兵种作战力量融为一体，实时联动作战的具体作战理论。该作战理念主要有以下几个基本要点：

1. 基于网络的作战协同

法军希望通过武器装备的数字化和建立战场互联网，通过网络将指挥

信息系统、各种侦察传感系统以及作战平台等联结成有机整体，实现军兵种之间互联互通，从而对作战行动进行精确的协同。这种精确的协同是基于精确的情报获取、精确的指挥控制、精确打击、精确作战评估来具体实现的。通过战场互联网快速和精确的信息流，可获取局部的信息优势，使得各作战部队对战场有清晰正确的感知，从而实现作战单元对战场情况的快速反应。

在以网络为中心的协同作战中，通过将各种目标探测系统、侦察传感系统与作战平台、打击兵器等有效连接起来，实现战场信息到部队反应的迅速反馈。通过网络系统的信息流，实现指挥信息系统、武器打击系统、后勤保障系统的信息共享，以实时掌控战场态势动态变化，并快速展开打击行动。法军在发展基于网络的协同作战上，强调获取以下三个优势：其一，通过将侦察探测系统联网，对战场各种情况进行实时感知和跟踪，并对所获取的信息进行处理，形成有优先顺序的情报，为快速精确指挥提供支持。其二，通过将作战单元和武器平台联网，使各个作战单元之间能自主协同互动，快速有效地实施作战。其三，通过将作战单元与后勤保障系统联网，以精确了解作战物资消耗和人员伤亡情况，以便后勤及时补充物资、抢救伤员，从而实现精确化后勤保障。

2. 基于效果作战

基于效果作战，是法军"间接方法"思想的具体体现，其与美军"基于效果作战"（EBO）的精神实质是一致的。在发挥战场感知和信息处理能力优势的基础上，通过选择和打击高价值的作战目标，破坏敌方的部署结构来赢得作战胜利。法军针对战争全局，从战略层的"要害中心"，到战役层的"关键中心"，再到战术层的"决定点"，在不同层次上选择打击敌人要害目标，协同有效地破坏敌方作战体系的整体结构。在战役战术层上，法军特别注重对敌方信息网络节点和指挥控制中心进行精确打击与摧毁，以"间接""有效""节约"地达成作战企图。在基于效果作战中，法军首先是明确战役战术的作战重心，尤其是不同层次的作战重心之间的关系，并围绕着不同重心筹划快节奏的打击行动。其次是根据作战目标考虑模块化编组作战力量，并以恰当的方式打击精心选择的目标，使各个作战分队的作战效果形成协同作用，以最小代价获取最佳作战效果。最后是在作战力量的运用上，法军特别强调远程间接打击力量的使用，而陆军则特别注重实施立体、全天候的空地一体作战。

3. 瞄准信息优势的有限战场透明

法军认为未来发生大规模全面战争的可能性很小，但由于次要威胁风险的扩散，法军介入局部战争的可能性将上升。法军对未来陆地战场的作战设想是以 7 千米 ×10 千米的地域作为基本作战单位（战术群）的作战地域；在此范围内，法军要求通过高效的情报侦察网，对战场环境实现全时空、全方位的监控，随时掌握敌情与我情的动态，实现局部战场透明和把握战场信息优势。法军以 EBRC 系列战车作为核心信息平台，以"勒克莱尔"主战坦克和"虎"式武装直升机作为网络信息节点，谋求实现信息网络的快速联结与动态延展，以占据战场信息优势，并从整体上把握战争。

4. 全方位打击与防护

法军认为未来陆战场作战将是空地立体全纵深作战。在战斗编组中既要考虑各战斗单元、各作战平台之间的作战功能互补性，以充分发挥合同作战优势，还要考虑作战力量编组的整体打击能力与防护能力。法军将无人侦察机配备到战术级单位，并将陆航力量适时加强和支援负责接触作战的合成战术群，以增强其全纵深打击能力。在提高打击能力的同时，为保护战斗单元和作战平台对抗敌方多维空间的立体打击，使己方部队有较强的防护能力，法军通过增强各类防御力量之间的连通性和关联性，形成层层叠加、环环相扣的全维防护系统，实现诸军兵种防护力量的高度融合。如将陆军合成战术群的防空纳入战场整体防空体系，视情况以陆航部队的支援和保卫直升机为合成战术群机动作战提供防空掩护，向战术群适时派出电子战联络分队等。法军通过将全方位的打击与防护有机结合，谋求在未来作战中形成全纵深打击与全方位防护能力。

在"空地作战水泡"作战概念及武器装备发展计划的支持下，法国陆军合成战术群的战术向体系作战、空地一体、网络协同、全维纵深方向迅速发展，并在近期的局部战争中经受实践检验。为进一步促进陆军战斗力生成，法军随后又为"2025年未来陆军"转型推出了与作战思想相对应的武器装备与作战能力体系联合发展计划——"蝎子"计划。

二、"蝎子"计划是合成战术群战术发展深入阶段

"蝎子"计划是法军针对合成战术群量身打造的信息化装备发展计划。早在2005年，法军就结合先前的"空地作战水泡"计划，开始筹划其升级版——"蝎子"计划。2010年2月，法国国防部正式推出了"蝎子"（SCORPION）计划。"SCORPION"即"以多能化和信息化装备增强接触作战的协同能力"的首字母缩写，与法语"蝎子"（Scorpion）相同，"蝎子"计划由此而得名。

法军认为，在未来战争中，陆军合成旅可以800～1200名步兵、装甲兵、工兵、炮兵等诸兵种组成的合成战术群为基本作战单元实施接触式作战。如果将地面战场比喻成"棋盘"，则合成战术群犹如战场"棋子"。而法语"棋子"（Pion）与"蝎子"（Scorpion）的词尾相同，所以将合成战术群比喻成"棋子"与"蝎子"计划有一定的关系。

"蝎子"计划的目的是要改进合成战术群这些战场"棋子"的武器装备系统，为其聚能增效。在2010年法军公布"蝎子"计划时，预计2020年前完成该计划。其具体目标是：对20世纪90年代以前服役的装甲战斗车辆进行信息化改造和升级，包括装甲人员输送车、轻型坦克、重型坦克；提高作战人员及其装备防护力、生存力；通过信息系统与作战系统的网络化转型升级来提高部队整体作战效能。整个计划预算达到百亿欧元，

分三步实施：2013 年前，增强法国陆军非对称作战适应能力，通过接触式作战部队数字化建设提高诸兵种互通能力；2016 年前，更新多功能作战装备，提高部队城市作战适应力，通过信息化提高部队基本协同作战水平；2019 年前，更新数字化作战装备，增强大规模整体作战能力及一体化协同能力，大批新式装备将配备部队，新版"蝎子"作战信息系统将重装上阵。

从法军推出"蟒蛇"计划到随后"蝎子"计划出台，凸显出法国陆军武器装备大发展的思路：以信息主导思想来强化空地一体作战；注重武器装备的革旧研新，推动部队作战能力螺旋上升式发展；强调合成战术群作战功能多样化，具备全维攻防能力和执行多样化任务的能力。可以说，"蟒蛇"计划是法国"陆军转型的试验台"，而"蝎子"计划是"蟒蛇"计划的深化发展与细化体现，两者相辅相成、相得益彰。

1. 以信息主导，发展空地一体作战能力

"蟒蛇"计划的核心是空地一体，网络协同；"蝎子"计划的主旨之一也是通过信息化增强部队的联合作战能力。两者都以信息为主导，信息共享、网络互通、空地一体、兵种协同的作战理念贯穿于始终。

2. 通过改旧研新，螺旋推进军队建设

无论是"蟒蛇"计划还是"蝎子"计划，都提出了更新升级重点武器装备，为军队研制并配备新一代武器装备的计划，以增强联合作战效能。通过一系列发展计划和改革措施，法军着力构建集信息力、火力、突击力、机动及生存力于一体的新型联合作战部队。

3. 发展多样化功能，强调全维攻防能力

这是法军"2025 年未来陆军"追求的三大发展目标之一，也是各项新计划彰显的重要主题。它瞄准部队对武器装备立体机动、全维攻防等需求，力图以空地机动作战的方式控制陆军接触式作战的时间、空间和规模，增强部队战略、战术机动性，最终以全维攻防实现最佳联合作战效能。

毫无疑问，"蟒蛇"与"蝎子"这两个发展计划必将加速法国"2025年未来陆军"的转型步伐，为合成战术群构建一个机动速度快、攻击火力猛、防护水平高、信息互通力强的现代化作战体系。

第四节　联合条令框架下的法国陆军条令体系

在作战条令开发上，法军不仅注重整体建设，使各军兵种条令相互联系，纵横交织成结构紧密的条令体系，而且还重视顶层设计和宏观指导，将陆军作战条令的开发纳入联合条令开发框架下，且与盟国作战条令接轨。此外，法军还建立经验反馈机制，对新版条令或修改后的作战条令进行实战检验，并及时对现行作战条令进行重审和修改，使作战条令处于动态升级中。

一、法国陆军作战条令体系构成

法国陆军条令体系在横向上可分为战略、战役和战术三个层次。在每个层次上，又纵向进行详细划分。在战略战役层面，纵向分为联合国、北约、欧盟、法国等不同作战力量运用框架下相关的条令和出版物；在战术层面，将法国本国陆军条令和出版物按兵种或按作战功能进行分类。其中按作战功能分为指挥、信息通信、情报、接触作战、间接作战、军事民事行动、作战沟通、后勤、防空、陆战场空间设置10个子类。这种纵横交错的矩阵式体系结构，使得法军条令体系具有很强的整体性，各个部分衔接紧密、相互支持。

在战略战役层面上，法军注重条令的宏观指导性、与盟军的兼容性等方面的建设。通过战略战役层面的法规、指导性文件，为战术层条令开发指明方向、给出指导和参考。

战略层的出版物和相关指导性文件包括《联合国维和行动》《北约军事指挥组织内的联合指挥控制》《北约作战计划系统》《北约交战规则》等；《欧盟军事组织和行动能力》《欧洲安全与防务政策报告》等；法国本国的《国防白皮书》《部队力量使用概念》《武装冲突法》《作战力量使用合成条令》《作战指挥联合条令》《危机预防联合条令》和《国防论文集》等。

战役层的出版物和相关指导性文件包括《北约盟军联合条令》《盟军联合情报和反情报及安全条令》《情报程序》《反情报和安全程序》《盟军联合作战》《联合空天作战》《盟军联合电子战》《北约信息作战条令》和《两栖作战条令》等；《欧洲作战部队运用联合条令》《欧洲军团介绍》等。法国陆军条令开发需要参考的本国战役层次指导性文件包括以下几个方面：（1）军事准备：《部队组成》《战区专家系统》(决策前专家咨询系统)、《联合作战经验反馈程序》和《联合训练实施指导大纲》等；（2）指挥组织和指挥手段：《指挥优势》《作战指挥常设指挥部联合条令》《海外联合指挥部开设指导》《多国参谋部联络系统概要》和《空中作战系统使用指导》等；（3）部队作战：《地面作战部队》《联合防空概念》《空中支援》《空降行动概念》《两栖作战概念》《两栖作战联合条令》《作战搜救概念》《作战搜救行动指示》《纵深空地作战概要》《空中战役》《法国海外撤侨》和《地面防御的交战规程和行为规则》；（4）作战保障：《海外作战地面部队行政管理和后勤保障程序》《作战支援保障指示》《作战部队油料保障联合概念和联合条令》《作战后勤指挥概要》《构想和计划部队机动》《后勤程序临时概要》《技术装备维护保养的一般组织程序》《战区后勤地域的组织和运行》《战区后勤地域指挥信息系统的使用》和《作战部队联合卫勤概念》；（5）环境行动：《心理影响行动》《作战心理环境管理》《作战沟通联合条令》《海外作战中对作战人员的心理支持》和《军事民事行动联合概念》。

尤其是在战术层面，法军注重条令的可操作性、功能区分和组合性。

为了便于查询，法国陆军战术条令体系采取按兵种归类和按作战功能归类两种分类方式。在按兵种分类上，也区分北约条令和法国本国条令。其中北约相关条令有《北约的陆上行动》《支持和平行动的技术和程序》《地面部队工兵条令》《地面部队后勤条令》《物资分类和品名》和《关于非正规部队的情报互换》等。法国陆军本国战术条令包括《地面部队使用手册》《师使用手册》《师信息通信系统使用手册》《合成旅使用手册》《合成旅指挥信息系统使用手册》《信息系统使用手册1（作战信息系统）》《信息系统使用手册2（作战信息系统在拟制作战决心中的作用）》《信息系统使用手册3（旅信息系统）》《1级信息通信系统使用手册》《地面部队作战指挥组织结构和指挥信息系统使用》《陆军空中机动部队使用概念》《3D协同手册》《后勤保障群使用手册》《后勤保障群信息系统使用手册》《师保障基地使用手册》《师保障基地信息通信系统使用手册》《对空中机动旅部队的后勤保障手册》《对情报旅部队的后勤保障手册》和《核生化弹药和药剂的初始配给消耗量》等。

二、按"作战功能"对条令进行分类

由于法军趋向于用"作战功能"取代"兵种"概念，因此，法军偏重将战术条令按"作战功能"进行分类。

（1）指挥功能：《陆军部队作战指挥组织结构和信息系统使用》《陆军指挥中心指挥所概要》《2级指挥所的组织和运行概要》《3级指挥所的组织和运行概要》和《数字化旅指挥》等。

（2）信息和通信功能：《Cecore系统一般操作概要》《CARTHAGE系统使用概要》《师信息通信系统使用手册》《合成旅信息系统使用手册》《信息系统使用手册1（作战信息系统）》《信息系统使用手册2（作战信息系统在拟制作战决心中的作用）》《信息系统使用手册3（旅信息系统）》和《1级信息通信系统使用手册》等。

（3）情报功能：《地面部队作战情报条令概要》《针对地面部队运用

的作战情报搜集手册》《装甲团分队运用手册——情报搜集》《CL289-PIVER 无人机部队使用手册》《战术群使用手册——情报搜集》《3D 协同手册》《侦察与勘察装甲连使用手册》和《侦察与勘察装甲排使用手册》等。

（4）接触作战：它又细分为乘车作战、下车作战和空中机动作战三个领域。其中，乘车作战包括《装甲部队使用条令》《装甲部队使用手册》《AMX-30B2 坦克连使用手册》《AMX-10RC 轮式装甲战车连使用手册》《AMX-10RC 轮式装甲战车排使用手册》《轮式装甲战车合成战术群使用手册》《反坦克侦察和作战装甲连使用手册》《侦察与勘察装甲连使用手册》《侦察与勘察装甲排使用手册》《"勒克莱尔"坦克合成战术群使用手册》《"勒克莱尔"坦克连使用手册》《"勒克莱尔"坦克排使用手册》《直接支援排使用手册》《团属侦察排使用手册》和《装甲合成战术群指挥与后勤装甲连使用手册》等。下车作战包括《步兵使用条令》《步兵合成战术群使用手册》《反坦克分队使用手册——"霍特"前进装甲车连、排》《步兵战斗连使用手册》《步兵排使用手册》《支援排使用手册》《"米兰"中程反坦克排使用手册》《团属侦察排使用手册》《狙击组使用手册》《下车交战辅助排概念》等。空中机动作战包括《陆航编队使用手册》《空中机动旅使用手册》《3D 协同手册》《陆航指挥链之地面分部》和《高海拔山地直升机中队使用原则》等。

（5）间接作战：它又细为空中支援、纵深火力打击、电子战三个领域。其中，空中支援主要包括《接触交战区空中支援运用指示》等。纵深火力打击包括《地面炮兵火力运用概念》《ATILA 炮兵团（32 门）使用临时规定》《地面炮兵编队使用条令》《装备牵引加榴炮（TRF）排和地形辅助展开车（VIT）排的炮兵连使用手册》《装备两个多管火箭炮（LRM）排的炮兵连使用手册》《纵深炮兵观察组和炮兵联络分队使用手册》《"阿特拉斯 - 眼镜蛇"反炮兵雷达排的组织和使用思考》和《纵深炮兵目标获取手册》等。电子战领域包括《陆军电子战编队使用条令》和《电子干扰行动概要》等。

（6）军事民事行动：《实施军事民事行动的指示》等。

（7）作战沟通：《作战心理环境管理》等。

（8）后勤：包括维修、卫勤、运输、人工劳动力、油料保障、驻扎保障等方面。在维修方面的条令有《作战维修力量使用手册》《作战维修团使用手册》《作战维修营使用手册》《武器电子系统维修连使用临时手册》《供给连使用临时手册》《弹药补给连使用手册》《机动保障维修连使用临时手册》《战区维修连使用手册》《机动保障修理排使用临时手册》《在投送作战部队框架下维修力量负责人工作概要》《维修词汇表》和《维修小结报告》等。在卫勤方面的条令有《作战中地面部队卫勤保障指示》《关于卫勤伤员后撤指示》《关于伤员后撤和回国的程序》《海外行动军队卫勤行动汇编》《海外行动作战人员的心理支持》和《作战部队卫勤联合概念》等。在运输保障方面的条令有《后勤运输编队使用条令》《作战中部队机动保障使用条令》《作战中装甲部队机动保障使用条令》《海运中转运输团使用条令》《伞降运输团使用条令》《侨民集中与撤离中心工作手册》《作战中陆路补给保障运输团使用手册》。在人工劳动力保障方面有《作战中陆军专署工作》《陆军专署支援营使用手册》和《作战中联合专署办公室工作》等。在油料保障方面有《作战中部队油料保障联合条令和概念》等。在驻扎保障方面有《部队驻扎保障》等。

（9）防空：指导性的基本文件有《3D 协同》《地对空防空联合概念》和《防空炮兵作战值班程序概要》等。此外，还有具体部队作战条令，包括《"霍克"防空连展开和使用手册》《"罗兰 - 西北风"1 级作战力量展开和使用手册》《"西北风"防空导弹排展开和使用手册》《"西北风"防空导弹连展开和使用手册》《CAROL 2001-01 防空连展开和使用手册》和《作战中中程防空兵群后勤保障框架下维修力量使用》等。

（10）陆战场空间设置：指导性的基本文件有《陆战场空间管理》和《21 世纪反机动概念》等。具体工兵部队作战条令，涵括在工兵方面，有

《工兵使用概念》《打开突破口行动中的工兵使用》《反布雷概要》《工兵运用手册——开辟通路》《作战工兵连使用手册》《反坦克地雷布雷组使用手册》《舟桥排使用手册》《摩托化浮桥排使用手册》《铺路组展开和使用手册》《供电组使用手册》《重型机械扫雷排使用手册》《区域扫雷组使用手册》《雷场通路开辟排使用手册》《滩头通路开辟排使用手册》《工兵技术概要》《重型工程排使用手册》《铁路工程排使用手册》《铁路机动排使用手册》《工兵给水组使用手册》《工兵能力概要》《地雷和布雷概要》和《辅助投送部队展开部署行动概要》等。在地形改造方面，有《作战中对地形的使用概要》等。在核生化防护方面，有《作战中核生化防护力量使用概念》和《核生化防护装备》等。

此外，陆军条令体系还包括部队组织（编制组织、作战力量组建）、参谋工作工具和方法（参谋工作记忆辅助、训练假想敌、拟制计划和命令、术语和军标）、经验反馈（文本参考、经验反馈的方法工具和使用、反馈经验文档）、补充文档等。

第三章 物质基础

顺应世界军事变革和数字化建军的趋势，法国陆军围绕着担负接触作战任务的法国陆军合成战术群，通过"空地作战水泡"和"蝎子"计划，大力发展现代化武器装备。通过理论牵引、功能转变、装备发展等方面的努力，使得法国陆军合成战术群的发展融入一个系统建设的过程。下面将从编制体制改革、武器装备发展、信息技术开发等方面，论述法国陆军合成战术群的物质基础。法国陆军在前期的编制体制改革，为合成战术群力量编组提供了组织结构保障，架起了坚实的"骨架"；而随着相关武器装备的发展和升级，使得法国陆军的模块化部队具有更加强健的"肌肉"；各种信息系统的装备使用，则使得合成战术群与其他军兵种之间连接上快速反应的"神经"。

第一节 编制体制改革为模块化编组
作战力量奠定组织结构基础

根据法军群集作战思想和模块化组合作战力量的要求，法军取消了军区编制，将陆军部队编成统一的"力量储备库"，以便从中灵活选取不同模块按需编成作战力量。通过对陆军编制体制的改革，不仅精简了部队编制，也进一步优化了部队力量结构。

一、法国陆军基本情况及任务能力建设要求

为将陆军部队合理地构成统一的"力量储备库"，法国陆军不断精简编制。到 2013 年，法国陆军有 8 个合成旅、3 个专业旅以及总部直属部队，共 81 个团。[①] 现有 11350 名军官，30350 名士官，53300 名士兵，9685 名各类文职人员。根据北约标准，法军部队干部配备（军官和士官）将近 50%。在指挥机构方面，法国陆军拥有两个北约军级指挥中心，其下属数个符合盟军标准的师级指挥所。

法国陆军的改革和建设都紧紧围绕《国防白皮书》和《军事规划法》等法规文件展开。这些法规为陆军能力建设规定了明确指标：法国陆军必须具备在 6 个月内投送 30000 人参与大规模多国行动（完成初期一年行动）的能力；展开 10000 人参与本土防卫任务的能力；保持 5000 人规模的快速反应行动能力。

2013 年 4 月出版的《国防与国家安全白皮书》对法国陆军能力建设的要求有所调整。它规定陆军要具备投送 66000 人展开行动的能力[②]，其中包括派遣 15000 人到高强度作战战场，以及 7000 人参与解决国际低强度冲突的能力。如今，法国陆军有大约 6000 人在海外执行任务，主要是在马里和中非。

二、法国陆军编制体制改革步骤和目标

整体按以下步骤进行：2008 年至 2012 年，主要是优化指挥结构和支援力量组织，重组作战部队和支援保障体系；自 2012 年起，逐步完成本土和海外省陆军力量的重组。

---

① 法军的团主要是平时部队训练和管理单位，战时从中选取力量编成相当于"营"规模的战术群。

② 上一版《法国国家安全与防务白皮书》规定法国陆军要具备投送 72000 人展开行动的能力。

到 2014 年，法国陆军实现阶段性改革目标如下：将陆军部队整编为 81 个团（2008 年是 99 个团），其中包括 3 个陆航团；设 16 个参谋部（2008 年是 23 个参谋部），其中 1 个快反部队军级参谋部（北约标准，军级）、2 个地面部队参谋部（北约标准，师级）、8 个合成旅参谋部、3 个特种旅参谋部（情报旅、后勤旅、通信和指挥保障旅）、1 个特种作战旅参谋部、1 个法德旅参谋部。

编制调整

2015 年改革后，法国陆军总体编制也有较大调整。陆军将依托"蝎子"装备计划组建 2 个师，分别是第 1 师和第 3 师，轮流进行作战准备和执行战斗任务。这是法军 1999 年取消师级编制以来首次恢复。

2015 年，法军第 1 机械化旅撤销，剩余 7 个旅。2016 年，考虑到兵力平衡原则，最终决定保留 6 个合成旅，1 个专业保障旅，共 76 个团。第 3 轻型装甲旅将被撤销，下属各团纳入其他各旅，改变以往各旅人数差异较大不利于战备训练的状况。3 个专业保障旅中的情报旅和通信旅，将被情报司令部和信息通信司令部取代，只保留后勤旅。

构成陆军核心作战力量的 6 个旅中，重型旅、中型旅、轻型旅各 2 个，分别隶属于 2 个师，即第 1 师和第 3 师，具备执行各类任务能力。第 1 师下辖第 7 装甲旅、第 9 陆战队步兵旅、第 27 山地步兵旅，另加上法德混成旅（或称法德旅）。第 3 师下辖第 2 装甲旅、第 6 轻型装甲旅和第 11 伞兵旅。重型旅将配备翻新的"勒克莱尔"坦克，中型旅将接收新型"猎犬"多功能装甲车和"美洲豹"装甲战斗侦察车，轻型旅将主要集中伞兵部队和阿尔卑斯猎骑兵部队。改革后，兵力规模上 1 个团约 900 人；1 个旅下辖 8 至 10 个团，约 8000 人；1 个师下辖 3 个旅，约 24000 人。

此次陆军编制方面的改革还涉及：步兵团新增第 5 个战斗连；步兵连人数由 168 人增至 174 人；装甲团新增 1 个侦察连；第 13 外籍步兵"半旅"创建 1 个步兵团；2003 年撤销的第 5 龙骑兵团重组为"勒克莱尔"坦克团。

指挥机构合理化重组

继承自职业化改革以来的指挥结构，虽然能够保证作战行动效率，但在准备阶段组织过于复杂，影响指挥效率。陆军新模式将通过对陆军司令部下辖机构的合理化重组，减少作战指挥层次，统一指挥、信息控制以及部队编制之间连贯性，提升地面力量指挥系统的反应性、一致性和可使用性。陆军司令部将以8大部门为支撑，分别是地面力量司令部、人力资源部、国土司令部、空中机动作战司令部、特战力量司令部、合成培训训练部、专业司令部和地面物资战备部。

地面力量司令部：下辖2个师，构成陆军地面作战力量的主体。

人力资源部通过改革人力资源政策，适应现役和预备役人员需求的变化，体现个性化的职业管理。

国土司令部包括巴黎消防旅、3个地方安全训练干预分队、志愿军事单位以及预备役力量。主要任务是预防国土范围内的系统性威胁，准备展开集体行动，促使陆军在内部行动中得到最大化使用。

特种力量司令部下辖第4特种直升机团、第13龙骑兵伞兵团和第1陆战队伞兵团。该司令部将集中资源，使特种力量具有更快速的反应能力，实现与其他部门之间的顺畅衔接，强化与常规力量间的协同作战。

空中机动作战司令部下辖第4空中机动作战旅、1个空中机动支援营和陆军航空兵学院。第4空中机动作战旅下设3个战斗直升机团。空中机动作战司令部可加强直升机使用的协调性，便于组织陆军空地力量的合同战术训练和作战。

合成培训训练部，包括陆军参谋学校、合成战斗学校、多个训练中心，以及承担训练任务的第1非洲猎骑兵团和第17炮兵群。合成培训训练部将优化战备训练，充分考虑诸兵种间的合成战术训练，促成地面作战力量内部培训与训练的密切靠拢。

专业司令部旨在横向统一与作战相关的少数专业资源，包括4个旅级司令部，分别对应情报、信息通信、作战维护和后勤司令部，其中后勤司令部下辖第 1 后勤旅。

地面物资战备部下设 3 个物资保障基地，完善保障模式，更准确地关注作战需求，有效控制保障成本，提升地面物资的可利用程度。[①]

三、法国陆军编制体制改革具体举措

从法国陆军近期改革情况看，其基本是遵循保持步兵团和轻型装甲兵团的数量，增加情报和核生化力量，减少重装甲团、火力支援团和保障团的思路。

1. 压缩部队规模

根据任务需求和当前冲突的性质，法国陆军在改革中适度压缩部队规模，将 2008 年的 23 个参谋部 99 个营压缩到 2014 年的 16 个参谋部 81 个营。部队编制缩减了 16%。到 2013 年底，法军已基本实现预定目标。此外，从近几年法国陆军人员组成的变化情况，也能看出其"量少质精"的编制改革思想。2010 年，法国陆军编制军人已经精简到 14000 名军官、42000 名士官、58000 名士兵，共 114000 名军人；加上文职人员 20000 名，共有 134000 名职业人员。到 2013 年，陆军人员进一步精简到 95000 名军人和 9685 名文职；其中 53300 名士兵，占全陆军人员编制的 50%；30350 名士官，占 30%（其中 70% 来源于部队）；11350 名军官，占 20%（其中 70% 从部队晋升）。法军提出到 2016 年，陆军人员将削减至 93000 名军人和 8600 名文职，目标基本实现。（见表 3-1）

表 3-1   法国陆军人员组成变化表 [②]

	军官	士官	士兵	军人总数	文职人员
2007 年	16000	50000	68000	134000	27000
2009 年	16181	44542	66455	128235（含志愿人员 1057）	21578

---

① 熊世英. 法国陆军改革与建设述评［J］. 国外坦克，2016（08）.

② 网址：https://www.defense.gouv.fr/english/portail-defense/ministry/organisation/les-chiffres-cles-de-la-defense.

	军官	士官	士兵	军人总数	文职人员
2010 年	14000	42000	58000	114000	20000
2011 年	15397	41943	64007	122328（含志愿人员 999）	14920
2012 年	15181	41011	62121	119070（含志愿人员 757）	9522
2013 年	14827	39937	59618	115004（含志愿人员 622）	8726
2014 年	14418	38740	57826	111628（含志愿人员 644）	8403
2015 年	13821	37610	57342	109444（含志愿人员 671）	8129
2016 年	13701	37855	60395	112502（含志愿人员 551）	8058
2017 年	13866	38602	61579	114468（含志愿人员 421）	7949
2018 年	14040	38852	61525	114847（含志愿人员 430）	7960
2019 年	14156	38684	61372	114677（含志愿人员 466）	8119

在压缩编制人员数量的同时，法国陆军积极采取其他措施，解决编制少而任务重的矛盾。比如，法军 2014 年曾动员 18000 名预备役人员参与海外行动和各种保障。此外，法军还通过服务外包，依托社会劳动和服务来满足部队各种保障需求，以尽可能压缩陆军部队规模和降低军费开支。在军费分摊上，法国陆军将其军费的 2/3 用于各种行动和任务开支上，1/3 用于编制组织和部队日常保障维持上。

2. 整合优化指挥结构

2011 年以前，法国陆军指挥机构构成如下：在陆军参谋长的领导下，设有陆军参谋部、陆军总监、陆航指挥部、外籍军团指挥部、陆军技术部、陆军力量使用条令中心等部门。在陆军参谋部内，设地面作战部队指挥部、地面后勤部队指挥部（下设后勤旅参谋部）、陆军人事部、陆军培训指挥部（下辖军校和训练中心）、勤务保障总指挥部（下辖勤务保障部队）。陆军参谋部下辖 5 个陆军军区（各个军区内有驻扎于当地的各个作战部队和地区勤务保障指挥部）、欧洲部队（法军分部）、欧洲军团的法军部队（设法德旅指挥部法军分部）等。地面作战部队指挥部通过各个部队的参谋部来指挥部队展开行动。在其麾下，设有 8 个合成旅参谋部，8 个专业保障旅参谋部。此外，法国快反部队司令部也归地面作战部队指挥部指挥。平时，各个部队的训练和保障分别由 5 个陆军军区负责，属于区域隶属关系；战时，各个部队则分别划归地面作战部队指挥部、地面后勤部队指挥部指挥，属于职能隶属关系。

为理顺职能关系和提高运行效率，法国陆军对指挥机构进行相应改革，主要体现在整合作战指挥关系，理顺部队人员培训机制和用人机制上。第一，到 2013 年，地面作战部队指挥部（CFAT）和地面后勤部队指挥部（CFLT）已经合二为一，组成地面部队指挥部（CFT），从而减少了指挥过程中的协商和对话环节，使作战指挥和保障更加顺畅。第二，将陆军人事部和陆军培训指挥部合二为一，成立陆军人力资源部（DRHAT），从而使陆军人员的培训和任用紧密挂钩。第三，取消陆航指挥部、外籍军团指挥部，将这些部队置于地面部队指挥部（CFT）直接指挥之下。第四，改组陆军技术部，成立陆军装备军工维护部（SMITer），使陆军装备的维护保养与军工企业维持紧密关系。如今，在陆军参谋部下，只有地面部队指挥部（CFT）、陆军人力资源部（DRHAT）和陆军装备军工维护部（SMITer）三大部门，大大压缩了总部机关。在对作战部队的指挥上，地面部队指挥部（CFT）直接指挥陆军的 8 个合成旅、3 个专业旅、1 个特种作战旅，还有欧洲军团的法德旅。

与指挥部相关的另一个改革是，法军今天也将预备役人员用于承担指挥所部分工作，或作为指挥岗位人员的代理。这是因为法军某些预备役人员多次执行任务，其战场经验甚至多于初次执行任务的现役军官。法军平时将指挥部中的工程兵、炮兵、通信兵等处室缩编成一个支援处；到战时将召回相关预备役人员，组成各专业指挥处。该举措目的是减少指挥部组成人员，将精兵强将聚集到指挥部作战部门中。

除本土任务外，军事预备役力量也越来越多地被投送至海外战场，为法军、国际机构（北约、联合国等）、外国政府以及当地民众提供经验和专业技能方面的支持。2013 年共有 557 名预备役人员被派往黎巴嫩、阿富汗、中非、科特迪瓦、撒哈拉 – 萨赫勒等地区执行任务，其中陆军和三军联合卫生部是主要的使用单位。

预备役人员必须接受与军衔等级相对应的初级军事培训，并根据四类职业方向（预备役列兵、士官、指挥方向军官和参谋方向军官），接受不同的训练内容。指挥方向的预备役军官，必须具备本科文凭，并在圣西尔军校接受 21 天的军官培训，而后进行 19 天的排长实习。[①]

网络攻击将是法国重点关注的非传统安全威胁。为了预防和应对网络攻击，确保网络信息安全，法国计划有组织地将军事预备役力量投入网络安全领域：建立网络防御作战指挥部，将"作战预备役"和"公民预备役"有机结合，尤其要动员安全领域的工程师和信息专家，以预测风险，提前展开网络防御，防止国家遭遇重大安全攻击。总参谋部所建立的网络防御指挥部主要依托于预备役力量，招募约 260 名一级预备役和 4000 名"公民预备役"，时刻准备在打击或危机情况下介入。[②]

---

① Conseil Supérieur de la Réserve Militaire，Le Rapport d'Evaluation de la Réserve Militaire en 2014，2015，p.24，www.defense.gouv.fr/.../RP2014%20version%20définitive.pdf.

② 熊世英. 新安全形势下法军预备役力量建设研究［J］. 解放军国际关系学院学报，2017（1）.

　　至于法国陆军在战场上战术指挥机构的建立和运行，目前没有太大变化。通常法军在距离其师基地30~40千米的前方部队作战行动地域，开设三种指挥所：前方指挥所（PCAV）[①]、后方指挥所（PCAR）、战术指挥所。[②]（见图3-1）

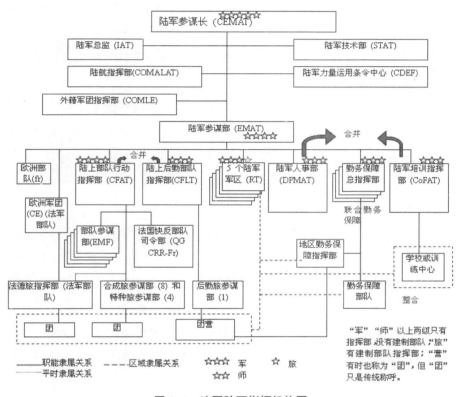

图 3-1　法国陆军指挥机构图

3. 调整部队编制组织

　　2011年，法国陆军共编16个旅：9个合成旅、5个特种旅、2个后勤旅。随着陆军规模的压缩和部队的整合优化，先后解散了1个后勤旅，

----

① 相当于基本指挥所。

② 相当于前进指挥所，由1~2台指挥车组成，配备团、营、连指挥员，用于解决重要的、特殊的情况。

1个空中机动旅，1个炮兵旅和1个工兵旅。到2013年底，法国陆军已按计划完成部队编制调整，现有8个合成旅、3个专业保障旅、总部直属部队，共81个团。

法军将陆军部队分成三类，即合成部队（轻型步兵、重型装甲兵）、支援部队（炮兵、工兵）和保障部队（维修、卫勤、补给、指挥）。通过将这些部队模块化组合，编成各种作战功能部队。当前，作为法国陆军主战力量，8个合成旅根据编组部队主力的不同，又可分为"决战旅""多功能旅""应急作战旅"。

2个"决战旅"（第2、第7装甲旅），为重型履带装甲部队，主要保留法军高强度作战能力。按2012年编制，每个"决战旅"下辖2个装甲团、2个机步团、1个牵引炮兵营、1个自行炮兵营、1个防空营、1个工兵团。到2013年底，第2装甲旅取消了防空营、牵引炮兵营，并将自行炮兵营改为自行榴弹炮营；第7装甲旅取消了牵引炮兵营，自行炮兵营改为单管火箭炮营。

4个"多功能旅"（第1、第3、第6和第9装甲旅），为轻装甲旅。每个"多功能旅"下辖1个轮式装甲团、1个机步团、1个步兵团、1个炮兵团、1个工兵团。

2个"应急作战旅"（第27山地旅和第11空降旅）。第27山地旅下辖1个山地轮式装甲团、3个山地步兵团、1个炮兵团、1个工兵团。第11空降旅下辖1个空降轮式装甲团、4个空降步兵团、1个炮兵团、1个工兵团、1个补给团。

除了主战力量8个合成旅之外，还有3个专业保障旅，分别为1个情报旅、1个通信旅和1个后勤旅。

陆军指挥总部直属部队，包括1个特种作战旅，以及3个直升机团、1个核生化团、1个信息作战团、1个军犬团。

此外，法国陆军还有其他部署或者驻扎在海外的部队、欧洲兵团（法德旅）等。

从法国陆军部队调整情况看，主战力量作战功能区分明确，战术定位准。比如，从第 2 装甲旅取消防空营的举措看，法军陆军贯彻"大防空"思想，将防空任务划归战区中程地空导弹部队和陆航支援与保护直升机来担负。而将 3 个陆航团集中于地面部队指挥部（CFT）指挥之下，反映了法军集中使用陆航的原则。通过优化部队组成，法国陆军实现指挥机构占 10%，接触作战部队占 40%～65%，支援作战力量占 15%～40%，情报力量占 10% 这一较合理的比例结构。法国陆军通过对部队编制改革调整，使作战部队功能化，便于在战时根据需要运用模块组合原则灵活编组作战力量，将数个兵种营、连、模块编在一起，构成合成战术群。

2015 年恐怖袭击事件后，为应对国内不容乐观的安全形势，法国陆军对原定的裁军计划进行了调整，适当加大了规模。

长期以来，法国陆军围绕缩编规模来实施转型，倡导建设精干的地面力量。在 2009 年至 2015 年期间，陆军第 1 机械化旅、第 4 空中机动旅、炮兵旅、工兵旅、第 2 后勤旅陆续被撤。法军原计划在 2014 年至 2019 年期间共削减 3.4 万人，平均每年削减 7500 人，其中陆军是大头。然而，2015 年"查理周刊"恐怖袭击事件后，陆军在国内反恐行动中的兵力部署由每年例行的 1000 人增加至 10000 人，其中 7000 人部署展开，3000 人处于预备状态。

鉴于陆军承担的任务大大加重，同时要维持 12000 人的海外兵力投送和 10000 人的本土兵力部署。如果按照原计划裁军，那么陆军在两年后就不再具备当前的作战能力。并且必须增加地面作战力量，才能避免降低战备训练和执行任务的水平。因此，《2014—2019 军事规划法》进行了修订，冻结了原裁军计划，陆军兵力规模在 2015 年基础上略有增加。

第二节　武器装备发展为合成战术群
作战系统提供硬件支撑

法国陆军正在展开一场全面而彻底的变革，通过建设一支信息密集型高科技军队，以应对现代化战争的新挑战。通过发展信息化武器装备，使信息和指挥系统成为战场上的"神经"，从而以更小型精干但却拥有更快反应能力和更大杀伤力的部队，来有效夺取和保持作战优势。作为支撑这支信息密集型高科技军队的物质基础，现代化的武器装备是必不可少的。针对法国陆军合成战术群接触作战的特点，法军着重发展以下武器系统。

一、"一体化步兵装备与通信系统"（FELIN）

该单兵数字化系统遵循将士兵视为战场上的"系统"这一思想来发展，其目的是使未来战场上的步兵能与数字化战斗管控系统融为一体。FELIN 系统是集步兵作战与通信一体化的系统装置，总重量不过 25 千克，约为步兵平均体重的三分之一。这套单兵数字化系统包括全套作战服、单兵战斗武器、防弹背心、集成通信装置、电子战术背心、头盔系统（配备活动式日 / 夜视装置）、摄像机瞄准系统、集中式能源供给装置等一整套 11 件设备。

FELIN 系统能够满足数字化战场上机械化步兵下车实施近距离作战的需求，允许士兵观察周围的情况、实时通信，在变幻莫测的作战环境中做出适当的反应和采取行动，减少面临的各种风险。该系统不仅极大地增强了士兵的战斗力，缩短了士兵的反应时间，而且使士兵能在昼夜作战中的有效射击距离提高 1 倍多；通过头盔摄像机实时传输目标的数字图像，可支持后方指挥官的快速决策；通信系统传输数据、视频和语音的卓越能力将加快战术行动的节奏；此外，重量更轻、操作界面更好的系统部件使士兵移动速度更快，同时还具有更好的防弹能力和核生化防护能力。FELIN系统的研发、升级和装备部队，是步兵合成战术群在现代化战场上形成真正体系作战能力的关键。

FELIN系统可细分为以下几个主要部件：（1）装有先进光学瞄准设备的步兵轻武器。这些光学设备包括轻型图像增强瞄准具、热成像瞄准具；步兵轻武器包括FAMAS突击步枪、MINIMI轻型机枪、FRF2狙击步枪等。新型的FAMAS步枪上配备的瞄准具集成有电视摄像机，可将图像传输到士兵胸前的显示器或头盔目镜显示器中。（2）头盔。除起到保护功能外，头盔还安装了光学系统。该光学系统可在微型显示器上显示来自武器上安装的电视摄像机或头盔上安装的热成像仪捕捉到的画面。（3）通信系统。该通信系统可以在步兵分队间建立战斗局域网，为步兵动态群集作战提供联网支持。（4）便携式电子平台。它以大容量数据总线（USB 2.0）为基础，负责管理电源和各种子系统之间的信号交换。该平台是FELIN系统的核心，其配备人机界面监视器的控制系统可同时提供远距离观测和精确射击的能力。（5）电池组。多个独立的电池组提供电力，驱动所有子系统运行。（6）作战服与防护设备。符合人体功能学设计的作战服能确保士兵灵活移动，而且透气性好。此外，排长通常还额外配备一个多功能热成像目镜瞄准具，具有指北针功能和测距功能，以及昼夜战场观察能力。

目前，法军除了研发和列装了FELIN V1型系统外，已经成功研发了升级版的V2型FELIN系统，并于2015年装备部队，目的是增强步兵在北约军事行动中机械化步兵下车作战能力（包括杀伤力、C^4I、防护力、机动力、自主性和战场生存能力）。装备FELIN系统的步兵将不再是战场上孤立的个体，而是集成一个联网的作战体系，并在分队指挥官的战术决策过程中起到积极作用。

二、VBCI 步兵战车

为增强机械化步兵乘车作战和下车作战的战斗力，以及提高在与敌人接触作战时的防护能力，法国陆军发展先进的轮式装甲步兵战车 VBCI，以全面取代现役的履带式 AMX-10P 型步兵战车。法军已经为其机械化步兵和装甲兵部队装备了大量的 VBCI 轮式装甲战车，并在 VBCI 战车的基础上研发不同型号和功能的轮式装甲车，如 VCI 步兵装甲战车、VPC 装甲指挥车等。

随着"格里芬"多用途装甲车的到来，开始向陆军提供第一批装甲车辆。迄今为止，已有 4 个步兵团获得了第一批"格里芬"装甲车，到 2021 年夏季还将装备另外两个团级单位。每个团都将配备 22 至 26 辆"格里芬"装甲车。目标达到装备两个连的水平。在 2021 年底，40 多辆"格里芬"装甲车将被投送到海外行动中。"蝎子计划"战斗信息系统 SCIS 被部署到了第一批步兵团中，从而使陆军实力得到提升。从 2021 年 5 月起，陆军将接收其首批 20 辆"美洲豹"（Jaguar）装甲侦察车来装备装甲部队。2022 年期间，陆军将收到第一批翻新的"SERVAL"和"勒克莱尔"（LECLERC）坦克，以及 2024 年初获得第一批支援迫击炮（MEPAC）。"格里芬"（Griffon）多用途装甲车和轻型 VBMR 多用途装甲车将取代现役的 VAB 装甲车；"美洲豹"（Jaguar）装甲侦察车将取代 AMX-10RC 侦察车、"标枪"侦察车和 VAB HOT 反坦克装甲车；改进型"勒克莱尔"坦克将在"蝎子"计划作战空间中起支撑作用；最后是战备训练系统适应于"蝎子"计划主导的未来战斗。

248 辆"美洲豹"侦察装甲车中的 110 辆、1722 辆"格里芬"多用途装甲车中的 780 辆、358 辆轻型 VBRM 多用途装甲车中的 200 辆、200 辆按照"蝎子"计划标准改进的"勒克莱尔"坦克，这一交付量相当于到 2025 年列装两个合成旅。为了实现整个陆军的列装，因此第二期是必不可少的。

VBCI 战车拥有 4 大技术特点：具备全路况机动性、采用附加陶瓷式防护装甲的铝质车体、配备最先进技术的单人炮塔、操作方便和性能优越的观察与通信设备。1 辆 VBCI 可搭载一个 9 人的步兵班，或反坦克 5 人小组及 12 枚反坦克导弹。VBCI 上装备的 25 毫米（mm）火炮最大有效射程为 1400 米（m）。该车的通信装备包括 4 部第 4 代无线电台（PR4G）、车内通话器和信息终端。其观察设备昼夜探测距离为 2000 米，识别距离为 1200 米。随着 VBCI 步兵战车列装部队，以及其改进型的研发与列装，法国陆军步兵和装甲兵合成战术群将具备更优越的作战能力：每辆车可运送 11 名配备 FELIN 单兵作战系统的士兵；其装甲具备对中等口径直射武器和反装甲武器的良好防护能力；具有更良好的战场快速机动能力，使步兵部队具有与装甲合成战术群相同快节奏的机动作战能力；VBCI 步兵战车上有装备稳定瞄准系统的 25mm 火炮，其火力足以摧毁敌方大部分步兵战车。战场上，VBCI 步兵战车将与"勒克莱尔"主战坦克、步兵的 FELIN 单兵作战系统和团级信息系统 SIR 结合在一起，为部队提供高强度作战能力和控制暴乱行动能力。

三、升级改造"勒克莱尔"坦克

"勒克莱尔"主战坦克具有优良的机动性、杀伤力、作战能力、生存能力及主动防护系统。它于 1992 年 1 月正式列装服役法国陆军，至今已经 20 多年。法国陆军一直在对"勒克莱尔"坦克进行不断的升级改造，计划让其服役至 2030 年。在第一阶段的升级中，已经完成敌我识别器（BIFF）、新式热成像仪的换装，并增强了辅助防护系统。法军在 2008 年进一步强化其装甲，并提高了火控系统跟踪目标能力与指挥控制能力。第二阶段升级改造于 2015 年实施，针对其机动性、杀伤力、战场生存能力、通信、指挥与控制、保障等方面进行改进，目标是将其升级成新型"勒克莱尔"坦克。其中杀伤能力和战场生存能力是改造的重点。为使"勒克莱尔"更适合在城市地区作战，法军将为它装备更先进的通信系统，以具备"射击墙面背后目标"的能力，以及区别战斗人员与平民的能力。通过融入作战体系，"勒克莱尔"坦克还可使用各式新型弹药，在 8～10 千米距离上承担部分超视距作战任务，并将装备能拦截反坦克导弹的主动防御系统。

另外，法军还在积极研发新型隐身主战坦克。AMX-30 隐形坦克采用先进隐形外形设计、防雷达波涂层与隔热设计等措施，可以有效地减少或抑制坦克的红外热辐射、雷达反射波以及噪声和可见光等目标特征信号，从而降低被传感器发现和跟踪的概率。（见图 3-2）

图 3-2　研制中的法国 AMX-30 隐形坦克

"蝎子"（SCORPION）计划是由法国陆军参谋部和三军装备总局于2010 年联合发起的陆军装备现代化计划，既是振兴地面作战能力的支撑，也是欧洲最大的陆军武器装备项目。代号"蝎子"（SCORPION）实际上是法语"通过多能化和信息化加强接触式作战的协同能力"的缩写。该计划的第一阶段为 2014 年至 2025 年，作为一项综合性计划，主要包括构建数字网络化战场空间，全面更新合成战术群的主要装备，部分改进现有系统，在机动性、独立性、防护性、火力等方面优化作战行动。通过大规模更新陆军装备，"蝎子"计划将使陆军达成更高的一体化作战水平，应对宽频谱和精细化作战任务，使包括旅在内的任何层级都能够实施空地联合作战。

在"蝎子"计划的框架下，法国陆军首先将大规模发展 FELIN 未来士兵系统，也就是通信装备一体化步兵系统。该系统由防护服、轻武器、微型计算机、GPS 导航仪和数字化无线电台组成，另配有多种外部设备，能够显著提升单个步兵的技术能力。根据规划，2015 年将实现防护服的装备，2019 年之前共交付 18552 套 FELIN 系统，2020 年实现通信系统发展，2025 年实现自主化发展。

"蝎子"计划将重点打造适应未来陆战环境的新型战车，提高部队的机动、突击、侦察、支援、生存能力。一方面，200 辆"勒克莱尔"坦克改造升级。另一方面，新一代轮式战车将作为中型机动部队的主力装备投入未来战场。第一批"猎犬"多功能装甲车将于 2018 年交付，数量为 92 辆，取代已服役 40 年的 VAB 装甲输送车。预计 2025 年之前交付 780 辆，之后交付 942 辆，共计 1722 辆。第一批"美洲豹"装甲战斗侦察车将于 2020 年交付，取代同样长期服役的 AMX-10RC 轮式侦察车和 ERC-90 轮式侦察车。预计 2025 年之前交付 110 辆，之后交付 138 辆，共计 248 辆。

四、改进 AMX-10 系列战车

AMX-10 系列战车是法国陆军较老的装备。法军通过对其进行相应的现代化改造，使其能满足信息化战场作战的需要。

AMX-10P 步兵战车早于 1973 年就开始列装服役法国陆军。通过对其升级改造，使其可以搭载装备 FELIN 系统的步兵。此外，还为它安装信息终端，并加装一个热瞄准具，使其能在昼夜和恶劣气象条件下有效打击目标。

AMX-10RC 侦察车换装了 V1 型末端信息系统、红外热成像仪、新型装甲车辆防护系统、第 4 代无线电台以及新型火控系统，并配备了快速导航系统及决策支援系统。

五、"虎"式直升机

"虎"式攻击直升机为双发武装直升机，续航时间为 2 小时 50 分，最大起飞重量 6 吨。该机采用纵列双座的狭长低短造型，减少了正面面积，利于战场隐身，也便于运输。机身中段两侧加装了一对短翼，可提供 4 个挂架挂载武器。机身可抵御 7.62mm 与 12.7mm 机枪子弹的攻击。"虎"式直升机智能化技术含量高，装备自动飞行控制系统、自动导航系统、无线电通信、敌我识别与电子显示等 4 个基本系统，可保证飞行员得心应手地操作和控制直升机，并通过各种显示系统方便查看所需信息，确保飞行员在有效时间内做出正确的判断和反应。

"虎"式武装直升机拥有强大火力，可挂载 8 枚反坦克导弹和 40 枚火箭弹，最大载弹量达 2 吨，可打击 12 千米外的目标，一次出动就可以独立消灭敌方一个装甲连。它能全天候昼夜作战，可用于执行反坦克作战、火力支援、护航/空战、武装侦察等任务。目前，法国陆军根据作战功能需要，发展了反坦克型（HAC）"虎"式直升机以及火力支援型（HAP）"虎"式直升机。其中反坦克型（HAC）主要用于攻击敌方坦克和阻止敌方坦克大规模攻击；火力支援型（HAP）主要作为空中轻骑兵执行快速反应任务，为地面部队提供火力支援和对空掩护。

反坦克型"虎"式直升机的武器系统：最多可挂 2 具 4 联装发射架共 8 枚反坦克导弹（如"霍特"-3）。此外，还可挂载双联装发射架，以装挂 4 枚"西北风"反坦克导弹。此外还装备了桅顶瞄准具。

火力支援型"虎"式直升机的武器系统包括 1 门 AM-30781 型 30mm 机炮，备弹 450 发。短翼可挂载 SNEB 型 22 或 12 联装 68mm 口径火箭发射器，最多可有 68 枚火箭弹。作为自卫武器，两个外侧挂点可挂 4 枚"西北风"红外制导空空导弹。该导弹最大速度 2.6 马赫，射程 6 千米，可拦截以 8G 加速度进行规避机动的空中目标。

法军于1997年正式装备"虎"式直升机。法国陆军已经在阿富汗战场上将"虎"式直升机投入作战，用于替换"小羚羊"轻型多用途直升机。战场上，法军使用以"虎"式直升机为主，结合各式直升机编成的陆航力量，有效对合成战术群提供直接和间接的支援，确保法军空地一体机动作战的实施。

法军除了对以上承担接触作战的合成战术群主战装备进行研制开发和升级改造外，还围绕这些主战装备开发了相应设备和系统。包括：（1）战地敌友识别系统（BIFF），已经安装在"勒克莱尔"主战坦克、AMX-10RC型侦察装甲车、VAB前装甲车上。（2）快速信息导航、决策与报告系统（FINDERS），可为营级部队不断提供和更新显示友军和敌军部队位置的战况图，同时还可显示附加数据，如战车的技术状态和后勤保障状态。（3）第4代数字无线电台（PR4G）。它既可作为基本战地无线电通信网络收发机使用，也可作为数字化战地多用途核心无线电收发机使用。辅助以相应的网间连接器，它就能通过盟军战术甚高频无线电系统向其他战斗管理系统传输数字化信息。（4）"地平线"地面侦察系统。一种安装在直升机上，可对移动目标进行侦察识别的地面侦察雷达系统。它能探测和识别150千米范围内的目标。该系统将探测到的信息经过处理后传输到地面站，再从地面站发送到指挥部或火力支援作战单元。（5）各式无人作战侦察系统。包括多用途战术无人机、近距离探扫雷系统等。

除了与合成战术群直接接触作战相关的武器装备外，法军也注重间接作战武器平台的发展。这些新型作战平台将为合成战术群接触作战提供强有力的火力支援和防空保护伞。例如，装备"阿特拉斯"系统的155mm"恺撒"火炮、120mm牵引迫击炮、BONUS末端制导反装甲炮弹、MARTHA雷达及防空系统、SDTI战术无人机系统，等等。

在这些先进的现代化武器装备硬件支撑下，法国陆军的步兵合成战术群、轮式装甲战车合成战术群、"勒克莱尔"坦克合成战术群，以及正在发展的陆航合成战术群拥有强大的作战能力、快速机动和反应能力以及复杂战场情况适应能力。在空地一体矢量作战思想指导下，从主战武器装备的战术技术性能出发，法军针对不同合成战术群研究和发展了相应的战术战法。

第三节　信息系统建设为作战体系整体互动建链编网

除了进行编制体制改革、研发现代化武器装备外，法国陆军还特别注重综合作战信息系统的发展建设，并将它作为部队信息化建设的核心。法军以现代信息技术和通信技术为支持，大力发展 C^4ISR 系统，将各种空、地传感器连接成网，使战场上各战术单位能实时共享信息、发挥强大火力、实施精确打击、灵活机动作战、快速且适度反应，实现"网络中心"作战能力的飞跃。

在数字化战场建设上，法军部署展开大量的信息系统。其中与法国陆军合成战术群作战关系紧密的信息系统，主要由部队指挥信息系统（SICF）（见图 3-3）、团级信息系统（SIR）和信息系统终端（SIT）三部分组成。部队指挥信息系统（SICF）用于战术群与陆军 1～3 级作战中心的各种信息系统进行信息交换和通信，以增强陆军战役战术级自动化指挥能力。通过该系统，可实现合成战术群与炮兵 ATLAS 系统、MARTHA 防空系统、盟军系统、空军信息系统、海军信息系统等互联互通。团级信息系统（SIR）主要用于实现团属部队和战术单位各级指挥所的通信联络，以战术指挥信息网来促进战术级兵种合成部队形成整体作战能力。它构成合成战术群本级单位使用的信息系统主体。信息系统终端（SIT）则是指装备各级指挥所、武器平台的信息终端。它构成下级分队或作战单元与合成战术群联系的各种信息通信终端。部队指挥信息系统、团级信息系统和信息系统终端构成法国陆军三级作战管理系统的扁平式指挥控制体系。该信

图 3–3 部队指挥信息系统（SICF）

息体系减少了信息流通的中间层次，提高了信息传输的速度、可靠性和部队指挥效能。在后勤上，法军通过中央后勤保障信息系统（SILCENT）、综合技术保障信息系统（SIMAT），确保满足合成战术群在作战过程中对各种弹药物资的需求，实现精确化后勤保障。此外，法国陆军还可以通过"里达"自动化集成通信网络，将作战信息系统与卫星通信系统相连接。

一、部队指挥信息系统（SICF）

作为法国陆军上层指挥控制系统，SICF 系统装备旅及旅以上部队的作战指挥中心。它不仅可以搜集和处理团以上部队的信息，与团以上指挥所进行直接对话并收发格式化战术电文，如命令、报告等，还可以共享作战态势，快速同各级交换信息，缩短命令和电文的传递时间。此外，系统还能够保证与友邻部队和盟军进行全面的协同。

（一）SICF 系统的技术功能

SICF 系统可自动接收和处理各种信息，在数字化地图上显示战场态势以及各分队的情况，也可以接收和发送格式化命令和报告，或以图表的形式显示作战情况和后勤保障情况，还可在电子地图上制订作战计划，并实施指挥等。这些都是通过该系统的一系列功能模块来实现的。这些功能模块包括信息助理、共享服务器－用户个人存储器、战术编辑器、电子文档管理、匹配接口、数据转移功能等。在硬件上，SICF 系统采取工作站的形式。在网络架构上，SICF 系统主要围绕两个服务器来架设信息网络：信息处理服务器、通信和电子邮件服务器。（见图 3-4）

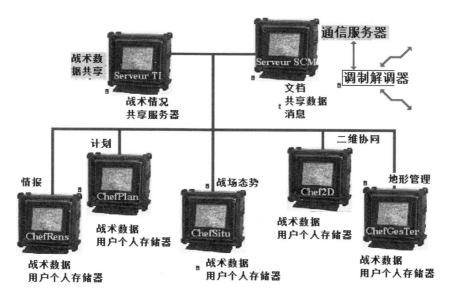

图 3-4　SICF 系统的技术功能

SICF 系统的各个功能模块提供以下不同的服务。

信息助理：提供消息处理、信息分类、联网协作等服务。在它的辅助下，用户既可独自编辑作战信息，也可组织和发起联网协作。

共享服务器－用户个人存储器：共享服务器允许所有联网用户读取作

战中心存储在该服务器上的各种参考信息数据，包括战场情况、作战命令等。在用户终端上使用专业软件对数据进行处理时，只能通过该终端个人存储器读取和存储数据。SICF系统的用户都能在网上发布其工作信息，也能对所需要的相关信息进行定制。共享服务器上信息的更新，主要是通过用户将个人存储器中的信息发布到共享服务器上来实现。考虑到该操作的风险性，只有具有相应写入权限的用户，才能对共享服务器上相关战术情况的信息进行写入操作。而用户终端通过信息定制，可将共享服务器上更新的信息及时读入个人存储器。

战术编辑器（EDITACT）：战术编辑器为SICF系统用户提供了及时掌握作战情况，并对战术数据进行管理的工具。（见图3-5）SICF系统上拥有各种信息，可以反映一个战区的整体情况。根据信息的不同形式，战术编辑器可使用相应的手段来显示相应信息。这些手段包括：（1）战术情况图：在数字地图底图上以标示军队标号的方式来显示部队的展开和部署。通过它可了解各部队所处的地理位置，并管理队标的变化。战术管理器提供了许多图形工具，可对屏幕上的情况显示进行管理。（2）文字信息：基本的文字信息是以WINDOWS环境常用软件进行处理。它也可以采用数据表格的形式，以便后期进一步对信息进行处理。（3）树形图：主要用于表示组织之间或功能间的联系，如战役顺序等。

电子文档管理（GED）：它是一个文档数据库。由SICF系统办公应用软件产生的文档，将会被收录到该文档数据库中。文档数据库是由所有GED格式的文档构成的整体，可在作战中心（CO）所有用户之间共享。每个用户都可以存储、搜索、查看和获取一个GED文档；这些文档可以与"战术编辑器"管理的一个主题相链接。通常要根据参谋长确定的分类方案来组织GED文档，并由一名管理员负责管理操作，将用户想要发布的文档进行收录。GED是以内网Web网址方式运行的。

匹配接口：该功能为所有战术部队预留了可拓展的新主题管理能力，如管理难民、特殊设施管理，等等。

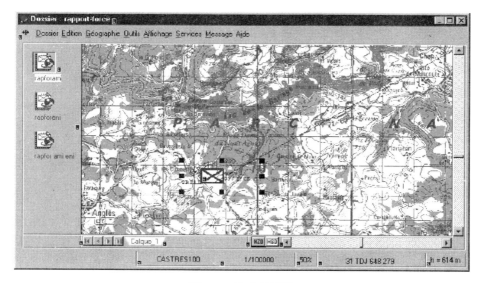

图 3-5　战术编辑器

　　数据转移功能：该功能可以将陆军部队指挥中心的 SICF 系统数据向前进指挥所的 SICF 系统进行转移。通过数据转移功能，可传输公共文件夹的信息、共享服务器数据和必要的技术数据，以确保指挥的连续性。

（二）SICF 系统的作战功能

　　SICF 系统便于法军在欧洲战场乃至在世界任何一个地方投送力量展开行动时对陆军部队的指挥。它是陆军信息系统的核心，可在空地一体作战中大大提高各种作战力量的效能。作为指挥陆军部队的上层信息手段，法军特别关注它与团信息系统（SIR）之间的集成和信息交换。SICF 系统通过为战场上各个单元提供高质量的通信服务，可建立起层次性、功能性的联系。部队指挥官利用 SICF 系统提供的一系列服务，不仅可以在掌握全面、实时的信息情况下将部队精确投入行动，可以减少拟制和传输命令、报告等的时间，还可以更好地与其他军兵种和盟军部队协同行动。

　　SICF 系统主要实现以下服务功能：内部通信功能，确保陆军部队内部信息流通顺畅；外部通信功能，确保与盟军和其他军种信息系统的通信联络；信息管理和处理功能；辅助决策功能；保持指挥所不间断指挥功能。在行动功能上，SICF 系统涉及旅（或旅以上部队）指挥所的所有活动，包括作战行动的构思、计划、综合、行动指挥；情报；纵深打击（火力和支援行动）；后勤和机动；二维控制（地面协同）；三维控制（空中协同）；四维控制（电磁领域）；SICF 系统管理；军事–民事行动等。SICF 系统的功能模块能够根据不同规模作战力量在不同任务中的指挥需求来灵活组合配置，而且其配置还能够随着战争动员和作战准备的进程（平时–危机时期–战时），以及作战情况的发展而不断适应变化，灵活重组。

　　与 SICF 系统相连的旅以下信息系统主要有：（1）团信息系统（SIR）。主要使用第 4 代无线电台与数据包访问服务（SAP）来与 SICF 系统连接，并以 CARTHAGE 高频无线电台作为应急通信手段。此外，法军还考虑通过卫星或 RITA 2000 来与团信息系统 SIR 连接，以及考虑通过第 4 级战术"棋子"作为中介来拓展连接，以解决通信空间延伸和无线电通信流量等问题。（2）团消息信使（MESREG）。法军在未装备 SIR 系统之前，将团消息信使 MESREG 作为合成战术群的信息系统。该系统有一定的局限性，只允许点对点联系，因此需要较长的时间来传输旅对战术群下达的命令。（3）炮兵 ATLAS 系统和防空系统 MARTHA。使用第 4 代无线电台，通过专门协议来实现与这些兵种专业系统的连接。

二、团信息系统（SIR）

　　团信息系统（SIR）是由装甲兵、步兵、工兵、陆航等多个兵种信息系统子系统（模块）构成协调一致的整体信息系统。它便于陆军对团属部队实施指挥控制，提高部队在空地一体作战环境下信息交换和处理的能力。该信息系统通过将团（营）、连、排以及各个战斗群的各级指挥所连接成网络，使装甲部队、步兵、工兵、炮兵、情报侦察、支援保障等主要作战力量和功能有机结合在一起，从而促进战术级兵种合成部队形成整体作战能力。

团信息系统（SIR）集成到陆军指挥和信息系统框架中。在整个信息网络中，团信息系统起着纽带作用。它根据各种终端信息系统所提供的信息，构建动态变化的战术态势，并及时将信息传递给部队指挥信息系统（SICF）。使用数台装备团信息系统的装甲指挥车，可组成团级和分队级指挥所，接收上级命令，了解本级作战任务，在电子地图上分析战场态势，了解友邻部队和敌方情况，进行作战准备，下发作战命令，对战场战况和下属部队情况进行跟踪等。

（一）技术功能

团信息系统（SIR）安装在前进装甲指挥车（VBA）或 10～15 英尺（英制长度单位，1 英尺 =0.3048 米）的移动式技术方舱（ATM）中。指挥车在机动过程中，可运行该系统的部分服务。法军当前有两类指挥车：可以安装 2 个工作站的空调型大型指挥车；可以安装便携式工作站的通风型轻型指挥车。在硬件上，团信息系统使用第 4 代无线电台，以法军现有的通信协议来支持其通信。硬件设备配置方式采用典型的"固定式或便携式工作站"，结合经过加固的外围设备和定位设备。此外，它还使用层架式通信设备架构，使得 SIR 系统具有良好的拓展性。这种层架式架构使得可以重新使用那些受技术发展影响不大的通信装备部件（如无线通信服务器）。在系统软件上，由于作战上的需要，要求采取分布式软件框架结构。在软件上，总体框架结构分为三层：底层基础操作系统、"人机界面和应用软件"层和标准办公工具软件层。

在战场上，法军可通过光纤将数台指挥车互联组成一个部队指挥所。在该指挥所内，不同设备和电脑之间的数据传输可通过局域网（以太网）实现。指挥车内的通信是通过车内通话网实现，并可以利用指挥所的任何一部无线电台实现对外联系。通常每辆指挥车上配备 3 部无线电台。法军当前使用的是第 4 代无线电台，它使用数据包访问服务（SAP）协议，采用话音和数据传输共用同一信道的混合剖面，并可经过 SICF 系统的通信服务器使用基础设施通信网络。利用第 4 代无线电台，可建立 2 个数据通信网和 2 个混合通信网，保障旅（或旅以上部队）与团（或战术群）之间的通信；建立 1 个数据通信网和 1 个混合通信网，保障团（或战术群）与下属分队之间的通信；建立 1 个混合通信网，确保分队之间的基层通信。此外，每辆指挥车上还安装了一个 GPS 定位模块。

（二）作战功能

团信息系统（SIR）能满足话音通信和数据通信等作战指挥需求，同时还能确保通信安全，并记录信息交换痕迹。它不仅对通信过程进行优化，还满足了"指挥功能"的各种需求，为从作战准备到作战实施过程中的指挥活动提供各种服务保障，使指挥人员更好地判断情况，确保指挥持续不间断。它确保与上级信息系统 SICF 的物理和逻辑兼容性，以及与炮兵 ATLAS 系统、BREVEL、HORIZON"地平线"监视雷达、"勒克莱尔"坦克、"虎"式直升机、MARTHA 防空系统、CL–289 无人机等友军和盟军信息系统的互联互通。此外，SIR 还优化了各个兵种作战系统，成为战场上各种探测器、武器系统和信息系统终端的作战效能"聚合器"。

三、团消息信使系统（MESREG）

该信息系统是为了满足部队短信息交换需求而开发的。始初，法军针对"团信息系统"（SIR）没有装备到位的情况，通过 MESREG 的数据通信功能，满足部队在信息交换上的短期需求。它只能满足部队在作战环境下最初级的数据通信需求，是法军为有效降低费用和研发周期短的现实情况下开发的信息系统。其优点是便于操作。后来随着技术发展，法军指挥信息系统可以对短信息进行图像解释，高频通信趋向稳定化，而且部队具备使用卫星（SICILE 系统）的可能性，因此法军将团消息信使系统配备陆军不同类型的团，使得可在基础分队和团之间，以及在团指挥所和配备该系统的旅（或旅以上部队）指挥所之间进行短信通信。

各级部队和指挥所使用的团消息信使系统终端都是相同的。其设备包括 1 个加密通信终端，重 10 千克，尺寸 600mm×200mm×450mm，用于处理、管理和传输消息；1 个工具箱，同样重 10 千克，尺寸为 600mm×200mm×450mm，内有电缆、供电转换器，可以从一个电网接口和不同附属装置接电向团消息信使终端供电。团消息信使系统终端还配备笔记本电脑、无线电模拟信号调制解调器、加密和通信卡、以太网卡、RTC/FAX 卡、喷墨打印机，以及操作说明书。

团消息信使终端可以向法军部队使用的大部分通信设备传输数据，包括第 4 代无线电台（PR4G）、TRC-950、TRVP-13、TRVP-213、TRC-350、TRC-360、TRC-363、TRVM-134、卫星（SICILE 和 INMARSAT）、电话交换网等。此外，团消息信使终端可以通过局域网（以太网），或自动通信集成网（RITA），使用"短信宏"软件向部队指挥信息系统 SICF 的工作站传输 AdatP-3 格式化信息。团消息信使终端拥有 3 个辅助软件，用于与不同作战信息系统（兵种、后勤、AdatP-3 短信）的信息对接；此外还有 Office 软件包。团消息信使终端装备国防机密级（CD）加密装置。

四、与合成战术群相关的其他信息系统

除以上信息系统以外，法国陆军合成战术群在行动中还可能使用到后勤保障信息系统：中央后勤保障信息系统（SILCENT）和综合技术保障信息系统（SIMAT）。中央后勤保障信息系统（SILCENT）可确保将保障物资在准确时间运送到准确地点，从而减轻作战部队在后勤保障方面的顾虑。SILCENT 系统通过一个实时更新的后勤保障数据库，可以管理从物资出库直到战区后勤基地之间的后勤保障物流；它还可以调整和跟踪部队从离开

营地直到投送平台或到边境过境点的运输和机动。综合技术保障信息系统（SIMAT）是一个以树形图对装备物资、操作规范、说明文件、技术文档等进行分解，并涵括各种技术参考资料数据的信息系统。通过预先估计作战行动中武器装备可能的消耗，可使用该系统来计划对装备进行预防性维护，也可以在器材供应方面进行提前订购零配件。通过系统的管理功能模块，可预先了解军用物资储备信息和需求信息，从而能对物资供应计划进行最优化计算。在进行预防性、校正性或计划性技术维修保养后所记录下的技术问题报告，可作为经验向系统反馈。

在通信手段方面，法国陆军合成战术群和战术分群主要是通过第 4 代无线电台来实现对上和对下的通信联系。如有必要，合成战术群还可以通过"里达 2000"卫星通信实现对上（如师、旅指挥所）的通信。法国陆军的"里达"自动化集成通信网络是一种基于 IP 的新型高速率数据通信系统，是法国陆军现役主要的大容量区域通信系统。其终端电台的移动通信距离可达 20～30 千米。

此外，在"蝎子"计划中，法国陆军除了开发各种新型作战平台和改造现有武器装备外，还将信息系统建设作为"蝎子"计划的核心，开发"蝎子"战斗信息系统（SICS），以实现各兵种作战管理系统的有效融合。根据计划，"蝎子"战斗信息系统 V0 型于 2015 年服役，使用统一的信息系统逐步替换合成战术群内所有的作战管理系统，包括 V1 型作战平台终端信息系统、营级终端信息系统、侦察部队作战管理系统和团级指挥系统等。"蝎子"战斗信息系统 V0 型和 V1 型将用于优化战术群及其分队的战斗管理，并在更高指挥层次与三军联合信息系统的陆军部分（作战管理信息系统）实现互联。V2 型"蝎子"战斗信息系统将在 2022—2025 年取代"蝎子"战斗信息系统的 V1 版。

"蝎子"计划还将突出现代战争中自动实现的信息主导和所有战斗人员之间的信息共享。未来陆战将是基于信息系统的空地联合作战。因此，陆军将依托于现代化通信与指挥系统以及先进的情报系统，构建陆战网络空间，将单兵作战系统、战车、火炮、直升机置于网络中，确保各种战场信息的及时获取，加强信息处理和指挥控制的实时性，提高反应速度，增强指挥效能。

此外，陆军将围绕"蝎子"计划发展适度规模的高效作战单位，即合成战术群。合成战术群以团为核心，纳入所有现代作战力量，包括工兵、炮兵、通信、维护、空中引导、媒体联络、医疗保障等，构成一个约千人的独立单元，能够执行在诸军种和盟国联合框架下的各类作战任务。根据建设目标，2021年将投送第一批"蝎子"合成战术群，2023年投送第1支"蝎子"旅。

第四章　步兵合成战术群

步兵合成战术群是能够计划和实施合同作战的一级战术力量，具有执行各类主要行动的能力，既能够在旅编成内行动，也能独立展开行动。

步兵合成战术群的主体力量组成是步兵，因此步兵合成战术群的战术运用也要围绕步兵的特点展开。与轮式装甲战车合成战术群和坦克合成战术群不同，步兵主要实施下车作战。同时，由于步兵合成战术群配备有高技术武器装备，拥有良好的机动能力和一定的装甲防护力，因而能够执行高强度冲突作战任务。此外，步兵因其便于投送和回撤的特点，其在法军的空地一体作战系统中占据重要地位，是陆战力量的重要组成部分。法军认为，步兵是法国武装力量执行国家新战略的主要手段，直接参与法国"影响"政策的具体实施。

第一节　步兵合成战术群力量编组

在其他军兵种力量的协同下，步兵合成战术群能够展开各种战术行动，完成从高强度作战到低强度非战争军事行动等全频谱的行动任务。步兵合成战术群的全频谱行动能力和战法的多样性主要归功于不同兵种力量之间的互补性。

一、力量编组原则

步兵合成战术群的编组，是以步兵团部分力量为主，遵循模块组合的原则来具体实现编组。通常遵循以下原则要求：

（1）基于目标任务进行力量编组。主要根据任务来选取相应的其他兵种力量加入编成，并确保作战自持力和持久行动能力。

（2）针对敌人的性质进行力量编组。主要根据敌情来确定威胁等级，再根据不同等级的威胁，编组合成战术群。

（3）根据作战地区地形情况进行力量编组。主要根据地形情况选取相应的作战手段和行动保障手段。

（4）运用模块化组合原则，同时遵守各兵种力量使用的基本级别要求。在编成合成战术群时，一方面根据任务、敌情、地形等灵活编组作战力量；另一方面在运用模块化组合原则时，必须遵守不同兵种分队的基本使用级别规定（基本单位、排、组等，具体视兵种性质而定），以确保与指挥、情报、机动、火力和支援保障等协调一致。如果将某些兵种力量分成过小的单位进行模块化编组，反而会破坏该兵种力量基础作战单位的作战功能，导致作战能力的流失。

（5）保持四元结构。即要保证合成战术群具有直接交战功能、间接交战功能、指挥功能和后勤保障功能。实际上，法国陆军部队是通过四元结构来提升和优化其战场机动作战能力的。该结构体现了法军的战争三原则，即"行动自由""节约力量""集中效能"的要求。一旦具备这四个功能后，合成战术群即可通过运用情报、火力和机动，在时间和空间上将各个战术分群和兵种分队的行动进行灵活组合，展开机动作战，以达成预定目标。

二、核心力量组成

步兵合成战术群的核心力量组成包括1个指挥与后勤单元，1个情报侦察单元（团属侦察排），数个火力支援单元（远程反坦克排、迫击炮排），1个运动支援单元（团属侦察排兼任），以及相应的后勤保障力量和3个或3个以上的直接作战单元（连级，每个作战单元含3个步兵排和

1个火力支援排）。步兵合成战术群的核心力量通常应尽可能地从同一个步兵团中抽取便于投送展开的力量来组成。（见图4–1）

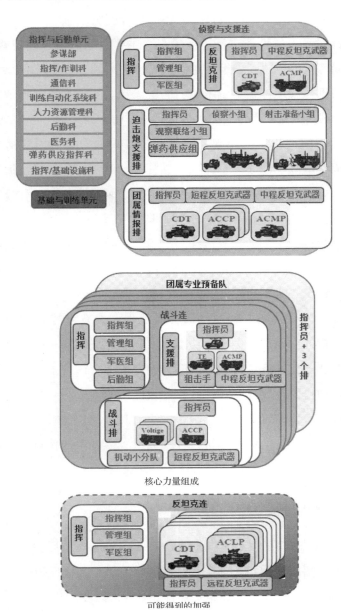

图4–1　步兵合成战术群核心力量构成

三、可能获得的加强

在编成步兵合成战术群时，通常核心力量组成变化不大，主要是根据任务和需要，给核心组成配属和加强不同兵种分队。因此，步兵合成战术群编组的多样性，主要是体现在配属和加强力量的变化组合上。

步兵合成战术群通常可得到以下力量的加强。在情报侦察功能上，可得到 1 个装甲单元的加强；此外，根据作战环境和需要，还可得到用于情报侦察的各种专业模块，如炮兵、工兵、人员搜救分队、特种行动指挥、军事民事行动、电子战、陆航等情报侦察力量。在直接交战功能上，可得到 1 个装甲连的加强，主要用于增强中程反坦克能力；必要时，可得到陆航力量的加强。在间接交战功能上，可得到炮兵力量加强；根据作战环境和需要，还可得到电子战力量的加强。在防空力量上，鉴于法军贯彻"大防空"理念，因此在合成战术群层面，只有全般对空防御，通常是车载 20mm 机关炮和步兵轻武器实施对空射击；必要时，才加强专业手段，或由陆航的火力支援直升机提供对空掩护。作战保障方面则可得到各类工兵力量的加强，以实施机动保障、反机动保障、支援部队展开等任务。此外，还有后勤保障专业模块加强；根据需要，可能还有作战沟通专业模块、军事民事行动专业模块等加强。

四、依据任务类型进行不同力量编组

为更清楚地说明法军步兵合成战术群的编组，下面依据任务类型的不同，给出几个编组实例。

实施攻势行动时，步兵合成战术群核心力量组成为轮式机械化步兵营，下辖 3 个机步连，1 个反坦克排，1 个侦察排，1 个迫击炮排，以及相应后勤保障力量。可能加强 1~2 个装甲远程反坦克排，1~2 个坦克连，1 个工兵连。

实施攻击侦察时，步兵合成战术群核心组成力量为轮式机械化步兵营，下辖3个机步连，1个反坦克排，1个侦察排，1个迫击炮排，以及相应后勤保障力量。可加强1~2个装甲远程反坦克排，1个坦克连，1个工兵连，1个坦克侦察连。

伴随装甲部队行动时，步兵合成战术群核心组成力量为轮式机械化步兵营，下辖3个机步连，1个反坦克排，1个侦察排，1个迫击炮排，以及相应后勤保障力量。可加强1个坦克连，1个工兵连，1个装甲反坦克连。

在居民地作战时，步兵合成战术群核心力量组成为轮式机械化步兵营，下辖3个机步连，1个反坦克排，1个侦察排，1个迫击炮排，以及相应后勤保障力量。可加强1~2个机步连，1个坦克连，1个加强工兵连，1个迫击炮排，1个反坦克排。

在实施控制地域行动时，步兵合成战术群核心组成力量为轮式机械化步兵营，下辖3个机步连，1个反坦克排，1个侦察排，1个迫击炮排，以及相应后勤保障力量。可加强1个机步连，1个坦克侦察连，1个工兵连。

在展开空降作战夺占要点行动时，步兵合成战术群核心力量组成为1个空降步兵营，下辖3个空降步兵连，1个空降反坦克排，1个侦察排（也可不编），1个空降迫击炮排，以及相应空降后勤保障力量。可加强1个空降步兵连，1个空降工兵连。

如果是展开机降作战，则步兵合成战术群核心组成力量为1个机降步兵营，下辖3个机降步兵连，1个机降反坦克排，1个侦察排（也可不编），1个机降迫击炮排，以及相应空降后勤保障力量。可加强1个机降步兵连，1个机降工兵连。

第二节　步兵合成战术群的战斗特点

在其他军兵种力量的协同下，步兵合成战术群能够在复杂的、难以抵达的复杂地形上行动，尤其是在当前大部分行动展开的地形——居民地上行动。它既能够实施乘车作战，也能徒步展开行动，特别适合紧急投送展开行动。步兵合成战术群在旅编成内作战，也能独立展开作战，完成从高强度作战到低强度非战争军事行动等全频谱的行动任务。

一、能够在复杂割裂、难以抵达的地形上行动

作为陆军传统兵种，步兵有着很好的地形适应能力。无论在丛林密布、山峰陡峭的山岳丛林地，还是在道路纵横交错、楼房林立的城市居民地这些复杂的地形中，尽管作战地域被各种自然或人造地物所分割，对于其他兵种力量很难进入，但对于步兵却能通过空中投送很好地展开部署执行任务。通过对近期局部战争的观察和分析，法军认为未来冲突可能将主要发生在城市或城市近郊居民地，而步兵合成战术群无疑是在这类复杂地形上展开行动的首选力量。

二、既能乘车作战，也能徒步作战，特别适合紧急投送展开行动

法国陆军步兵装备了轻型装甲车，前进装甲车和 AMX-10P 轮式装甲车，并正在装备新一代的 VBCI 步兵装甲战车。这些轮式装甲车辆不仅拥有全路况、全地形机动能力，为步兵提供良好的战场机动能力，同时还为步兵提供了良好的防护，使步兵既可以乘车行动，也可以在抵达作战地域后下车展开徒步作战。此外，由于步兵的装备轻巧灵活，必要时，可通过空中伞降或机降的方式，将步兵合成战术群紧急投送到任务区展开行动。

三、拥有全面的接触作战能力

步兵合成战术群拥有超近程、近程、中程，甚至远程反坦克和反步兵直瞄火力；战术群编成内有迫击炮，因此战术分群和作战分队可在行动中

直接呼唤间瞄火力支援；在后勤上，战术群拥有一级后勤保障编队，可有效地保障战术群在战场上展开行动，满足作战后勤保障需要；此外，战术群编成内还有作战工兵，可实施爆破作业、机动布障等任务。除了自身的各兵种力量作战能力外，战术群还可得到上级空军、陆航、炮兵、电子战部队等间接火力的支援。

四、胜任近距离接触作战，并能渐进地展开多种任务

步兵是实施与敌近距离接触作战的兵种。尽管步兵的防护装备在不断发展之中，但位于敌人各种武器打击范围内的步兵依然是脆弱的。在高强度作战中，步兵有可能遭受较大的伤亡率。这就要求步兵在作战中充分利用自然地形和人造地物的有利条件，做好自身防护。同时，法军还通过为陆军装备新的 VBCI 步兵装甲战车和 FELIN 单兵作战系统等装备，来降低步兵在近距离交战中所面临的风险。

由于步兵拥有各种武器装备，从 FAMAS 步枪到迫击炮和反坦克导弹，能够根据战场情况分级渐进式地使用各种武器，完成赋予的各种任务。经过重整后的法国陆军，步兵配备了比以前多出一倍的装备，这使得其能够同时具备实施强制性作战的强大火力，和实施控制暴力升级行动的适中手段，展开全频谱作战。对于法军而言，这种灵活可以为决策者提供很大的战略可逆性选择，特别是在投入行动的初级阶段。

五、拥有一定的作战自持力，便于相对持久、分散地行动

步兵合成战术群拥有完备的指挥和通信联络手段，拥有情报侦察力量去获取、处理和使用利益相关区域的情报，拥有一定的后勤保障和作战支援能力，这些为合成战术群在战场上相对独立自主地实施作战提供了条件。在展开行动后，随着上级后勤保障力量的跟进和补给，步兵合成战术群能在作战区域内全天候、全时段地持久行动，完成相应任务。

另外，步兵可以分散地行动，以降低敌方火力打击对己方造成的损失。法军认为，分散行动表面上与"集中力量以对敌形成局部优势"的原则相矛盾，但实际上，分散行动并不意味着孤立和零散，而是利用内部通信网络和武器平台的精准打击能力，实现地域上的分散和效能的灵活集中。尽管强调分散行动，但步兵合成战术群在运用这一原则时，应尽量避免打破兵种最基本作战单位建制组织（如作战单元、排、班等）的情况。

第三节 步兵合成战术群的基本战术思想和运用原则

步兵合成战术群的战术思想，以控制地域为主；同时结合其在战场上的快速机动力，有效辐射其控制地域的能力。

一、基本战术思想

1. 多兵种能力互补增效，在统一的指挥下协调一致行动

首先，战术群在编组上要尽可能使各个兵种能力实现最优化，通过不同兵种之间的互补性，相互起到倍增器的效果。围绕步兵将数个兵种力量编组成步兵合成战术群，通过充分发挥各兵种力量的作用，实施协同一致的行动，合力制敌达成战术目标。其次，将各兵种的行动集中到统一的指挥下，在整体上展开行动协调一致的合同作战。法军强调，只有集中指挥才能统一各兵种的行动。因此，战术群要建立统一的指挥机构。在编组步兵合成战术群时，旅指定承担主要作战功能的步兵部队指挥员为该群指挥员，并向该群指挥员明确要在战场上达成的效果。随后由该战术群指挥员自主地组织合同作战行动。

2. 战场快速机动与有效控制地域相结合

步兵合成战术群要发挥各种装甲车辆的全路况、全地形机动能力，在

接触作战地域，在间隙地，甚至在敌纵深实施广泛灵活的战术机动；必要时，还可通过伞降或机降的方式，将作战力量迅速投送到关键的作战地域，展开部署。在利用地面和空中投送手段广泛实施战场机动的同时，法军强调将机动力与步兵对地域的控制能力有机结合，要求步兵上车可快速机动和乘车作战，下车可迅速展开与敌接触交战，做到"收放自如"：收，则迅速收拢兵力，快速前出后撤，灵活机动；放，则展开步兵徒步作战队形，牢牢地把控相关战场地域。

尽管步兵合成战术群的装备能满足迅速转换作战姿态的需要，但由于步兵下车展开作战队形，以及步兵收拢登车都需要一定的时间，因此，法军要求在进行作战谋划时，要充分考虑到步兵合成战术群这一作战特点，以便更好地在战场上"收放自如"地使用战术群。

3. 发挥步兵对环境的控制能力

步兵合成战术群在实施作战时，要注重发挥主体力量步兵对地形的控制能力，以及发挥步兵与行动环境的互动作用。法军将作战环境区分为物理环境和人文环境。步兵在高强度作战中要注重利用物理环境中有利的地形地物，使用工兵对战场地形进行改造，布设障碍，将火力、障碍和机动力有机结合，实现对战场地域的有效控制。在展开低强度军事行动时，则注重与人文环境互动，展开作战沟通和军事民事行动，营造友好的行动环境。不管是在高强度作战还是低强度军事行动中，法军都强调发挥步兵合成战术群对战场环境的控制能力，以确保在时间－空间上行动的连续性。

二、步兵合成战术群的运用原则

1. 结合地形实施机动灵活的作战

法军步兵合成战术群普遍装备了各式装甲战车和装甲运输车，具有较好的战术机动性，但装甲防护力不是很强。通常步兵合成战术群要结合战场有利地形展开机动灵活的作战。尽管步兵善于控制战场地域，但法军不强调用步兵合成战术群实施静态作战，除非是实施坚守防御或拒止作战这类以空间换时间的情况。即便如此，法军也强调在坚守防御中展开局部攻势行动，或在拒止作战中灵活运用火力与障碍，对敌造成毁伤。

2. 注重自主作战和行动自由

步兵合成战术群拥有配套的指挥通信手段、情报侦察力量和后勤保障能力，可满足自主作战需要。同时，战术群在编组和使用战术分群时，也使其具有一定的自主作战能力，并向战术分群指挥员明确要达成的战术效果，给其一定的自主行动权，以便更好地发挥各级人员的主动性，围绕实现统一意图而灵活机动地展开行动。

战术群的行动自由，首先，是建立在其侦察情报能力基础之上的。作战中，战术群需运用好所掌握的各种侦察力量，包括团属侦察排、装甲连、陆航力量、工兵专业分队、炮兵等侦察力量；此外，根据作战行动具体情况，还可以从某些作战力量或专业处室中获取情报，如军事民事行动处、电子战分队、人员搜救单元、情报排、伞降特种兵群、特种作战指挥部等。只有在战场上掌握了信息优势，才能做到先敌行动，获得行动自由。其次，战术群通过发挥其战术机动性，快速转变作战姿态，有助于保持战术群的行动自由。

3. 拥有可直接使用的预备力量

步兵合成战术群展开作战时，强调要至少掌握一个战术分群或与之相当的作战力量作为预备队。法军认为这不仅是为了应对预料之外的情况，也是实施机动作战的要求，以便更好把握战场稍纵即逝的有利战机，并保持一定的攻势能力。作战中，战术群通过投入预备力量来持续不断发起行动，从而保持一定的行动节奏。通常步兵合成战术群指挥员将多个兵种混合编成合成战术分群或装甲战术分群作为预备力量。

4. 根据任务，所处环境和战场情况，灵活变化编组

步兵合成战术群根据作战任务、行动环境、战场情况等，以及合成战术群编成内不同兵种的特点，将各兵种的兵力进行混合搭配，灵活编组成合成战术分群。战术分群负责具体接触作战，且具备一定的作战自持力和相应的支援保障力量。各战术分群之间能力互补，具有完成所担负任务的相应作战能力，并与合成战术群在战术上保持一致。此外，在作战准备阶段和在作战过程中，合成战术群指挥员可运用模块组合的原则，在不打破兵种力量运用基本单位的前提下，通过交换战术分群的兵种力量来灵活变化编组力量，以适应任务和战场需求的变化。

第四节　步兵合成战术群的基本任务

步兵合成战术群受领和实施安全防卫、进攻、防御为主的任务，或其他援助性任务。针对要完成的不同任务，合成战术群将得到相应的各种加强。

（一）在安全防卫为主的行动中，或前出展开攻击侦察，或在侧翼实施侧卫掩护，或实施地域控制

在展开安全防卫为主的行动时，主要是发挥步兵合成战术群控制地域的能力和特长，作为侧卫实施掩护任务或控制地域；也可通过发扬战术群的机动性，前出对敌展开攻势行动，以主动获取情报。例如，步兵合成战术群可成两个梯队部署，在 6~10 千米的正面上，分 2~3 路对敌实施攻击侦察。也可以在作战旅行进方向的侧翼，通过交替展开部署，在与旅前进方向平行的侧翼提供掩护，掩护部署纵向长为 6~10 千米。或者它也可担负 200~400 平方千米范围的地域控制任务。

（二）在进攻为主的行动中，既可对敌实施强攻，也可实施灵活攻击，或对敌纵深展开奔袭作战或纵深突进，以夺占重要目标，削弱敌方抵抗

在实施进攻为主的行动时，步兵合成战术群在旅强大火力的支援下，通过发扬战术群的火力和装甲防护力，对敌展开强攻；或者发挥战术群的机动能力，以相对分散的行动方式对敌展开协调一致的灵活攻击；或在敌防御部署打开突破口后，迅速投入作战展开纵深突进，割裂敌防御部署；还可以对敌纵深重要目标实施奔袭作战，等等。例如，机械化步兵合成战术群可成两个梯队部署，在师、旅的支援下，对敌发起强攻作战。步兵战术群也可以在 6～8 千米的正面上，对敌实施灵活攻击，以割裂和削弱防御之敌。战术群也可以迅速通过突破口，展开纵深突进作战，攻击敌纵深目标；或者在机降行动的配合下，对敌纵深重要目标实施奔袭作战。

（三）在防御为主的行动中，对进攻之敌展开迟滞和拦阻作战，实施坚守防御或耗敌防御

在实施防御为主的行动时，主要是结合有利地形条件，对进攻之敌实施逐次迟滞和拦阻，以减弱敌人进攻之势，为后续的坚守防御创造有利条件；也可以将火力与机动相结合，在广阔的作战地域实施耗敌防御。例如，在防御作战中，步兵合成战术群可在 6～8 千米的正面上，对敌实施迟滞和拦阻。经过层层迟滞和拦阻后，战术群可在 6～10 千米的正面上，对敌展开坚守防御作战；或者在 5～6 千米的正面上，对敌展开耗敌防御。

（四）在完成援助性任务中，可展开居间行动、撤侨行动，还可能参与人道主义救援和帮助重建

法军将步兵视为执行国家新战略的主要工具，直接参与法国"影响"

政策的具体实施。因此，法军强调步兵合成战术群在完成多样化军事任务中的主要作用。根据需要，步兵合成战术群在强制和平行动背景下，可在冲突各方之间展开居间行动。如果某一国家发生暴乱和战争，法军还可视情展开撤侨行动。此外，为支持和配合国家的政治外交努力，法军还可以展开步兵合成战术群，参与国际人道主义救援或帮助其他国家战后重建任务。这些都是在法国"影响"政策指导下，步兵合成战术群可能要承担的任务。

第五节　安全防卫行动中的战术运用

在实施以安全防卫为主的行动中，步兵合成战术群可能展开攻击侦察、控制地域、接换友军以及掩护、侧卫等行动。

一、攻击侦察

攻击侦察，是为压制敌方安全防卫分队，查明其所掩护的敌方主要部署，并为己方实施进攻而展开的行动。其目的是通过突破、压制或消灭敌方安全防卫分队，迫使敌方采取行动，从而为上级查明敌方的行动企图。（见图4-2）

（一）攻击侦察的任务

合成战术群通过对敌展开侦察行动，向上级报告获得的情报和发出威胁警报；与敌展开具体接触，盯住或锁定当面之敌，并视情在一线发起冲击，突破当面之敌的部署；必要时压制或消灭当面之敌；根据战场情况，也可占领某一目标。

（二）部署和行动地域

战术群通常成三个梯次部署。前方侦察梯队，由团属侦察排担任；随后是战术群第一梯队，由2~3个作战分队组成；最后是战术群的第二梯队，由1~2个作战分队组成。第二梯队作为合成战术群的预备力量。通

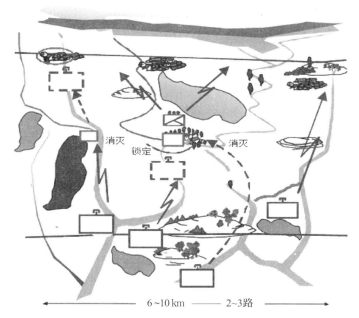

消灭

锁定

消灭

◄—— 6~10 km ——►　2~3路

图 4-2　攻击侦察示意图

常根据地形和敌人性质，可将各兵种力量混合编组合成战术分群，或以装甲战术分群构成预备力量。此外，合成战术群采取分散使用工兵的方式，将工兵力量配属给各个战术分群，以保障己方的机动。

步兵合成战术群可在 6~10km 的正面上，分 2~3 路对敌实施攻击侦察。

（三）行动程序和方法

攻击侦察分两阶段实施。首先步兵合成战术群向敌机动，直到与敌方安全防卫分队接触；随后战术群与敌展开接触作战。

根据敌我力量对比情况，如果己方战术群占据优势，则在运动中直接消灭敌人，或对敌人实施压制；如果敌我力量相当，则战术群保持与敌接触、锁定敌人或在次要方向伺机发起攻击；如果合成战术群处于劣势，则利用地形和以积极的行动，掩护上级的主要行动。根据战场情况，有时战术群要采取行动拒止敌人进入某一地点，或要先敌抢占某一地点。

（四）战术运用的关键

步兵合成战术群在实施攻击侦察时，要注重在整个行动地域宽正面上采取广泛机动，一旦接触敌人，要发挥战术机动性，迅速形成并保持对敌优势。此外，要先敌抢占某一地点（决定点或关键点）或某一地域，以占据地利。

二、控制地域

控制地域，是指阻止敌人在某一地域内的行动自由。一方面，它及时发现和监视敌人在这一地域内的渗透行动或机动；另一方面，通过对"不受欢迎"的人员或车辆采取行动，来实现对地域的控制。（见图4-3）

控制地域的目的，是为了确保某一关键地域的安全，使合成战术群和（或）上级能顺利展开行动，拥有对敌采取行动的自由。

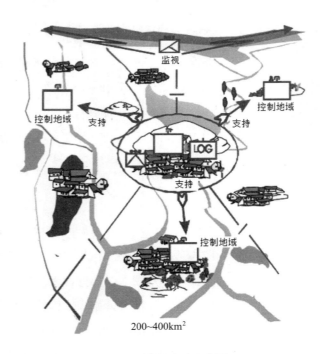

图4-3　控制地域示意图

（一）控制地域的任务

合成战术群通过对相关地域进行监视和采取干预，及时发现敌对行动征候，向上报告情况，并展开侦察行动等。

（二）部署和行动地域

合成战术群通常以 1 个战术分群作为预备队，其余 3 个战术分群分区实施地域控制。步兵合成战术群可负责 200～400 平方千米范围内的地域控制任务。

（三）行动程序和方法

控制地域是一个持续时间较长的任务。通常步兵合成战术群对编成内的各个战术分群区分责任区，然后各自展开部署。在执行任务过程中，战术群要组织情报搜集和处理，并建立可迅速机动和采取干预行动的预备力量。预备队可能还会得到运输直升机的支援，以提高其反应能力。

战术分群一旦在其责任分区内发现渗透之敌或敌对行动时，可首先将敌人锁定，然后对其进行压制、消灭。如果敌人力量较大，则首先保持与敌接触，将敌人锁定，或孤立发现敌人的区域；随后战术群视情投入预备分队，进行抓捕、驱逐、压制或消灭敌人。

（四）战术运用的关键

步兵合成战术群在实施地域控制时，主要采取战术分群"分散行动"加预备队"迅速干预"的模式来执行任务。战术分群在责任分区展开部署时，要注重将动态部署与静态部署相结合；同时，合成战术群要建立反应迅速的应急干预预备队。在获取情报方面，战术群除了使用本身的情报侦察力量外，还应注意与当地的宪兵、民众、地方警察等联系，以扩大获取情报的渠道；此外，合成战术群还可能得到其他情报手段和（或）侦察力量的支援，如陆航、人员搜救分队、炮兵、军事民事行动、电子战、空军等。在发现敌人并对敌采取行动时，要注意阻止敌方任何协调一致的行动。

三、接换友军

接换友军，是指在一个区域或一条地域线上，支援某个回撤的己方分队，使它可以通过己方部署，随后在一段时间内对其进行掩护。法军强调，接换友军是以战斗为主的行动。

接换友军行动的目的，是通过行动保障己方某一分队向后回撤，抵达某一线或某一区域后进行休整，以便再战。（见图4-4）

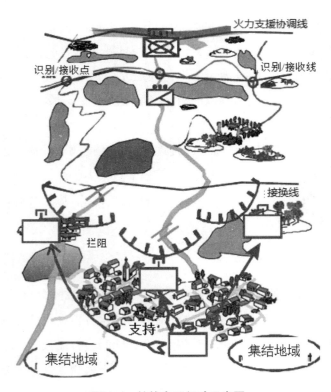

图4-4　接换友军行动示意图

（一）接换友军的任务

步兵合成战术群在实施接换友军任务中，首先要做好情报侦察和威胁告警工作；在与被接换分队取得联系后，两者紧密协同，辅助被接换的友军分队顺利通过战术群部署地域。在接换过程中，战术群要注重展开作战行动，对敌人实施积极的打击。

（二）部署和行动地域

通常合成战术群在上级规定的接换线正面展开 3 个战术分群，各自负责接换前方后撤的友军；在纵深部署 1 个战术分群作为预备队，随时对前方展开的战术分群提供支援。

（三）行动程序和方法

为完成接换友军的任务，合成战术群首先要与被接换的部队取得联系，以共同确定接换相关事宜，如回撤路线、友军识别方法、识别／接收线、识别／接收点、接换部队规模、火力计划，等等。随后，合成战术群派出指引分队，引导前方后撤的分队顺利通过合成战术群部署地域，并对其提供支援和保障。根据任务类型，合成战术群可对地形进行改造并完善部署，以对随后接近的敌人展开拒止作战，或展开迟滞－拦阻行动，或对敌展开攻击，等等。

（四）战术运用的关键

在实施接换友军的任务中，合成战术群与被接换的分队之间通过交换联络分队和指挥所对接的方式进行指挥协同。两者要共同确定识别／接收线、识别／接收点，并组织好各方协同，特别是直接火力和间接火力的协同行动。在作战部署上，合成战术群要采取一个可以"在运动中以战为主"的部署。在任务实施过程中，要注重敌我识别。有时，合成战术群要为被接换的部队提供补给、维修、卫勤等后勤保障。

四、掩护、侧卫

掩护，是指采取各种主动的和被动的措施，来应对威胁到己方主要行动展开的敌人可能的行动。侧卫，是指以固定的或机动的方式，以掩护己方的相应战斗队形，并对威胁发出告警，必要时还需承担与友邻部队的联系。

战术群实施掩护或侧卫任务，是为了阻止敌人越过某一线或进入某一区域，使敌人不能直接威胁到被掩护的己方部队的行动。（见图 4-5）

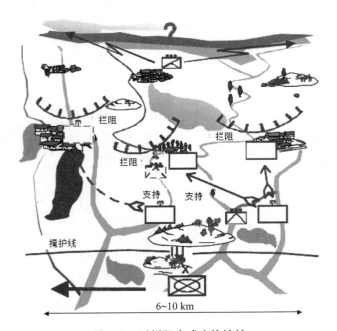

图 4-5　以拦阻方式实施掩护

（一）掩护、侧卫的任务

步兵合成战术群通过尽远展开侦察力量，及时发出告警，并采取相应作战行动，拒止敌人越过掩护线，同时对敌造成尽可能多的损失，以消灭、迟滞敌人或阻拦敌人的前进。

（二）部署和行动地域

通常战术群在作战旅行进方向的侧翼，通过交替展开部署，在与旅前进方向平行的侧翼提供掩护，掩护部署纵向长约 6~10 千米。

（三）行动程序和方法

合成战术群首先要展开侦察部署，以尽早发现敌人，并查明敌人的作战姿态。随后通过与敌接触，确认接触之敌的性质、大小、企图等。根据战场情况，战术群保持与敌接触，并对敌人展开迟滞作战。如迟滞作战不能达成预定作战效果，则战术群在一个或数个方向上，或在一条线上，凭借天然障碍和人工障碍来阻止敌人；通过拦阻和反击，或者通过在阻止线之前实施耗敌防御来消灭敌人。

（四）战术运用的关键

在执行掩护或侧卫任务中，合成战术群要通过在敌方纵深实施情报侦察，以提前洞察敌方动向。根据敌人的动向，战术群先敌抢占有利地形，为后续行动创造有利战场条件。在上级组织坚守防御或耗敌防御中，根据要掩护梯队的行动，战术群将敌人消灭或者至少阻止在掩护线之前。在实施运动掩护作战中，战术群在与掩护线垂直的道路上逐条展开，交替前进。此外，在掩护过程中，要不断了解被掩护部队的行动进展情况，并且将非优先使用的间接火力运用到掩护、侧卫等任务中。

第六节　攻势作战中的战术运用

在实施以进攻为主的行动中，合成战术群可能展开强攻、灵活攻击、奔袭、反击、纵深突进、夺占重要区域或目标、削弱对方抵抗、支援－保障等行动。

一、强攻

对敌实施强攻作战，首先对敌展开突然、猛烈的火力打击，随后利用火力打击效果，迅速投入作战部队，通常是装甲部队和机械化部队，来消灭或压制敌人。

强攻的目的是通过作战予敌以沉重打击，以达成消灭或驱逐占领某一阵地的敌人。（见图4-6）

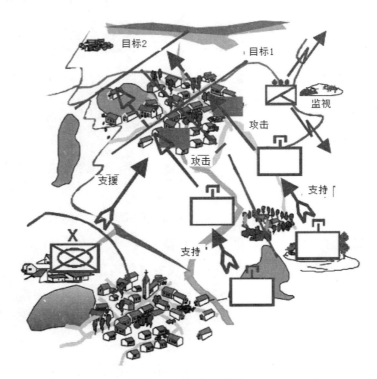

图4-6 强攻示意图

（一）强攻的任务

合成战术群通过侦察查明敌情后，突然对敌发起攻击，以完成摧毁敌方的目标，或攻占某一目标的任务。

（二）部署和行动地域

通常战术群成两个梯队部署。第一梯队由 2~3 个作战分队组成；第二梯队由 1~2 个作战分队组成。

（三）行动程序和方法

首先，合成战术群通过展开侦察，准确查明敌方的部署及障碍配系，同时秘密地进行进攻准备。战术群指挥员要明确攻击方向、攻击突破地段和攻击发起时机，以及作战部署；确定强攻要达到的当前任务线和后续任务线（如图 4-6 目标 1、目标 2）。在战术群参谋部协助下，计划好远程间接火力和直接火力之间的协同，并组织好压制行动和摧毁目标行动。在发起强攻行动时，要注意协同直接支援火力和间接支援火力对敌实施压制；在对敌实施有效压制后，对敌发起突击。在对敌人占领区域实施突击扫荡后，对于一时难以攻克的敌目标，先孤立该目标，第一梯队继续向前攻击，由第二梯队来消灭该目标。完成强攻任务后，战术群坚守所夺占的地域，或视情况向敌纵深突进。

（四）战术运用的关键

在对敌实施强攻时，战术群要注重将远程间接火力的突然打击与兵力突击相结合，要出其不意地对敌人实施突袭。此外，指挥员要正确判断步兵下车展开行动的时机。值得注意的是，如果是在开阔地实施强攻，由于需要有强大的突击火力，因此主要由机械化步兵合成战术群承担强攻。此外，对主要行动的掩护通常由师旅一级派出部队负责。要特别注重火力协同。在后勤保障上，要确保各作战分队拥有最大自持作战力，并加强卫勤保障力量。

二、灵活攻击

灵活攻击，是首先对敌部署纵深实施渗透，然后逐步消灭被超越、被割裂的孤立之敌，以瘫痪和打乱敌人的部署。

实施灵活攻击的目的，也是为了消灭或驱逐占领某一阵地的敌人。（见图 4-7）

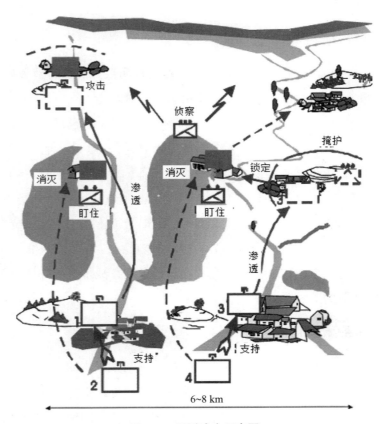

图 4-7　灵活攻击示意图

（一）灵活攻击的任务

合成战术群通过实施灵活攻击，以打乱敌人的部署，削弱或消灭敌人，攻占预定目标，并阻止敌方做出任何协调一致的反应。

（二）部署和行动地域

战术群一般分左右两路展开行动。每一路前后分别部署 1 个战术分群，后方支援前方战术分群的作战。在战术群前方，展开侦察小分队。

通常合成战术群可在 6～8 千米的正面上实施灵活攻击。

（三）行动程序和方法

合成战术群首先采取分散行动的方式，各个战术分群在各自分区展开行动，以渗透入敌方的部署地域；在发现敌人之后，要锁定或至少盯住该敌。后续作战分队在每个分区同时或逐个孤立和消灭敌人；必要时可投入预备队。在向前推进过程中，战术群消灭被超越之敌，占领阵地，控制以及攻占相关地域，或向敌纵深突进。在行动过程中，尽管各个战术分群分散行动，但战术群层面要保持整体行动部署的协同一致。

（四）战术运用的关键

在作战初始阶段，战术群在盯住敌方安全防卫分队的同时，作战分队要以徒步或乘车的方式迅速向敌纵深渗透。在割裂、孤立和削弱敌人后，根据敌我力量对比情况，或逐个或同时消灭被孤立之敌。战术群要保持进攻节奏，以形成和保持对敌优势。此外，在运用支援火力时，要考虑到行动地域的纵深是否与射程相匹配。工兵则要将保障重点放在机动保障上。

三、奔袭

奔袭，是指快速侵入敌方部署纵深，以夺取关键地域或摧毁有重大战役价值的目标。

合成战术群通过奔袭作战，为师旅部队投入作战做准备；或者通过摧毁或占领某一目标，以削弱敌人的作战能力。（见图 4-8）

（一）奔袭的任务

战术群对敌实施奔袭，在规定的时间内完成攻占或摧毁指定目标的任务。战术群要根据战场情况和任务需要，占领和控制某地域；如果任务失败，则战术群应机动灵活地躲避敌人的打击。

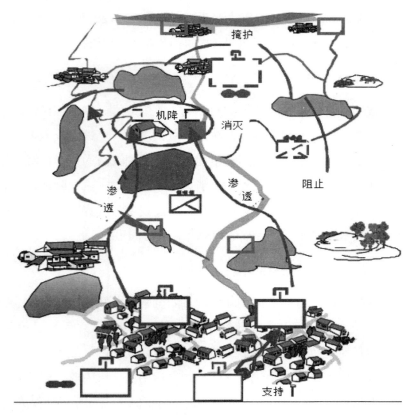

图 4–8　奔袭示意图

（二）部署和行动地域

实施奔袭作战时，步兵合成战术群可编组 3 个战术分群，第一梯队由 2 个战术分群组成，第二梯队由 1 个负责支援作战的战术分群构成；团属侦察排在前方侦察开路；另外 1 个战术分群实施机降行动。

（三）行动程序和方法

在实施奔袭前，战术群要做好机动准备，确定进入敌纵深的渗透路线、关键地点等，并为各战术分群分配目标；同时，战术群展开情报侦察，盯住敌方阵地，监视敌人动向。随后，战术分群利用敌部署间隙渗透前进，或在敌部署打开突破口后强行突进敌纵深。在渗透过程中要保持作战节奏；在遇到敌人时，视情况或孤立敌目标，或避开敌人。在抵达目标后，战术分群展开攻击，消灭敌人或夺占预定目标。完成任务后，战术群或展开防守部署，或组织和实施机动，继续攻击或规避敌人。

（四）战术运用的关键

战术群首先要注意做好情报搜集工作。在初期渗透行动中，要尽可能隐蔽行动。在实施奔袭过程中，要保持作战速度和节奏，不让敌人迟滞我方行动。要先敌行动，至少先于敌方机动梯队的行动。为了保障战术群顺利完成奔袭任务，陆航部队要在情报和机降行动上给予支援。在奔袭行动过程中，师可能会采取兵力行动和提供间接火力支援行动，为战术群奔袭作战创造条件。然而，己方间接火力支援要与战术群实际的作战节奏相一致。在敌纵深行动中如遭到敌人打击，战术群要通过来回机动进行规避；如有可能，控制撤退必经的关键地点。

四、反击

反击，是指以攻势做出反应，消灭进攻之敌，至少通过对其造成一定损失来制止敌人的进攻，并在士气上再次形成对敌优势；或者通过发起攻势行动，消灭或驱逐突入我防御阵地之敌，以恢复我防御部署完整性。

战术群结合火力与突击力，通过突然采取行动来消灭敌人，以扩大我师旅部队当前行动（迟滞、拦阻）的战果。（见图4-9）

（一）反击的任务

通过实施战场机动，获取和保持局部对敌优势，然后突然地对敌发起攻击，以消灭敌人分队或攻占某阵地。完成反击后，战术群根据任务，转入防御部署，控制地域，或者实施渗透。

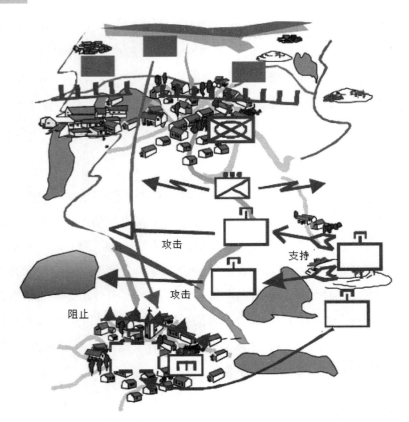

图 4-9　合成战术群在敌人突破我方部署后发起的反击示意图

（二）部署和行动地域

通常战术群成两个梯队部署。第一梯队由 2 个战术分群组成，第二梯队由 2 个战术分群组成。在对敌攻击过程中，第二梯队战术分群支援第一梯队战术分群的作战，并保持作战节奏。同时，在面向敌人一侧，展开团属侦察排，以侦察监视敌人后续梯队的动向。

（三）行动程序和方法

在反击作战准备阶段，战术群首先展开情报侦察。同时，指挥战术群各个分队隐蔽进入待机阵地。指挥员根据战场情况，为各个反击方向的战术分群确定反击路线和攻击目标；在战术群参谋部协助下，指挥员要组织好火力打击和兵力突击之间的协同。根据战场情况，战术群适时离开待机地域前出，超越阻止敌人的己方拦阻分队队形，然后对敌发起冲击。战术群通过突然的行动，集中直接和间接火力，摧毁消灭敌人，并通过投入预备力量持续不断发起行动来保持作战节奏。完成任务后，必要时战术群要避开敌人后续梯队的打击。

（四）战术运用的关键

在对敌实施反击时，战术群要从翼侧或侧后对敌发起突然、猛烈的攻击行动，并以间接火力伴随地面部队突击行动。要注意为各个作战部队及时更新战场情报。工兵要做好机动支援和反机动支援。作战部队要以最大携行量参战；同时在后勤保障上，投入轻便的 1 级保障力量[①]，并对卫勤保障予以重点关注。在行动过程中，战术群要及早做好在反击行动后进行攻防转换的准备。

五、纵深突进

纵深突进，是指在突破或占领敌方大部阵地后，继续向敌纵深发展攻击以割裂和瓦解敌部署，条件允许时可消灭纵深之敌。

通过纵深突进，不给敌人留有反应的机会，特别是阻止敌人投入两梯队展开协同一致的抗击行动。（见图 4-10）

（一）纵深突进的任务

战术群超越与敌接触交战的己方作战部队部署，快速突进至敌人纵深，搜寻和摧毁敌纵深的重要目标，或夺占敌纵深关键地域。战术群通过不断投入力量展开作战，以保持对敌优势。

---

① 1 级保障力量（TC1），是第一梯队的作战分队队形后的后勤保障力量，包括加固的油料车、弹药车、修理车和救护车。2 级保障力量（TC2），是在团或战术群指挥所之后跟进的后勤保障力量，包括油料 – 弹药补给排的大部、技术保障力量、团救护所，以及救护运输车。

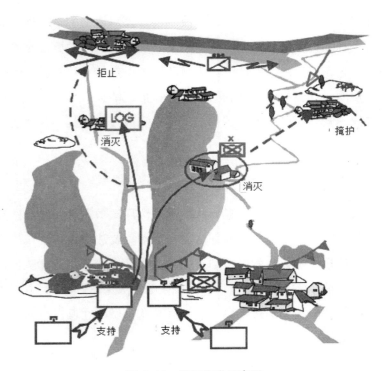

图 4-10　纵深突进示意图

（二）部署和行动地域

　　战术群可成两个梯队部署。通常第一梯队 2 个战术分群，第二梯队 2 个战术分群，并做好随时增强、支援、掩护、超越第一梯队的准备。

（三）行动程序和方法

　　合成战术群要对敌人纵深的目标和部署实施情报侦察。在作战准备阶段，战术群指挥员应明确要通过友军打开的突破口地段，采取渗透或攻击的方法向敌纵深突进，并为各个战术分群分配目标，组织协同间接火力的运用等。在作战实施过程中，要持续不断地向各个战术分群更新情报，并根据目标性质，灵活采取集中行动或分散行动的方式，对敌纵深搜索和摧毁要害目标。在作战中，要先敌行动或抢占要点，并同时削弱敌人的防御。在完成任务或攻占预定目标后，战术群视情转入控制地域行动。

（四）战术运用的关键

在对敌实施纵深突进时，战术群关键是要反应迅速，并保持行动节奏。在通过负责打开突破口的友军部署时，需要与该友军部队密切协同，采取接换友军时的协同措施，如交换联络分队、指挥所对接等。在己方火力支援下，战术群要压制敌纵深的支援梯队，并夺占敌纵深要点。可以采取奔袭或攻击的形式，向敌纵深发展进攻，以使敌方难以做出有效反应。在行动过程中，工兵实施机动保障，炮兵展开火力伴随支援，陆航提供情报和空中机动支援等。

六、夺占重要区域或目标

重要区域或目标的夺占包括攻占和占领。攻占，是指以攻击的手段从敌人手中夺取一个目标地域。在该任务中很可能会遇到敌人的坚决抵抗。而占领，则是指通过消灭、抓捕或驱逐占据某一地点或某一地域的敌人，确保己方占领该地域（地点）。

战术群通过先敌占领或通过消灭敌人，占领某一地域，阻止敌人自由掌控该地域。（见图 4-11）

（一）攻占和占领的任务

战术群攻占或占领某一地域，旨在先敌行动，驱逐或消灭敌人，拒止敌人进入某区域或控制该区域。

（二）部署和行动地域

战术群可分成两个梯队部署。第一梯队由 3 个战术分群编成，其中 1 个负责掩护，其余 2 个战术分群负责驱逐或消灭预定目标地域的敌人；第二梯队由 1 个战术分群组成，担负支援作战任务。

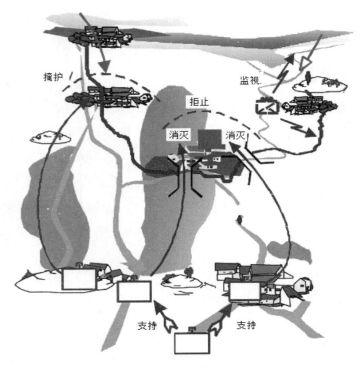

图 4-11　攻占示意图

（三）行动程序和方法

　　首先，合成战术群通过接收上级情报通报和自身实施情报侦察，以切实掌握敌情；随后，战术群在对敌渗透或在运动中消灭敌人负责安全防卫的警戒力量。在抵达目标地域附近后，战术群展开相应掩护部署，孤立要占领的地域。随后，负责攻占目标的战术分群对敌展开攻击，削弱或消灭敌人，扫荡并攻占敌阵地，或占领相关地域以阻止敌人做出有效反应。任务完成后，战术群要建立防御体系，并派出情报侦察力量；要做好实施防御作战的准备，必要时将对敌实施反攻。

（四）战术群运用的关键

　　战术群要成功攻占或占领目标地域的关键，在于迅速地展开作战和突然地行动。在接近目标的过程中，战术群要采取攻击侦察或奔袭的方式向敌运动。战术群必须获得上级间接火力支援，为最后的攻占或占领作战行动进行火力准备和提供伴随火力支援。战术群还可能得到空中机动支援，用于投送一个战术分群，以占领某个关键点或孤立某个区域。

七、削弱对方抵抗

削弱对方抵抗，是指在发现敌人分队并对其进行识别和定位后，战术群通过对敌实施打击，解除敌方战斗力或迫使其退出战斗。

战术群实施这一作战行动的目的，在于消灭敌人或将其压制在阵地上，确保己方第一梯队后方的安全，或创造利于己方作战行动的态势。削弱敌方抵抗，重在隔离敌人，为后续歼灭该敌创造条件。（见图 4-12）

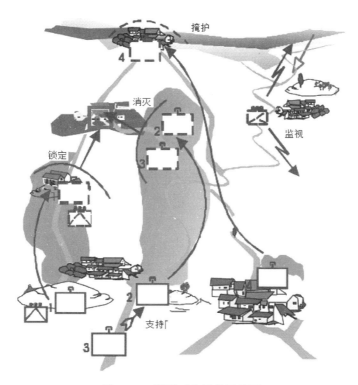

图 4-12　削弱对方抵抗示意图

（一）削弱对方抵抗的任务

合成战术群通过展开情报侦察，孤立要削弱的敌人，对抵抗之敌同时或逐次实施打击摧毁，并阻止敌方任何攻势反应或任何躲避行动。

（二）部署和行动地域

战术群成两个梯队部署。第一梯队由 2～3 个战术分群组成；第二梯队由 1～2 个战术分群组成。第一梯队投入一个战术分群负责锁定敌人，在反坦克排的支援下从正面牵制敌人；另一个战术分群则负责从侧翼对敌展开攻击。第二梯队投入一个战术分群负责在受敌威胁方向展开掩护部署。负责支援作战的战术分群在对敌侧翼攻击的战术分群之后跟进，并适时投入作战，保持对敌作战节奏。

（三）行动程序和方法

战术群首先与敌接触交战，或和与敌作战的友邻分队进行换班；随后，根据战场侦察的情报和上级赋予的任务，确定要削弱的敌人。在行动准备阶段，战术群指挥员要明确各个战术分群的作战目标，指定对敌实施打击的火力，以及明确支援地域。作战过程中，战术群要先展开掩护部署，以割裂分隔敌人，阻止敌方的增援或加强；同时，锁定接触交战之敌，并协同各个作战分队的行动，集中火力从侧翼对敌发起攻击，突入敌方阵地。在完成削弱敌人的任务后，战术群打扫已经占领的阵地，并根据行动进展情况，或对敌再次发起攻势行动，或转入防御。

（四）战术运用的关键

在削弱抵抗之敌的作战中，要注重孤立敌人，并对目标敌人展开实时、全面的情报侦察。在作战过程中，要组织好各种火力协同作战，特别是协同好与敌接触交战的直接火力和打击敌纵深的间接火力，以更有效地打击敌人。此外，在通过与友军换班来与敌人接触交战的情况下，要与友军部队实施指挥所对接。在后勤保障上，卫勤是后勤保障重点。

八、支援－保障

支援，是指战术群或作战分队协助、掩护、拓展或支援己方另一个作战分队的行动，通常采取火力支援的方式来提供支援。保障，则是指通过提供手段和服务来确保己方部队的行动。

合成战术群通过加强被支援保障的己方部队的行动，或分担其当前或后续的部分任务目标，使得它可以继续完成其任务。（见图 4-13）

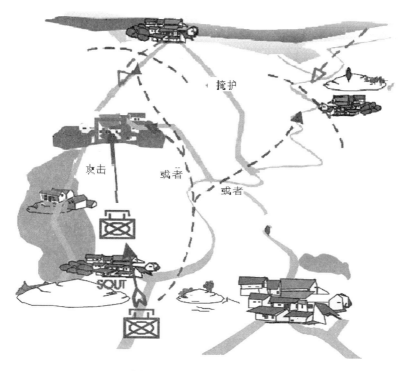

图 4-13　支援－保障示意图

（一）支援－保障的任务

通过直接参与被支援保障分队的行动，或者通过在战术群自身的利益区内展开行动，以直接或间接的方式来支援保障友军分队完成任务。

（二）部署和行动地域

战术群根据战场情况，可灵活采取各种可能的部署。通常要保留1个预备队，以有效应对意外情况的发生。

（三）行动程序和方法

战术群展开情报侦察，以了解敌情、地形和被支援的己方战术群的行动；同时，战术群要向旅报告自身的行动能力，并与旅和被支援的己方战术群保持联系。根据战场情况，战术群可对敌人进行锁定并随后压制敌人，或者为被支援的己方部队提供掩护，或削弱、消灭摧毁敌人分队，或对敌人实施攻击或反击，或者占领或攻占某一阵地。必要时，可接换友军执行任务。

（四）战术运用的关键

战术群要通过实时侦察了解战场情况，并保持采取行动的能力，及时预见可能要实施的作战行动。在作战过程中，战术群要注意不断向上级报告自身的作战能力；通过与被支援分队保持不间断联系，向被支援或保障的战术群派遣联络分队，来确保对即将展开的行动的预见性，从而计划好可能要实施的行动。此外，要保持战术群良好的机动性，随时前出投入作战。

第七节　防御作战中的战术运用

在实施以防御为主的行动中，合成战术群可能展开迟滞－拦阻与拒止、坚守防御、耗敌防御等行动。

一、迟滞－拦阻

迟滞，是指通过己方分队的行动、火力和障碍，迟缓敌人在某个方向或在某个地域的前进。拦阻，则是指对正在进攻中的运动之敌突然发起以火力为主的打击行动，对敌造成尽可能多的毁伤，以粉碎敌人猛进之势，迫使其停顿下来。拦阻，主要是迫使敌人临时停顿。

通常当敌我力量对比处于劣势时，战术群展开迟滞和拦阻行动，以制约敌人的行动，对敌造成尽可能多的毁伤，以空间换时间。（见图 4-14）

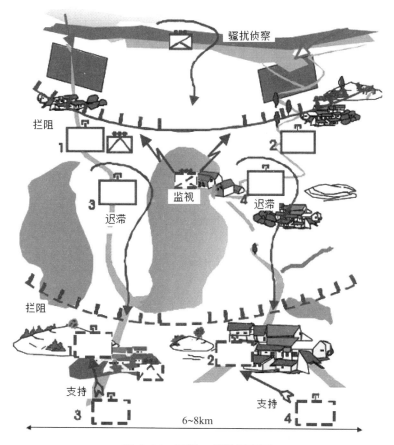

图 4-14　迟滞－拦阻示意图

（一）迟滞－拦阻作战的任务

通过战场侦察对敌人进行定位，盯住敌人并监视其动向；或通过制约敌人的展开来争取时间；或通过火力逐步消灭敌人，以实现局部优势；或通过逐次后退，守住一条阻止线。

（二）部署和行动地域

战术群成两个梯队部署。第二梯队支援第一梯队的作战。团属侦察排在前方对敌实施监视侦察[①]，作战中适时回撤至己方防御阵地，对间隙地和结合部进行监视。通常步兵合成战术群可在 6~8 千米的正面上对敌展开实施迟滞、拦阻行动。

（三）行动程序和方法

首先，战术群对行动地域展开侦察，各战术分群对拦阻行动和迟滞行动的相关阵地进行战场准备。在敌人向我接近过程中，战术群派出团属侦察排，对敌实施情报侦察，监视、骚扰敌人。随后，战术群与敌接触并展开作战，通过实施迟滞作战逐次地打击敌人，和（或）实施拦阻作战突然地打击敌人，以逐步消耗敌人有生力量，并争取时间。在作战过程中，战术群指挥员要协同好战术群内部的友军接换、支援和反击等行动。行动结束，根据所受领的任务，战术群建立起防御部署或实施后撤行动。

（四）战术运用的关键

步兵合成战术群在实施迟滞－拦阻作战中，要将伏击、脱离接触、接换友军等行动配合运用，以避免出现己方力量与敌方力量部署犬牙交错情况；要结合障碍物，在某个区域集中火力突然地对敌实施打击，以实现有

---

① 监视侦察：也称骚扰侦察，指机动小分队对正在开进的敌人不断实施以侦察为目的的战斗行动，始终保持位于敌行进的前方，同时注意不让敌人确认和避免与敌正面交火，抓住一切有利时机获取敌方情报，并对敌造成一定损失。

效拦阻；要逐次启用毁伤区，对敌打击以造成敌人损失。行动中，同一个步兵部队不能接连地实施拦阻行动和迟滞行动，应组织好友军接换。通常，在战术分群与敌脱离接触前，首先请求炮兵支援，实施火力拦阻，然后部队才能与敌脱离接触。在使用工兵布设障碍来增强拦阻能力时，要注意给工兵预留一定的时间，确保其完成障碍设置。

二、拒止

拒止，是指阻止敌人进入某个地域，或阻止其越过某一防线，或不让其使用某些资源或某些设施。

战术群通过实施拒止作战，在规定的时段内，将敌人或敌对方隔离在某一地域以内，或限制在拒止线以外。（见图4-15）

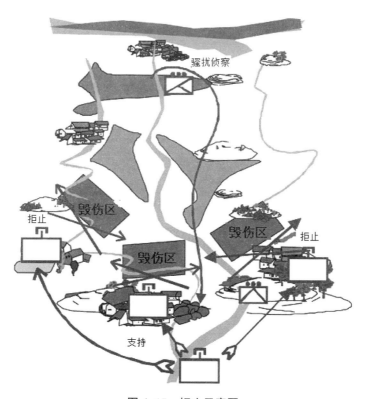

图4-15　拒止示意图

（一）拒止作战的任务

战术群展开战场情报侦察，及时发出威胁警告；建立灵活反应的部署，以便在相应地域的各个方向都能有效阻止敌人；通过对敌进行毁伤或压制来遏制敌人，坚决不让敌人达成突入我方阵地的企图；同时，要阻止敌人任何的渗透或迂回行动。

（二）部署和行动地域

战术群成两个梯队部署。通常第一梯队由 3 个战术分群组成，分别在各个可能的方向上展开防御部署；第二梯队由机动性强的战术分群组成，随时支援第一梯队战术分群的行动。团属侦察排在前方实施战场侦察和警戒。

（三）行动程序和方法

战术群在前方展开团属侦察排，对敌人可能的行动实施监视侦察，及时跟踪定位敌人。指挥员通过研究地形和敌情，确定各个毁伤区，并向各战术分群明确可能的反击方向；随后，战术群围绕毁伤区构筑阵地并设置障碍。当敌人向我接近时，战术群首先使用中远程反坦克火力或间接火力，对敌发起突然的打击，以毁伤敌人；同时，尽可能恢复被敌人火力毁坏的各种障碍。在敌进入预定毁伤区后，战术群发扬各种火力，坚决将敌挡在拒止阵地前。指挥员根据战场情况，适时投入第二梯队，以支援第一梯队的作战，或对敌发起反击。必要时，战术群可避开敌人攻击。

（四）战术运用的关键

为成功实施拒止作战，战术群在行动准备阶段，要花一定的时间来建立相应防御部署，包括构筑防护工事、地形改造等；因此，旅应给战术群配备所需的相应手段，并留有足够的准备时间。在作战准备阶段，战术群集中使用工兵；随后，将工兵和其他兵种一起编组成拦阻机动群。在实施拒止作战过程中，主要是以远距离对敌实施突然火力打击为主，阻止敌人突入和占领己方阵地。部队之间的结合部可能是己方部署的薄弱部位，应派遣团属侦察排对接合部进行监视。要保留一支预备力量，以便随时应对紧急情况。在后勤保障方面，采取直前后勤保障，即在现地储备弹药物资，并给各战术分群配属卫勤分队力量。

三、坚守防御

坚守防御是阻止敌人通过某一线或占领某一地域而展开的防御作战形式。

实施坚守防御，要求战术群占领一线或坚守一地区，不能后退或避开敌人攻击，以坚决阻止敌人占领该区域。（见图 4-16）

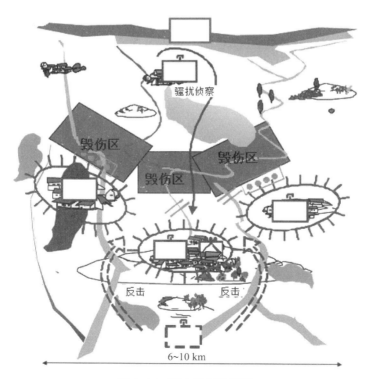

图 4-16　坚守防御示意图

（一）坚守防御的任务

战术群展开战场情报侦察，及时发出威胁警告；查明敌方主攻方向，并将敌人诱导至预定歼击区；对敌展开打击，以阻止和消灭敌人；同时要阻止敌方任何的渗透或迂回行动。

（二）部署和行动地域

战术群成两个梯队部署。通常第一梯队由 3 个战术分群组成，在敌可能的主攻方向上形成"火袋"部署；第二梯队由攻击性和机动性强的战术分群组成，适时采取反击行动支援第一梯队战术分群的作战。团属侦察排在前方对敌实施监视侦察。

（三）行动程序和方法

在行动准备阶段，战术群要构筑支撑点防御工事和设置障碍，以有效抵抗敌方直接和间接火力的打击；指挥员要结合敌情和地形，判断敌人主攻方向，进而确定战术群可能实施反攻的方向。作战时，战术群要展开警戒力量，以迟滞敌人行动；必要时，警戒力量可避开敌人。在敌人接近过程中，战术群要发扬反坦克火力或间接火力，对敌发起突然打击，毁伤敌人；同时，视情况使用机动设障力量，以迟缓敌人的攻势行动。通过将火力与障碍有机结合，战术群将敌消灭或压制在预定毁伤区各支撑点之间构成的"火袋"中。根据战场情况，指挥员适时投入第二梯队对敌实施反击。

（四）战术运用的关键

在行动准备阶段，战术群要花一定的时间来建立防御部署，包括构筑防护工事、改造地形，以形成将敌人导向预定歼击区的通道等；因此，旅应留给战术群足够的时间来建立防御部署。此外，要将工兵编入拦阻机动分队中。战术群指挥员在参谋部协助下，认真组织准备中远程反坦克火力的使用，以及间接火力支援和反击行动。在作战初期，要组织好战术群从防敌间接火力毁伤的防护部署到与敌交战部署的过渡行动。在作战过程中，要将直接火力、间接火力和反击行动相互配合、密切协同，以坚决阻止敌人突入我方阵地。在后勤保障方面，采取直前后勤保障，即在现地储备弹药物资，并给各战术分群配属卫勤分队力量；同时要明确伤员后撤路线等。

四、耗敌防御

耗敌防御，是指酌情放敌人超越我前方作战部署，以在纵深逐步消灭突入之敌，从而阻止敌人的防御作战形式。

战术群展开作战消耗敌人有生力量，并在规定时间之前阻止敌人强行突破我方防御地域的后沿。（见图 4-17）

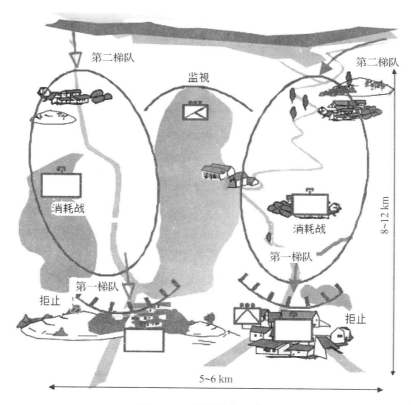

图 4-17　耗敌防御示意图

（一）耗敌防御的任务

通过侦察查明敌方的梯次部署，包括其作战支持力量、支援力量、第二梯队等的部署情况；坚决将敌人第一梯队阻止在防御地域的后沿之前；战术群通过集中行动，将在己方防御地域突出冒进之敌割裂开，然后通过分散行动来消耗、迟滞和消灭敌人。

（二）部署和行动地域

战术群成两个梯队部署。第一梯队由两个战术分群组成，在让敌人先头部队超越后，负责在各自的分区内迟滞、消耗敌人；第二梯队由2个战术分群组成，负责在战术群防御地域后沿对敌实施拒止作战。团属侦察排在前方或侧翼对后续之敌实施监视。通常步兵合成战术群可在5~6千米的正面上实施耗敌防御行动。

（三）行动程序和方法

首先，展开战场情报侦察。战术群在接换可能从己方防御部署前方回撤的友军后，与敌接触交战。在锁定敌第一梯队后，战术群通过发扬反坦克火力和间接支援火力，打击和消耗敌人。在割裂敌人前后联系后，战术分群凭借天然障碍或人工障碍，沿着敌穿插路径，对敌第二梯队展开袭扰作战。完成任务后，战术群组织接换担负消耗作战的友军分队，使其与敌脱离接触。

（四）战术运用的关键

为了成功实施耗敌防御作战，战术群首先要隐蔽地展开消耗作战的前方部署；在作战中，要迫使敌人投入第二梯队，并寻求与敌方部署交错重叠。对敌展开消耗作战时，由于敌我力量交错重叠，第一梯队的战术分群在下车作战后，对车辆的管理将是一个难点。耗敌防御中的另一个难点是如何组织好接换担负消耗作战的友军分队；为此，战术群可能需要在局部实施反击，以创造机会。后勤保障方面，要确保战术分群具备充足的初始作战持续力，并为每个战术分群配属一个卫勤分队。

第八节　辅助性任务中的战术运用

在实施其他援助性任务为主的行动时，合成战术群可能展开居间、撤侨、参与人道主义救援、帮助重建等行动。

一、居间

当战术群实施居间调停任务时，它作为第三方力量置于对立的双方之间，以阻止它们之间发生军事冲突。

战术群实施居间调停，是为落实或强制落实某项停火协议，占领或控制一个对立双方已经撤离或必须要撤离的缓冲区，从而使双方保持一定距离。（见图4-18）

（一）居间调停的任务

通过合法地展开行动，在谈判约定线（停火线）上占领缓冲区，从而使冲突双方保持一定距离。

（二）部署和行动地域

在谈判约定线（停火线）两侧展开3～4个战术分群，在各自的分区内以控制地域行动的方式执行任务，并形成可相互支援的部署。战术群在驻扎基地保留1个机动性强的战术分群作为干预分队。

（三）行动程序和方法

战术群要广泛地展开情报侦察部署，对突发事件及时告警，并与冲突各方和相关人员进行有效沟通。通过渗透，占领地域中的关键地点；通过设立检查哨，来划分范围区域，进而实现对相关隔离地带的有效控制。控

支持　后勤　控制地域　控制地域　控制地域　停火线　控制地域

图 4-18　居间示意图

制整体区域，并在各个通道上实施检查。有时，根据任务需要，战术群还可展开解除冲突方武装的行动。面对敌方的攻击，依据交战规则和程序展开自卫作战，或对敌实施压制甚至毁伤。同时，战术群要与当地民众建立接触，展开军事民事行动。在对人群的控制上，如果必要，可投入预备队采取行动。随着任务进展，战术群可参与随后的帮助重建任务。

（四）战术运用的关键

要成功实施居间调停行动，首先，战术群要充分了解行动区域的物理环境、人文环境和沟通环境；其次，要以书面的形式给各级明确交战规则和行为规范；最后，在执行任务过程中，要确保行动的公正性，要给冲突各方和当地民众树立可信赖的形象，并适时展开威慑性行动。为顺利展开居间调停行动，要给战术群加强相应的军事民事行动专业人员和翻译人员力量，直到战术分群层次；要注重管理作战沟通以及与媒体的沟通；要有心理战力量的支援。战术群各级人员必须严格遵守交战规则；要采取相适应的编组，并保留足够的预备干预力量。

二、撤侨

撤侨行动，是指对处在动乱状态的某一外国展开武装干预，通过收拢、聚集和撤离侨民的方式，保护本国或其他国家侨民的安全。

战术群通过展开部署，确保侨民从住所或聚集点返回各自国家途中得到不间断的保护、支援，确保侨民的安全。（见图4-19）

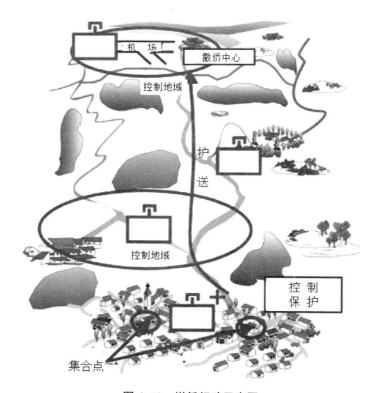

图4-19 撤侨行动示意图

（一）撤侨行动的任务

通过对相关地域展开情报侦察，战术群尽早控制部队投送地点和撤离地点；随后，展开部队控制输送侨民所必经的关键点，并派遣部队保护和撤离侨民。

（二）部署和行动地域

战术群在相应的机场或港口展开 1 个战术分群执行地域控制任务，以确保撤侨中心和交通基础设施的安全；在靠近暴乱的城市市郊，展开 1 个战术分群以建立前进基地；展开另一个战术分群以分散行动的方式，渗透入市区，寻找和保护侨民从住所或聚集点向前进基地转移和集中。展开一个战术分群以武装护送的方式，保护侨民从前进基地向撤侨中心的输送和转移。

（三）行动程序和方法

首先，要利用或占领用于投送部队和撤侨的相应机场或港口，并建立一个撤侨中心。其次，要在靠近暴乱的城市市郊占领桥头堡，开设前进基地。通过渗透，开辟一条连接前进基地和撤侨中心的通路。展开侨民搜索行动和联系侨民，并要清楚识别侨民和暴乱分子；控制撤离通路和集合点，收拢和集中侨民前往前进基地。最后，护送侨民直到撤侨中心。在行动过程中，始终做好应对在撤侨中可能遭遇到的任何敌对行为。如果需要，实施撤退行动，先撤离侨民，然后撤出部队。

战术群要加强与本国使馆或领事机构的联系，以充分了解任务地域的情况，并做好相互协调工作。在撤侨行动中，战术群要协调好撤侨行动与武装干预行动。要加强特种作战指挥和支援人员搜救分队的行动，以找到和撤出侨民。在撤侨中心，要派驻一个或多个医疗队。同时，还要做好作战沟通，并实施心理战支援。

（四）战术运用的关键

成功实施撤侨行动的关键，在于战术群要控制撤离的路线和地点（机场、港口）；要建立一个撤侨中心，对收拢的侨民进行分拣、计数和识别身份等工作。要密切与外交当局和当地政府武装之间的联系，协同展开行动。

三、参与人道主义救援

通常在紧急情况下，为帮助冲突中或自然灾害或技术事故中的受害人员，或者在遇到重大疫情时，根据具体情况，战术群展开行动，为受害人员提供食品援助和医疗救助或公共卫生援助，以及参与恢复主要基础设施等一系列行动。

战术群参与人道主义救援，确保冲突中或自然灾害或技术事故中的受害民众得到保护。有时在行动中要与非政府组织取得联系，但不能有取代后者的意图。（见图 4-20）

（一）任务

确保交通顺畅和后勤运输畅通；及时应对紧急情况；必要时，制止抢劫民众的犯罪行径；维护当地政府的行动自由。

（二）部署和行动地域

在机场或港口建立起后勤保障地域，并展开 1 个战术分群负责该地域安全；在通往后勤地域的主要交通道路地域，展开 1 个战术分群，采取控制地域的方式，确保交通顺畅。在冲突或自然灾害或技术事故现场，视情况展开 1~2 个战术分群，具体展开人道主义救助行动。战术群要保留 1 支预备力量，以应付突发事件。

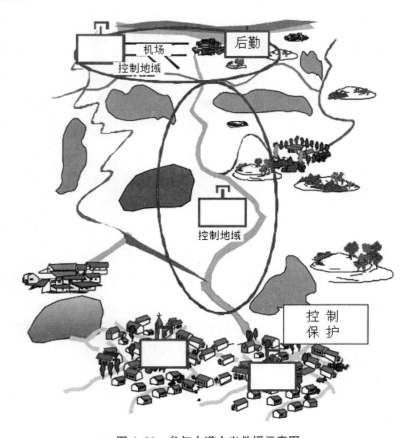

图 4-20　参与人道主义救援示意图

（三）行动程序和方法

战术群要展开部署，首先要控制通道上的关键点，进而控制主要交通线，控制非军事区，并为人道主义区域（难民中心）提供保护。同时，战术群要担负紧急的人道主义救援任务，为人道主义救援车队开辟运输路线并提供护卫。必要时，可参与人道主义救援物资的转运、运输和分发。此外，战术群要做好各种沟通工作。

（四）战术运用的关键

战术群在参与人道主义救援行动时，要确保自身的行动自由。在各种需求中，战术群要准确识别需求的轻重缓急，并采取有效应对措施；要与当地政府和非政府组织相协调展开行动，并尽可能地为非政府组织对民众的救助提供方便。要给战术群加强工兵、军事民事行动专业人员和翻译人员等力量，以做好各种保障和沟通工作。同样，要注重行动沟通和心理战支援，管理与媒体的沟通等。

四、帮助重建

在国家行动中或在国际组织委托下，战术群可展开行动，为当地民众或社会群体恢复正常的、有组织的社会、政治与经济生活做出贡献。

具体而言，合成战术群要通过展开公正和可信的行动，在民众和相关武装力量之间重新建立相互信任的气氛，以有助于合法政府的恢复。

（一）任务

主要是通过观察、裁判、谈判等行动，监督对抗各方遵守停火协议的情况。

（二）部署和行动地域

与居间行动部署类似。

（三）行动程序和方法

战术群通过设立检查点和展开巡逻，控制和调整交通情况；通过展开相应部署，保护关键地点，控制非军事化区域。随后，战术群参与解除武装行动，并视情况清理被残留弹药污染的地域。要参与对难民的保障和遣返工作，并与民众和被承认的地方政府建立起信任关系。展开护卫、安全防护部署等，确保对地方政府和合法机构的保护。战术群还要参与选举活动的组织，参与关键基础设施的恢复等活动。同时，战术群要注重做好沟通工作。

（四）战术运用的关键

为取得帮助重建行动的成功，首先，战术群要确保战术群的行动自由，并保留一定的机动预备力量，以随时实施干预行动。要与当地政府和非政府组织协调展开行动。其次，战术群要获得相应的工兵力量加强，以及军事民事行动力量和翻译力量加强。要重新建立信任气氛；在与相关各方谈判时，要确认对话者的可信性和可靠性。最后，战术群要为军事民事行动提供方便。在行动中要确保公正性，并与各方展开充分的沟通。同样，要注重沟通和心理战支援，并对媒体进行管控。

第九节　步兵合成战术群的指挥

作为编组步兵合成战术群骨干力量的步兵团，由该步兵团指挥员担任战术群指挥官，对战术群内的各个分队和加强力量实施集中统一的指挥。指挥员利用手中掌握的团通信排，以及可能获得加强的其他通信手段（如卫星通信等），可建立一个基本指挥所和一个战术指挥所。在团参谋部和配属的各种联络分队等的辅助下，指挥员对合成战术群实施具体指挥。法军认为没有必要为合成战术群建立专门的指挥程序，而是使用标准的作战指挥程序。

一、战术群指挥所的组成

通常步兵合成战术群采取一个基本指挥所和一个战术指挥所的指挥编组方式。基本指挥所由作战指挥组和后勤指挥组两个主要指挥组构成，并根据行动任务的需要，可加强特种作战指挥、空中支援、军事民事行动等临时指挥编组成分（见表4-1）。基本指挥所可以谋划组织行动、拟制行动计划和对各分队下达命令；它同样可以指挥作战行动，搜集和分发情报，以及组织后勤保障。炮兵、工兵、陆航等各兵种联络分队，根据性质既可能是临时加强的也可能是常备的联络分队①，它们构成了合成战术群组成力量对外与其他作战手段的连接接口。各兵种联络分队负责人要为合成战术群指挥员使用相关兵种力量提供建议和帮助，因此它们被划入指挥所组织结构中，参与行动的组织计划和指挥实施。联络分队通过各自兵种专用指挥程序（炮兵指挥程序、陆航指挥程序等），与各自专业分队进行沟通。战术指挥所通常以前进装甲战术指挥车为主编成，配备作训、侦察、通信等轻型装甲车编组成轻型的机动指挥所，便于指挥员对重要方向实施靠前指挥。另一个配置是用前进装甲侦察车取代轻型装甲侦察车，从而满足战术指挥所中两辆前进装甲指挥车的配置。在这种配置下，战术指挥所可以通过交替转进程序实现指挥所转移。一般地，战术指挥所只有二维协同、火力支援、情报、数据传输等能力，而且只能展开较短一段时间。

表4–1 步兵合成战术群指挥所的组成表

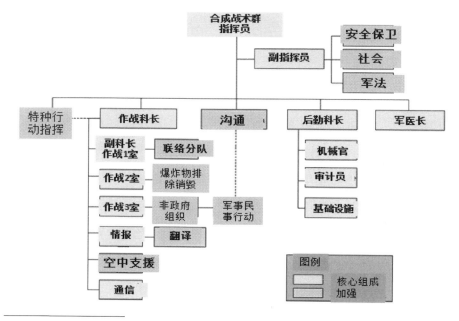

---

① 常备联络分队有炮兵联络分队、工兵联络分队；沟通联络分队和（或）军事民事行动联络分队则根据行动环境而定。临时联络分队有陆航联络分队、电子战联络分队、特种作战指挥联络分队等。

保障合成战术群指挥的信息通信系统有：部队指挥信息系统；装备战术群指挥所和各作战分队的团信息系统（SIR）；车载或非车载信息系统终端，包括用户端无线电台、第4代无线电台、自动通信集成网等。（见图4-21）

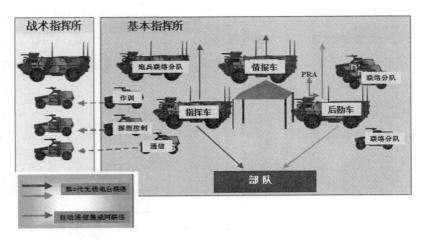

图4-21　典型的指挥所组成图

二、指挥所手段的展开

通常步兵合成战术群在战场上展开一个基本指挥所和一个战术指挥所。图4-21是一个典型的指挥所组成。

基本指挥所通常由1辆前进装甲指挥车，1辆前进装甲情报车，1辆前进装甲后勤车，1辆前进装甲炮兵联络车，以及1辆轻型装甲作训车，1辆轻型装甲探测控制车，1辆轻型装甲通信车，数辆联络分队装甲车等构成。

战术指挥所主要由1辆前进装甲指挥车为主构成，并视情况临时展开作训、侦察、通信等轻型装甲车。

步兵合成战术群基本指挥所通常配备4辆指挥车，都装备团信息系统（SIR）。通常展开2辆指挥车，可根据作战节奏和行动阶段进行指挥所接替转移。最佳配置是展开 3 辆装备团信息系统的指挥车，而第 4 辆指挥车待机，随时和已经展开的指挥所其中 1 辆装备团信息系统的指挥车一起转移。

战术指挥所主要是为了保证指挥员实施靠前指挥。尤其对于步兵合成战术群作战，指挥员经常需要使用这种方式在现地实施指挥。

三、指挥所的通信联络组网

指挥所需要展开团信息系统（SIR）实现对上通信联系，以及展开信息系统终端（SIT）对下联系。随着单兵无线电台装备到单个步兵，信息系统将延伸到单兵层面。这不仅将加快信息的传输，还将极大地加快机动作战节奏，从而有助于提升步兵合成战术群的机动性和作战灵活性。

联络分队通过各自专用指挥通信程序与相应兵种力量实现通信联络，确保战术群指挥员对各个支援兵种力量的指挥。

步兵合成战术群指挥所通过第 4 代无线电台实现对上的指挥、情报、后勤等通信联络，以及对下的指挥、后勤通信联络；通过陆航联络分队、空军联络小组的专业设备实现地空通信联络。在数据自动通信方面，主要通过团信息系统（SIR）、MESREG 来实现对上和对下的数据通信。尤其是团信息系统的展开，将实现下车徒步作战的步兵分队与其他兵种的计算机通信的连续性。

第十节　步兵合成战术群对配属和加强力量的运用

步兵合成战术群战术运用的多样性，主要是源于对其配属和加强力量运用的灵活多样。通常步兵合成战术群除了使用步兵连以外，还可使用到的其他主要兵种分队有装甲骑兵连、坦克连、作战工兵连、作战侦察装甲连、反坦克连以及陆航中队等配属和加强力量。

一、AMX-10RC 装甲骑兵连

（一）武器装备

该装甲骑兵连有 12 辆 AMX-10RC 坦克，每辆坦克上装备 1 门 105mm 火炮和 1 挺 7.62mm 机枪；13 辆轻型装甲车，其中 4 辆轻型装甲车装备 12.7mm 机枪，另 4 辆轻型装甲车装备 112 反坦克火箭筒，另 5 辆轻型装甲车装备 7.62mm 机枪；2 辆通信前进装甲车；1 辆轻型越野车；8 辆 TRM4000 军用卡车；2 辆摩托车。

该装甲骑兵连平均每辆战车行进 100 千米消耗燃油 60 升。使用的主要弹药为穿甲弹、爆炸弹、聚能装药穿甲弹、发烟弹，1 辆装甲车上配弹 38 发。作战中，该装甲骑兵连每天需要战术群对其实施 1 次后勤补充。

在指挥通信方面，该连配备 2 辆前进装甲指挥车，装备团信息系统（SIR），3 台调频电台；1 辆轻型装甲指挥车，装备 2 台调频电台；2 辆轻型越野车，装备 1 台调频电台；2 辆传令兵摩托车。

（二）能力和优点

AMX-10RC 装甲骑兵连能在广阔地域分散实施机动作战。它的编组灵活性使得它可以很好覆盖整个行动地域。由于其配备的武器可以在 1500～2000 米范围内发扬火力，因此它可以胜任战术群内临时展开的应急行动。此外，它具备全天候的战场监视能力和高度机动性，因此具有很强的情报侦察能力。

该装甲骑兵连的优点，是善于在广阔地域上实施情报侦察和地域控制。它既可利用地形地物遮蔽地对敌人和战场环境实施作战侦察，也可快速展开干预行动，迅速转变作战姿态，投入纵深展开作战。战术群主要将其用于实施渗透，灵活攻击。

（三）局限和要求

装甲骑兵连对道路通行能力有一定要求。此外，由于没有披挂辅助装甲，其装甲车的防护力较弱，要求它在遭遇战中寻求达成突然性，并避免与敌展开正面强行攻击、静态作战和线性作战。

（四）使用原则

在以安全防卫为主的行动中，主要将其用于完成情报搜集、掩护等任务；或在以反坦克为主的行动中，将其用于侧翼防卫行动，但只是"灵活"作战，并要得到反坦克导弹分队或坦克分队的加强。

（五）可能担负的任务

在以安全防卫为主的行动中，当合成战术群实施攻击侦察任务时，AMX-10RC坦克连可在10～12千米的正面上执行侦察，与敌接触并确认接触之敌，或攻占某地点等任务。当合成战术群实施掩护-侧卫任务时，AMX-10RC坦克连可在6～8千米的正面上执行掩护、拦阻、迟滞、锁定敌人或阻止敌人等任务。

在以进攻为主的行动中，当合成战术群实施削弱敌人力量的任务时，AMX-10RC坦克连可在2～3千米的正面上执行确认接触之敌、锁定敌人、支援等任务。当合成战术群实施灵活攻击时，AMX-10RC坦克连可在6～8千米的正面上执行侦察、与敌接触并确认接触之敌、支援、掩护、支持、锁定敌人、攻击等任务。当合成战术群实施强攻或反攻时，AMX-10RC坦克连可在6～8千米正面上执行支援、支持、锁定敌人、攻击等任务。当合成战术群实施奔袭作战时，AMX-10RC坦克连可在6～8千米正面上执行侦察、支持、攻占等任务。当合成战术群实施纵深突进任务时，AMX-10RC坦克连可在6～8千米正面上执行攻占、实施奔袭等任务。当合成战术群实施占领或攻占某地域的任务时，AMX-10RC坦克连可在12～15千米正面上执行侦察、支援、支持、骚扰侦察等任务。

在以防御为主的行动中，当合成战术群实施迟滞、拦阻任务时，AMX-10RC 坦克连可在 12～15 千米的正面上执行拦阻、迟滞、骚扰侦察、反击、支援、掩护等任务。当合成战术群实施拒止作战时，AMX-10RC 坦克连可在 12～15 千米的正面上执行掩护、支援、支持、拦阻、反击等任务。当合成战术群实施耗敌防御任务时，AMX-10RC 坦克连可在 15～20 千米的正面上执行支援、掩护、支持、反击等任务。当合成战术群实施坚守防御时，AMX-10RC 坦克连可在 15～20 千米的正面上执行支援、掩护、反击、阻止等任务。当合成战术群实施接换友军任务时，AMX-10RC 坦克连可在 2～3 千米的正面上执行支援、拦阻、支持、掩护等任务。

二、AMX-30B2 装甲骑兵连

（一）武器装备

该装甲骑兵连有 13 辆 AMX-30B2 坦克，每辆坦克上装备 1 门 105mm 火炮；4 辆前进装甲车；2 辆轻型装甲车；2 辆全路况越野车；7 辆全路况般用卡车（载重 2～6 吨）；2 辆摩托车。

该装甲骑兵连的自持力[①]为 500 千米或 16 小时。1 辆 AMX-30B2 坦克上配弹 47 发。每天需要战术群对该连补充 1 次油料。

在指挥通信方面，该连配备 1 辆 AMX-30B2 指挥坦克，装备 2 台调频电台；1 辆轻型装甲指挥车，装备 2 台调频电台；1 辆前进装甲指挥车，装备团信息系统 SIR，3 台调频电台；2 辆轻型越野车，装备 2 台调频电台；2 辆传令兵摩托车。

（二）能力和优点

AMX-30B2 装甲骑兵连可用于实施拦阻和反击，粉碎敌人的进攻行

---

① 部队一次性补充足所携带的燃油、弹药、食品以及其他各种消耗物资后，能在战场独立行动的最大距离或最长持续时间。

动；或通过主动发起强大攻势作战，粉碎敌人的坦克和步战车部署；也可以实施纵深突进，摧毁敌人指挥所、敌支援兵器和保障力量，对敌纵深部署造成长时间的破坏。

该装甲骑兵连的优点是具备很强的摧毁能力、纵深突进能力、威慑能力。该连可阻止 1~2 个坦克连或 1 个（苏式）BMP/BTR 装甲营加强 1 个连的敌军；也可迟滞敌人 1~2 个加强坦克连。它也可用于实施接触作战侦察。此外，该连拥有大范围快速机动能力，可迅速实施干预行动；可迅速转变作战姿态，能够在敌纵深展开行动；它还能用于摧毁敌人并重新掌握主动权；可控制广阔战场地域空间。

（三）局限和要求

该连对道路通行能力有一定要求（承重 42 吨）。在行动中，要给该装甲连留出足够的行动空间，并赋予其指挥员足够的自主权。通常只向该连规定要达成的目的，并为其提供准确和实时的信息情报。在使用该连时，注意不要将各种装甲力量在同一战场空间重叠部署，但要投入合成战术群的其他兵种力量以实现作战能力互补。

（四）使用原则

通常将其作为支援梯队或支持梯队，用于加强合成战术群的进攻或防御能力；作为干预分队，用于快速投入作战或快速做出反应。优先考虑集中使用，用于强制作战行动或实施集中支援。当分散使用时，用于展开快速迅猛的反坦克作战，或用于机动加强反坦克导弹作战力量。在突破作战中，可成三角形队形部署。通常由连指挥员根据任务自主决定作战编组；可采取混合编组，但基本作战单位限于排级。

（五）可能担负的任务

在以安全防卫为主的行动中，当合成战术群实施攻击侦察时，AMX–30B2 坦克连可在 3~5 千米的正面上执行侦察、与敌接触并确认接触之敌等任务。当合成战术群实施掩护、侧卫任务时，AMX-30B2坦克连可在3~5千米的正面上执行掩护、拦阻、迟滞、锁定敌人等任务。

在以进攻为主的行动中，当合成战术群实施削弱敌人作战时，AMX-30B2坦克连可在2~4千米的正面上执行确认接触之敌、锁定敌人、支援、攻击等任务。当合成战术群实施灵活攻击时，AMX-30B2坦克连可在3~5千米的正面上执行侦察、与敌接触并确认接触之敌、攻击、支援、削弱敌人、掩护、支持、锁定敌人等任务。当合成战术群实施强攻或反攻时，AMX-30B2坦克连可在2~3千米的正面上执行攻击、支援、支持等任务。当合成战术群实施奔袭作战时，AMX 30B2坦克连可在3~5千米的正面上执行侦察、支持、攻占、攻击等任务。当合成战术群实施纵深突进任务时，AMX-30B2坦克连可在3~5千米的正面上执行攻占、削弱、掩护等任务。当合成战术群实施占领或攻占某一地域的任务时，AMX-30B2坦克连可在3~5千米的正面上执行侦察、攻击、支持等任务。

在以防御为主的行动中，当合成战术群实施迟滞、拦阻等任务时，AMX-30B2坦克连可在3~5千米的正面上执行拦阻、迟滞、支持、反击等任务。当合成战术群实施拒止作战时，AMX-30B2坦克连可在2~3千米的正面上执行拒止、掩护、支援、支持、反击等任务。当合成战术群实施耗敌防御时，AMX-30B2坦克连可在2~3千米的正面上执行支援、掩护、反击、支持等任务。当合成战术群实施坚守防御任务时，AMX-30B2坦克连可在2~3千米的正面上执行拒止、支援、掩护、反击等任务。当合成战术群完成接换友军任务时，AMX-30B2坦克连可在2~3千米的正面上执行支援、拦阻、支持等任务。当合成战术群执行地域控制任务时，AMX-30B2坦克连可在100~200平方千米区域上执行控制区域、支持等任务。

三、"勒克莱尔"坦克连

（一）武器装备

该坦克连有 13 辆"勒克莱尔"坦克，每辆坦克上装备 1 门 120mm 火炮，1 挺 12.7mm 机枪和 1 挺 7.62mm 机枪（用于坦克抵近防卫）；3 辆前进装甲车，装备 1 挺 7.62mm 机枪，可搭乘 13 名配备 FAMAS 冲锋枪、反坦克火箭筒或 AT6 的战斗人员；2 辆轻型装甲车；2 辆全路况 4 座越野车；7 辆 GBC 8KT 卡车；2 辆摩托车。

该坦克连的自持力为 500 千米或 12 小时；每辆坦克耗油 120 ~ 150 升 / 小时；在连续使用该坦克连时，需要战术群每天为其进行 3 次后勤补给。1 辆 XL 坦克上配弹 40 发 120mm 穿甲弹或聚能装药弹。

在指挥通信方面，该连配备 1 辆轻型装甲车，装备 2 台调频电台；1 辆前进装甲指挥车，装备 3 台调频电台；指挥坦克上装备 2 台调频电台；作战坦克上装备 1 台调频电台；2 辆全路况汽车，装备 1 台调频电台（2OA）；2 辆传令兵摩托车；1 个后勤组。

（二）能力和优点

"勒克莱尔"坦克具有良好的机动性和强大的火力，可用于摧毁敌方作战部署全纵深内的坦克。"勒克莱尔"坦克连作战使用灵活，可用于执行快速作战行动。

"勒克莱尔"坦克连的优点是具备很强的摧毁能力、纵深突进能力、威慑力。"勒克莱尔"坦克连在遭遇战方面作战能力尤为突出，可对抗敌人 1 个坦克营或 1 个加强（苏式）BMP/BTR 装甲营，特别适合于突破敌人作战部署。该连拥有大范围快速机动能力，可迅速实施干预行动；可迅速转变作战姿态，能够在敌纵深展开作战；还能用于摧毁敌人并重新掌握战场主动权；也可用于控制广阔地域空间。

（三）局限和要求

该连对道路通行能力有一定要求（60吨）。在行动中，要给该坦克连留出足够的行动准备时间和广阔的行动空间，并赋予连指挥员充分的自主权。通常只向该连规定要达成的目的，并为其提供准确、实时的信息情报。法军禁止将"勒克莱尔"坦克连用于静态支援作战。在使用该连时，注意不要将各种装甲力量在同一战场空间重叠部署，但要投入合成战术群的其他兵种力量以实现作战能力互补。

（四）使用原则

可将该连作为支持梯队，用于加强友军的进攻或防御能力。作为干预分队，可用于快速投入行动和快速做出反应。通常优先考虑集中使用，用于强制作战行动，或实施集中支援，或攻击侦察。当分散使用时，用于快速展开迅猛的反坦克作战，或机动加强反坦克导弹作战力量。在突破作战中，可成三角形队形部署。通常由连指挥员根据任务自主决定作战编组；可采取混合编组，但基本作战单位限于排级。

（五）可能担负的任务

在安全防卫为主的行动中，当合成战术群实施攻击侦察时，"勒克莱尔"坦克连可在5～7千米的正面上执行侦察、与敌接触并确认接触之敌等任务。当合成战术群实施掩护、侧卫任务时，"勒克莱尔"坦克连可在5～6千米的正面上执行掩护、拦阻、迟滞、锁定敌人等任务。

在以进攻为主的行动中，当合成战术群实施削弱敌人任务时，"勒克莱尔"坦克连可在12～15千米的正面上执行确认接触之敌、锁定敌人、削弱、支持等任务。当合成战术群实施灵活攻击时，"勒克莱尔"坦克连可在12～15千米的正面上执行攻击、削弱敌人、掩护、支持、锁定敌人等任务。当合成战术群实施强攻或反攻时，"勒克莱尔"坦克连可在10～12千米的正面上执行攻击、反击等任务。当合成战术群实施纵深突进任务时，"勒克莱尔"坦克连可在 12～15 千米的正面上执行攻占、削弱敌人、掩护、奔袭、接触作战等任务。当合成战术群实施占领或攻占某一地域任务时，"勒克莱尔"坦克连可在 3～5 千米的正面上执行侦察、攻击、攻占、支持等任务。

在以防御为主的行动中，当合成战术群实施迟滞、拦阻等任务时，"勒克莱尔"坦克连可在 5～7 千米的正面上执行拦阻、迟滞、反击等任务。当合成战术群实施拒止作战时，"勒克莱尔"坦克连可在 10～12 千米的正面上执行拒止、掩护、支持、反击等任务。当合成战术群实施耗敌防御或坚守防御时，"勒克莱尔"坦克连可在 10～12 千米的正面上执行掩护、反击、支持、拒止、坚守、削弱等任务。当合成战术群实施接换友军任务时，"勒克莱尔"坦克连可在 12～15 千米的正面上执行支持、拦阻、拒止、坚守等任务。当合成战术群实施地域控制任务时，"勒克莱尔"坦克连可在 200～300 平方千米区域上执行控制区域、支持、攻占、接触作战等任务。

总之，装甲力量是步兵合成战术群战术运用的一个关键作战力量。对装甲兵的成功运用，将使得步兵合成战术群拥有更强的攻击力，拥有更加灵活多变的战术，更好地争取战场主动性。通常步兵合成战术群指挥员是以指示的方式向坦克连赋予任务，且该指示不应构成严格的约束要求，以便给装甲部队的作战留有一定自主行动空间。同时，坦克连指挥员应辅助战术群指挥员来确定作战指示的表述，确保坦克连执行任务的可行性与战术群指挥员的作战意图相一致。此外，在给坦克连赋予任务时，要给予足够的行动纵深空间。

表 4-2　步兵合成战术群装甲兵运用作战能力对照表

步兵合成战术群执行的任务	AMX-10RC 坦克连行动地域	AMX-30B2 坦克连行动地域	"勒克莱尔"坦克连行动地域
侦察	10～12km	3～5km	5～7km
掩护－侧卫	6～8km	3～5km	5～6km

续表

步兵合成战术群执行的任务	AMX–10RC 坦克连行动地域	AMX–30B2 坦克连行动地域	"勒克莱尔"坦克连行动地域
削弱	2～3km	2～4km	12～15km
灵活攻击	6～8km	3～5km	12～15km
强攻－反攻	6～8km	2～3km	10～12km
奔袭	6～8km	3～5km	—
纵深突进	6～8km	3～5km	12～15km
占领－攻占	12～15km	3～5km	3～5km
迟滞－拦阻	12～15km	3～5km	5～7km
拒止	12～15km	2～3km	10～12km
耗敌防御	15～20km	2～3km	10～12km
坚守防御	15～20km	2～3km	10～12km
地域控制	—	100～200km^2	200～300km^2
友军接换	2～3km	2～3km	12～15km

四、工兵装甲作战连

法军步兵合成战术群配属的作战工兵力量可能是装甲师编成内的团属工兵装甲作战连。

（一）武器装备

该连的武器装备有 8 辆前进装甲车,每车装备 1 挺 12.7mm 机枪;12 辆工兵装甲车;6 辆全路况轮式汽车;4 辆全路况般用卡车（2～6 吨）。通常该连可得到 1 辆卫勤前进装甲车的支援。

在指挥通信方面，该连配备 2 辆全路况汽车，各装备 1 部调频电台。

（二）能力和优点

工兵装甲作战连能参与接触作战，可对敌方坚固工事实施破坏作业，参与城市作战，参与短暂急袭和伏击等。它也能支援特种作战，如辅助跨越陡峭的沟渠，开辟登陆场，为机降突击开辟着陆场等。在提供机动支援方面，它可开辟通路，排除阻塞式障碍和在雷区开辟通路，填平沟壑，辅助通过狭窄突破口（<20 米），开辟迂回道路，架桥渡河等。它还能提供反机动支援，如预先设置障碍系（拦阻障碍，分区零星设障）或随机布障（预有准备或机动布障），参与拦阻分队的行动。最后，它还可参与保卫任务：对重要人员、救护所、指挥所、射击阵地、锚泊地等的保卫。

（三）局限和要求

合成战术群要负责保护工兵分队的安全。在开辟通路时，不可将工兵排分开使用；而且在完成任务过程中，工兵需要得到前沿控制分队的加强，以便对部队机动和通过通路实施调控。在执行任务前，该工兵连需要一定的准备时间，以实施侦察、装备运输、完成任务准备等。如果是在核生化环境下或在夜间行动，则需要更长的准备时间。通常有效可用时间 =（1–30%）× 预留全部时间。

（四）使用原则

由于工兵连需要一定的时间进行任务准备，所以在使用该工兵连上要有预见性。在给该工兵连赋予任务时，应明确要实现的效果，并使任务与工兵的装备和能力相一致。通常工兵任务在旅作战命令后的附件"工兵任务"中予以明确，由使用工兵力量的合成战术群通过与工兵部队商讨来明确实施任务的方式方法。此外，工兵分队不一定总是由合成战术群指挥员进行指挥。

（五）可能担负的任务

在以安全防卫为主的行动中，当合成战术群实施攻击侦察时，工兵装甲作战连可能得到伴随机械化桥、地段通行改良手段等器材加强，负责开辟一条或数条路径，侦察特定地点，开辟和维护迂回道路等任务。当合成战术群实施掩护、侧卫任务时，工兵装甲作战连可得到机械布雷器材等加强，参与拦阻分队的作战行动，负责布设障碍等任务。

在以进攻为主的行动中，当合成战术群实施削弱敌人的任务时，工兵装甲作战连执行爆破摧毁敌方坚固工事，排除障碍物等任务。当合成战术群实施灵活攻击时，工兵装甲作战连可得到伴随机械化桥的加强，负责开辟一条或数条通路，修复或摧毁道路桥梁，参与作战等任务。当合成战术群实施强攻或反攻时，工兵装甲作战连可得到伴随机械化桥的加强，负责开辟一条或数条通路，辅助己方部队在敌纵深部署打开突破口，参与作战等任务。当合成战术群实施纵深突进任务时，工兵装甲作战连可得到伴随机械化桥的加强，负责开辟一条或数条通路的任务。当合成战术群实施占领或攻占某一地域任务时，工兵装甲作战连可得到伴随机械化桥的加强，负责开辟一条或数条通路，辅助己方部队打开突破口，参与作战等任务。

在以防御为主的行动中，当合成战术群实施迟滞、拦阻等任务时，工兵装甲作战连可得到障碍排除装备等器材加强，执行保障前方部队回撤通过己方障碍区，实施支援、巩固拦阻阵地、爆破摧毁等任务。当合成战术群实施拒止作战时，工兵装甲作战连可得到机械布雷器材或播撒式布雷器材的加强，负责构建防护工事，布设反坦克障碍，建立障碍系等任务。当合成战术群实施耗敌防御时，工兵装甲作战连可得到机械布雷器材或播撒式布雷器材的加强，负责在敌可能实施渗透的通道上布设障碍，构建防护工事，改造地形等任务。当合成战术群实施坚守防御时，工兵装甲作战连可得到机械布雷器材或播撒式布雷器材的加强，负责构建防护工事，改造地形，以障碍迫使敌人前往我方预定歼击区等任务。当合成战术群实施接换友军任务时，工兵装甲作战连可得到机械布雷器材或播撒式布雷器材的加强，负责布设线性障碍，以增强己方部队用障碍阻敌的能力。当合成战术群实施地域控制任务时，工兵装甲作战连负责机动保障，并根据情况，辅助己方力量展开，以及辅助确保战术群和军事民事行动的安全保卫等任务。

五、工兵机械化作战连

步兵合成战术群配属的作战工兵力量也可能是机械化旅编成内的团属工兵机械化作战连。

（一）武器装备

该连的武器装备有 13 辆前进装甲车，每辆装甲车上装备 1 挺 12.7mm 机枪；8 辆多用途工兵车；2 辆全路况轮式自卸卡车；6 辆全路况轮式卡车；4 辆全路况卡车（>6 吨）。通常该连可得到 2 辆卫勤车的支援。

在指挥通信方面，该连配备 2 辆全路况汽车，各装备 1 部调频电台；3 辆前进装甲车，装备团信息系统（SIR）。

（二）能力和优点

该工兵连能参与接触作战，可对敌方坚固工事实施破坏作业，参与城市作战，参与短暂急袭和伏击等。它也能支援特种作战，如辅助跨越陡峭的沟渠，开辟登陆场，为机降突击开辟着陆场等。在提供机动支援方面，它可开辟通路，排除阻塞式障碍和在雷区开辟通路，填平沟壑，辅助通过狭窄突破口（<20 米），开辟迂回道路，以及架桥渡河等。它还能提供反机动支援，如预先设置障碍系（拦阻障碍，分区零星设障）或随机布障（预有准备或机动布障），参与拦阻分队的行动。最后，它还可参与

保卫任务，包括对重要人员、救护所、指挥所、射击阵地、锚泊地等的保卫。

（三）局限和要求

合成战术群要负责保护工兵分队的安全。在开辟通路时，不可将工兵排分开使用；而且在完成任务过程中，工兵需要得到前沿控制分队的加强，以便对部队机动和通过通路实施调控。在执行任务前，该工兵连需要一定的准备时间，以实施侦察、装备运输、完成任务准备等。如果是在核和生化环境下或在夜间行动，则需要更长的准备时间。

（四）使用原则

由于工兵连需要一定的时间进行任务准备，所以在使用该工兵连上要有预见性。在给该工兵连赋予任务时，要明确实现的效果，并使任务与工兵的装备和能力相一致。通常工兵任务在旅作战命令后的附件"工兵任务"中予以明确，由使用工兵力量的合成战术群通过与工兵部队商讨的方式来明确实施任务的方式方法。此外，工兵分队不一定总是由合成战术群指挥员进行指挥。

（五）可能担负的任务

在以安全防卫为主的行动中，当合成战术群实施攻击侦察任务时，工兵机械化作战连可能得到伴随机械化桥、地形通行改良手段等的加强，负责开辟一条或数条路径，侦察特定地点等任务。当合成战术群实施掩护、侧卫任务时，工兵机械化作战连可得到机械布雷器材的加强，参与拦阻分队的行动，负责布设障碍等任务。

在以进攻为主的行动中，当合成战术群实施削弱敌人任务时，工兵机械化作战连执行爆破摧毁敌方坚固工事，排除障碍物等任务。当合成战术群实施灵活攻击时，工兵机械化作战连可得到伴随机械化桥的加强，负责开辟一条或数条通路，修复或摧毁道路桥梁等任务。当合成战术群实施强攻或反攻时，工兵机械化作战连可得到伴随机械化桥的加强，负责开辟一条或数条通路（特殊情况下），辅助己方部队在敌纵深部署打开突破口等任务。当合成战术群实施纵深突进时，工兵机械化作战连可得到伴随机械化桥的加强，负责开辟一条或数条通路的任务。当合成战术群实施占领或攻占某一地域任务时，工兵机械化作战连可得到伴随机械化桥的加强，负责开辟一条或数条通路的任务。

在以防御为主的行动中，当合成战术群实施迟滞、拦阻等任务时，工兵机械化作战连可得到机械布雷器材或播撒式布雷器材的加强，执行确保前方部队回撤通过己方障碍区、巩固拦阻阵地、爆破摧毁等任务。当合成战术群实施拒止作战时，工兵机械化作战连可得到机械布雷器材或播撒式布雷器材的加强，负责构建防护工事，布设反坦克障碍，建立障碍系等任务。当合成战术群实施耗敌防御时，工兵机械化作战连可得到机械布雷器材或播撒式布雷器材的加强，负责在敌可能实施渗透的通道上布设障碍，改造地形和构建防护工事等任务。当合成战术群实施坚守防御时，工兵机械化作战连可得到机械布雷器材或播撒式布雷器材的加强，负责构建防护工事，改造地形，以障碍迫使敌人前往我预定歼击区等任务。当合成战术群实施接换友军任务时，工兵机械化作战连可得到机械布雷器材或播撒式布雷器材的加强，负责布设线性障碍，以增强己方部队用障碍阻敌的能力。当合成战术群实施地域控制任务时，工兵机械化作战连负责支援机动，并根据情况，辅助己方力量展开，以及辅助确保战术群和军事民事行动的安全保卫等任务。

总之，法军步兵合成战术群在运用工兵实施作战保障时，充分考虑了工兵兵种特性，以及工兵完成任务所需的时间和条件。作战中，工兵在获得相应工程器材加强后，可完成开辟通路、排除通路上的障碍、布设反机动障碍、辅助跨越沟壑等保障任务。工兵保障能力如下列各表所示：

表 4–3 工兵开辟通路的能力

行动	投入力量和手段	时间	备注
在雷区开辟长 100 米、宽 4 米的通道	1 个排	3 小时	
标志 100 米宽的突破口（在外沿做标志）	1 个排	1 小时	
排除路障（2 米厚）	1 个作战小组 + 工兵装甲车或多用途工兵车	1 小时	同时排除附属爆炸物
在雷区打洞（1 米 × 2 米）	1 个排	15 分钟	使用延伸装药
在森林开辟 100 米迂回道路	1 个作战小组 + 工兵装甲车	1 小时	第 2 组负责在原路上排除障碍

表 4–4 工兵排除通路上障碍的能力表

行动	投入力量和手段	时间	备注
在居民地拆除房屋（50 ~ 100 米）	1 个作战小组 + 工兵装甲车	2 小时	使用拆除套管来拆除房屋（2 辆工兵装甲车则用时 1 小时）
砍伐树木 100 米（20 棵树）	1 个作战小组 + 工兵装甲车或多用途工兵车	2 小时	不含排雷（2 个排则用时 1 小时）
填平沟壑	1 个作战小组 + 多用途工兵车	1 ~ 2 小时	不含排雷（2 辆工兵装甲车则用时 1 小时）

表 4–5 工兵布设反机动障碍的能力表

行动	力量和手段	时间	备注
定点布雷	1 个小组	15 ~ 30 分钟	2 颗防坦克防步兵雷，2 ~ 4 颗防坦克高爆雷
在进入口布雷	1 个小组	1 小时	6 ~ 20 颗防坦克雷（高爆和防步兵雷）
	1 个排	30 ~ 40 分钟	

续表

行动	力量和手段	时间	备注
在 1 千米地带布雷：跳雷（间隔 =0.8 米）	1 个排	2 小时	线式布雷工具
履带压雷（间隔 =2 米）	1 个排	6 ~ 9 小时	
短程抛撒式布雷（600 米 × 100 米雷场）	地雷短程抛撒车 "MINOTAUP"	5 ~ 10 分钟 – 装填时间 30 分钟	300 米抛撒 600 颗地雷（装甲旅和步兵旅的团编成内无抛撒车）
在 1 千米地带布雷：埋雷（间隔 =0.8 米）	1 个排 +2 辆播雷车	2 小时 30 分钟	3 行高爆雷 800 颗（装甲旅和步兵旅的团编成内无播雷车）
拆除 4 或 5 间房屋 500 千克炸药 + 布雷	1 个排 + 工兵装甲车或多用途工兵车	2 小时	
砍伐树木 100 米（20 棵树）	1 个排	1 小时	布雷 + 炸药 100 千克

表 4–6 工兵辅助跨越沟壑的能力表（跨越较窄的沟壑）

（装备情况：伴随自行机械桥 /1 个排，团属支援连有 6 台伴随自行机械桥）

行动	使用手段	时间	备注
跨越沟壑 <20 米	1 个小组 +1 台架桥设备 +1 台伴随自行机械桥	15 分钟	
跨越沟壑 <35 米	1 个小组 +1 台架桥设备 +1 台伴随自行机械桥	15 分钟	伴随自行机械桥 / 浸入水深约 1 米，水流速 1 米 / 秒
可以跨越连续和断续的河流 100 米，水流速 <1.5 米 / 秒（团编成内有 1 个舟桥排，6 具前进渡河器材）			

续表

行动	使用手段	时间	备注
手段	耗时和投入力量	保障需要渡河的部队	
2 具前进渡河器材	10 分钟，1 个渡河点，1 个作战工兵排，每小时轮作 8 次	（VAB，X10P，ESC，EEI，CAC）=30 分钟	
桥长 105.40 米 70 级①，4 具前进渡河器材；桥长 81.90 米 70 级，3 具前进渡河器材；摩托化浮桥 100 米（工兵旅加强）	15 分钟 1 个通过点 1 个作战工兵排 1 小时 1 个通过点 1 个舟桥排	=10 ~ 15 分钟 =45 分钟至 1 小时	

六、作战侦察装甲连

通常使用作战侦察装甲连的部队级别是旅。然而，可以临时将它加强给合成战术群，用来执行安全防卫任务。在这种情况下，应保持作战侦察装甲连原建制来使用，并遵守其行动方式的要求。

（一）武器装备

作战侦察装甲连的武器装备有：6 具"米兰"反坦克导弹，9 具反坦克火箭筒，10 挺 12.7mm 机枪，9 挺 7.62mm 机枪，6 具 112 反坦克火箭。全连有 35 辆轻型装甲车，4 辆全路况轻型汽车，3 辆全路况般用汽车（装备地形间隙监视雷达），以及 9 辆卡车。

在后勤保障上，该连物资消耗标准为：1 个单位油料 =1.5 立方米轻柴油 +0.1 立方米汽油；1 个火力单位 =0.5 吨弹药（36 发"米兰"反坦克导弹）。通常该连日作战物资消耗量为 3 吨。由于该连没有 2 级后勤保障力

---

① 法军工兵对架桥的通行能力进行分级。"70 级"可允许"勒克莱尔"坦克分队通过。

量，因此应指定相关团负责该连的后勤保障。

在指挥通信方面，该连配备 3 台地形间隙监视雷达，监视距离 18～30 千米；3 台"奥丽芳"Ⅱ型步兵侦察雷达，探测距离 2500 米；1 部用户端无线电台/1 部战术数字加密电话；1 部 TRPP-28 电台（通信距离 80～100 千米）；34 部第 4 代无线电台；24 部 PP-39 无线电台；1 部 TRVP-5 无线电台。

（二）能力和优点

该连具有使用灵活、机动性强、战场隐蔽性好等特点，在通信和情报侦察方面具有较强的能力。

通常只有在很特殊的情况下，才将作战侦察装甲连加强给合成战术群。作为加强力量，它执行固定式或机动式掩护，或接换友军等任务。有时，合成战术群可能被要求配合作战侦察装甲连作战，协同展开行动。

（三）局限和要求

法军的作战侦察装甲连不是一支作战力量，而是一支战场监视和侦察力量。

（四）使用原则

作战侦察装甲连展开行动时，在离敌人较远时呈成排纵队队形，追求速度以快速接近敌人；在接近敌人时成 1 个梯队部署，展开侦察队形实施勘察，不与敌展开作战；或者在接近敌人时成 2 个梯队部署，展开安全防卫队形，并可能与敌展开作战。作战侦察装甲连分组展开工作，在 20～25 千米的正面上，沿 3 个主要方向（6 条道路）展开监视。其地形间隙监视雷达的展开需 15 分钟。

（五）可能担负的任务

当作战旅展开攻击侦察时，作战侦察装甲连可能承担行动路线侦察任务，或在旅前方或部署间隙实施侦察，或执行监视侦察，或在旅侧翼担任安全防卫等任务。当作战旅实施进攻作战或展开纵深突进时，作战侦察装甲连可能实施行动路线侦察直至冲击线，或在旅前方实施侦察直至冲击线，或在旅侧翼担负安全防卫等任务。当作战旅实施机动防御或展开迟滞作战时，作战侦察装甲连可能担负接换友军，或实施监视侦察，或在侧翼及间隙地实施侦察等任务。旅在各种行动中，都可将作战侦察装甲连用于超越敌人前方部署对敌纵深展开情报侦察，或在沾染地区周边实施监视，或用于监视分界线、前沿、要控制的地域等任务。

通常当作战侦察装甲连对行动路线展开侦察时，可在第一梯队前 20 ~ 25 千米处，以 15 ~ 20 千米 / 小时的速度行进，对 2 ~ 3 条路线实施侦察。当作战侦察装甲连执行侦察任务时，在远离敌人时可以 20 ~ 25 千米 / 小时的速度行进，在接近敌人时可以 8 ~ 10 千米 / 小时的速度行进，对 6 条路线实施侦察。当作战侦察装甲连在旅的侧翼担负安全防卫任务时，它可作为机动侧卫，保持与旅先头部队相同速度的开进节奏，在旅前进方向侧翼展开，每条轴向展开 1 个排的兵力，或者与前进路径垂直方向上 4 ~ 5 千米处展开一个侦察小组；它也可作为固定侧卫，在前沿和纵深之间大幅度来回穿梭机动，每个阵地之间间隔 10 千米。当作战侦察装甲连执行监视任务时，通常保持与团行动节奏相同的速度，对 2 个团之间的间隙地实施监视；当它在沾染地区周边、分界线、前沿、要控制的地域等实施监视任务时，可监视 12 ~ 15 千米的正面。当作战侦察装甲连实施纵深侦察时，通常渗透到敌方纵深 20 ~ 40 千米的纵深展开侦察。当作战侦察装甲连执行接换友军任务时，通常在责任分区的正面上，展开情报侦察，识别友军，将其引导到集合地区等。当作战侦察装甲连实施监视侦察时，可在旅防御前沿 10 ~ 12 千米，沿 2 ~ 3 条路径实施骚扰和监视侦察等行动。

七、"霍特"反坦克连

（一）武器装备

"霍特"反坦克连装备 15 辆 MEPHISTO 前进装甲车，每辆车上配备 12 枚"霍特"反坦克导弹（其中 4 枚在发射架上，备弹 8 枚）；2 辆前进装甲指挥车，配备 1 挺 12.7mm 机枪；1 辆前进装甲维修车；12 辆轻型装甲车；11 辆重卡[①]；1 辆全地形轻型汽车；2 辆摩托车。

在后勤保障方面，该连需要得到配属给团指挥与后勤单元的弹药补充分队"霍特"维修组的支援。该连前进装甲车的自持力为 1000 千米。

在指挥通信方面，该连配备 1 部用户端无线电台；1 部 TRC 350 无线电台；6 个第 4 代无线电台网；2 台团信息系统；1 部 TRVP–5 无线电台。

（二）能力和优点

"霍特"反坦克连具有很强的作战自持力，并配属"霍特"维修组。它具备强大的反坦克火力和自卫火力，射程较远。其机动性强，可以集中方式或分散方式灵活使用旗下的反坦克小组。

通常该连的行动地域为 20 平方千米（4 千米 × 5 千米）；驻止地域为 3 ~ 6 平方千米；观察和射击距离在 1.5 ~ 5 千米范围。作战时，反坦克排占领 500 ~ 1000 米宽的前沿，执行 2 ~ 3 次射击。在射击阵地占领阵位执行射击时，每分钟可执行 1 次射击。

在作战能力上，该反坦克连可以消灭敌人 1 个坦克营（摧毁敌人 69 辆坦克中的 30 辆）；反坦克排可以压制敌人 1 个坦克连（摧毁敌人 17 辆坦克中的 6 辆）。

---

① 欧盟标准，3.5 吨以上的卡车。

（三）局限和要求

该反坦克连没有抵近防卫能力，需要合成战术群为它提供安全防卫。在投入行动前需要一定时间进行准备，大约 1 小时进行侦察。其发现目标的距离大约为 4 千米。在实施射击时，需要一定纵深的开阔射击场地。该连没有能力实施遭遇战。它面对的主要威胁是敌方反坦克导弹（反坦克直升机）、坦克、炮兵等。

（四）使用原则

在该连的使用上，优先考虑集中使用，配属给旅或加强的合成战术群。通常分两个分队使用，每个分队配属给一个团，并在规定的时间里执行相应的任务。分散使用时，以排的方式配属给团。

（五）可能担负的任务

当合成战术群展开进攻作战时，"霍特"反坦克连可能在 3 ~ 5 千米的正面上，以集中使用的方式，实施掩护任务；或者在 7 ~ 15 千米的正面上，以分散使用的方式，实施支援任务，或支持作战任务。

合成战术群展开防御作战时，"霍特"反坦克连可能在正面宽 5 ~ 10 千米，纵深 5 ~ 10 千米的作战地域内，实施拦阻或参与拦阻行动，或实施拒止行动。它也可在 7 ~ 15 千米的正面，以分散使用的方式，实施掩护任务。此外，它还可以实施监视任务。

八、陆航力量

（一）步兵合成战术群可能得到的陆航加强

步兵合成战术群在作战中可能得到以下陆航力量的加强：

● 攻击直升机中队，6 ~ 8 架"小羚羊"VIVIANE 直升机，装备"霍特"反坦克导弹。其优势在于强大的反坦克火力，可摧毁敌 1 个坦克连，压制敌坦克营 1 小时。通常用于攻击敌纵深 1 个战术或战役目标，纵深最小达到 8 千米，干预持续时间 45 分钟。

● 侦察直升机中队，6～8 架"小羚羊"VIVIANE 侦察直升机，具备良好的情报侦察能力，可在 20 千米的正面（对于开阔地是 40 千米）上对 2～3 条行动路线展开侦察。"小羚羊"VIVIANE 直升机装备了 1 个 19 倍和 38 倍的放大瞄准镜，光学和热成像侦察仪。其测距仪可以测量到 10 千米距离上的目标，精度偏差为 5 米。根据具体情况，在 1 小时内可察明敌人部署的轮廓。其行动自持力为 2 小时 30 分钟。

● 运输直升机中队，10 架"美洲豹"式直升机，具备良好的机动性。直升机运输能力为 16 人／每架运输直升机。该直升机中队可分 4 批次运送 600 人到 20 千米的距离外，用时 1 小时；以 1 个批次运送 150 人到 100 千米的距离上，用时 1 小时。直升机机降能力为 12 名突击队员／每架运输直升机，可分 3 批次运送 2 个连到 50 千米的距离上，用时 1 小时 45 分钟。战场撤离伤员的能力为 6 名卧式伤员 +4 名坐式伤员／每架运输直升机。此外，还可以将该型运输直升机用作合成战术群的飞行指挥所。

● 支援保护直升机中队，6～8 架"小羚羊"C20 直升机，配备"密斯特拉风"超近程防空导弹，可以为地面部队提供支援保护能力。该直升机中队可实施对空防护；也可用于护送运输直升机，在敌防卫薄弱处开辟一机降场；或用于支援地面部队作战。

（二）支援合成战术群作战的陆航力量可能承担的任务

在以安全防卫为主的行动中，当合成战术群执行侦察任务时，陆航战术分群可实施纵深侦察或掩护机降行动分队占领要点等任务。当合成战术群实施掩护、侧卫任务时，陆航战术分群可实施纵深侦察或掩护己方行动部署等任务。

在以进攻为主的行动中，当合成战术群展开削弱敌人的作战时，陆航战术分群可实施纵深侦察，或侧翼侦察，或掩护己方行动部署，或摧毁敌人目标等任务。当合成战术群实施灵活攻击、强攻或反攻、纵深突进等任务时，陆航战术分群可掩护己方地面部队展开到位，直到冲击线，或压制敌人反击部队和空中力量，或为己方开进实施侦察，直到与敌人安全防卫分队接触，或提供后勤支援，或实施机降行动以占领某一要点等作战任务。当合成战术群实施占领、攻占某一地域任务时，陆航战术分群可实施机降行动，以占领某一要点，或执行支援、掩护等任务。

在以防御为主的行动中，当合成战术群实施迟滞、拦阻等任务时，陆航战术分群可实施纵深侦察，或通过在纵深侧翼采取行动来参与迟滞敌人等任务。当合成战术群实施拒止作战时，陆航战术分群可掩护己方部署，或在纵深打击摧毁敌人，或为己方力量展开争取时间等任务。当合成战术群实施耗敌防御或坚守防御时，陆航战术分群可实施纵深侦察，或参与纵深打击摧毁敌人等任务。当合成战术群实施接换友军任务时，陆航战术分群可实施纵深侦察，或参与纵深打击摧毁敌人等任务。当合成战术群实施地域控制任务时，陆航战术分群可实施纵深侦察，实施机降行动，直接参与地域控制和军事民事行动等任务。

第五章　轮式装甲合成战术群

轮式装甲战车合成战术群通常是在作战旅编成内行动，也可以独立遂行任务。

在作战旅编成内行动时，轮式装甲战车合成战术群可以完成作战旅赋予的多种任务；而且该战术群占据的战术分量是可以灵活变化的。如果是在轻装甲为主或步兵为主的作战旅编成内，轮式装甲战车部队将构成实施攻击和干预行动的最强有力主战部队。此时，它可以得到各种力量加强，但通常不会得到作战坦克的加强，除非是极特殊的情况；相反，一般会给予陆航力量加强。如果是在以装甲兵为主或机械化步兵为主的作战旅编成内，轮式装甲战车部队通常在直升机的协助下，担任前锋或执行安全防卫等任务。通常根据需要，对其加强作战坦克。因此，在作战旅编成内，轮式装甲战车合成战术群所担任的战术角色是根据旅的类型、任务，以及敌人的性质和作战能力而定。

在独立遂行任务时，法军通常是将轮式装甲战车合成战术群投送到海外展开行动，以作为在海外多国部队行动的补充力量。此时，它将独立遂行任务，可承担侦察任务、侧卫等任务，或作为战区干预预备队。为符合海外战场的作战要求，战术群通常可得到相应较大规模的后勤力量加强。

第一节　轮式装甲战车合成战术群编组

轮式装甲战车合成战术群灵活机动的行动能力，来自组成战术群核心力量的不同种类装甲分队的良好机动性和力量互补性。此外，合成战术群战法的多样性还源于配属和加强的不同兵种力量协同一致的行动。

一、力量编组原则要求

（一）遵循力量互补性原则

轮式装甲战车合成战术群依照不同装甲分队之间的互补性来编组核心力量。通常以轮式装甲战车为主、多种装甲力量互补编组。这里的多种装甲力量是指从轻型装甲战车到主战坦克等一系列其他类型的装甲力量。正是不同类型装甲力量之间的互补性，使该合成战术群拥有一系列完整的作战手段，可根据战场实际情况灵活使用不同力量，展开机动作战，关键时给敌致命一击。这就要求在编组轮式战车合成战术群时，在以某一装甲力量为主的前提下，充分考虑其他装甲力量的互补性。

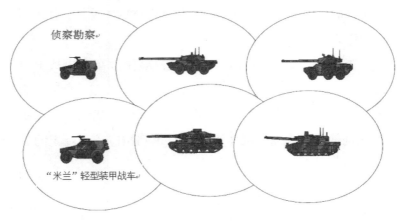

图 5-1　不同装甲部队之间的相互依赖性和互补性

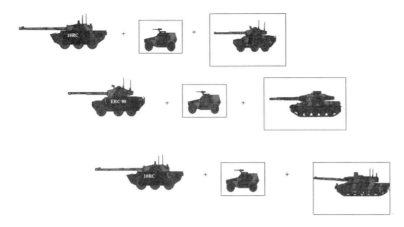

图 5-2 以一种力量为主，结合其他力量

（二）在建制轮式装甲战车团的基础上编组核心力量

在编组轮式装甲战车合成战术群时，通常以建制的轮式装甲战车团为基础进行力量编组。法军不同建制的轮式装甲战车团编制组织是不同的。[①]例如，ERC-90 战车团和 AMX-10RC 装甲战车团编 3~4 个装甲连。另外，ERC-90 装甲战车团内还编有 1 个侦察与反坦克装甲连（ERIAC）。通常以团属的 3~4 个装甲连为主编成合成战术群核心力量。

二、核心力量的可能编成

轮式战车合成战术群核心组成力量包括 1 个指挥与后勤装甲连，2~3 个轮式装甲战车连，以及配备适当的其他力量。根据不同建制的轮式装甲战车团，所配备的其他作战力量也不同。如果是 RB36 装甲团（装备 AMX-10RC 轮式战车或 ERC-90 轮式战车），则将侦察与反坦克装甲连作为核心力量组成；通过"米兰"轻型装甲车和作战侦察装甲车的互补性，可取得很好的作战效果。必要时，可以完全由同一个轮式装甲战车团建制内可投送性强的力量来组成战术群核心力量，以便实施战车的快速投送。

---

① 参见本节附件。

为顺利完成作战任务，轮式战车合成战术群核心组成必须配备其他相应作战力量，以形成至少4个基本作战分队（战术分群，又称"战术棋子"）的规模。可以将这些作战分队编组成两个梯队，并根据战场情况灵活变化梯次队形。所以，即便在最少加强情况下，轮式战车合成战术群也可得到1个步兵连的加强。

三、可能获得的加强

根据作战需要，核心力量可得到其他兵种力量的加强。例如，炮兵火力支援对于战术群行动是必不可少的。战术群通常会得到迫击炮加强，即使是临时配属加强也很有帮助。因此，战术分群则通常获得一个炮兵观察小组（EO）的配属。

在可能得到的加强中，通常必须有机动保障、反机动保障以及安全防卫支援等力量的加强。

在其他装甲力量加强上，法军强调在强制性作战行动或在海外行动中，如果情况需要和敌情威胁较大，必须考虑给轮式装甲战车合成战术群加强另一类型的装甲部队，如侦察勘察装甲连（EEI）、侦察与反坦克装甲连，或坦克连（AMX-30B2坦克连或"勒克莱尔"坦克连）的全部或部分兵力。虽然侦察勘察装甲连通常是由旅指挥使用，但轮式装甲战车合成战术群也可能获得其1个排的加强，有时甚至是整个连的加强；如果没有得到其力量加强，则战术群要与侦察勘察装甲连建立联系。战术群自身也可以通过将作战侦察装甲连的数个轻型装甲战车班临时编组成一个侦察勘察装甲排，置于该连副指挥员的指挥下。如果得到一个坦克连的加强，则必须有相应的后勤保障力量。必要时，可将得到的加强分队以排为单位，对组成核心力量的各部、分队向下加强。

四、依据任务类型进行不同力量编组

合成战术群指挥员根据对战场情况的判断，以及战术群要执行的不同任务，通过对得到的不同加强力量进行灵活编组，以形成不同作战能力的战术分群。

比如，侦察排（拥有轻型装甲车班）和侦察与反坦克排（PRIAC）可以增加装甲战车连的作战能力，并能够以同样的作战节奏行动；侦察勘察装甲连（或侦察勘察装甲排）、侦察与反坦克装甲连，加上1个轮式装甲战车排，可以编组成"拦阻分队"；侦察与反坦克装甲连在得到适当装甲兵力量加强后，可执行武装侦察或区域控制任务；步兵战术分群可能得到1个轮式装甲排的加强。

值得注意的是，虽然可以获得各种不同力量的加强，而且通过灵活编组力量编成不同战术分群，但法军规定，合成战术群不能指挥超过5个以上的战术分群。

为更清楚地说明法军轮式装甲战车合成战术群的编组，下面依据不同类型的任务，给出几个编组例子。

实施攻势作战时，合成战术群核心力量为3个轮式装甲战车连（AMX-10RC）和1个步兵连。在此基础上，可能还加强1个（第四个）轮式装甲战车连，1个（第二个）步兵连，1个"米兰"侦察与反坦克装甲连，1个侦察勘察装甲连（或侦察勘察装甲排），1个工兵连或工兵分队，1个坦克连（AMX-30B2坦克或AMX"勒克莱尔"坦克）。

实施防御作战时，除了作为核心力量的3个轮式装甲战车连和1个步兵连外，合成战术群还可以得到以下加强：1个（甚至2个）步兵连，1个（第四个）轮式装甲战车连，1个工兵连，1个"米兰"侦察与反坦克装甲连，1个"霍特"反坦克连，1个坦克连（AMX-30B2坦克或AMX"勒克莱尔"坦克）。

实施控制地域行动时，除核心力量的3个轮式装甲战车连和1个步兵连外，可能加强1~2个步兵连，1个侦察与反坦克装甲连，1个侦察勘察装甲连或侦察勘察装甲排，等等。

五、按作战功能划分进行模块编组

法军将合成战术群编成内的作战和保障力量按作战功能进行区分，分为指挥模块、后勤保障模块、作战模块、情报监视模块、安全防护模块等5个功能模块。下面通过各个作战功能的模块编组，来进一步说明法军合成战术群的力量编组。

指挥模块：由合成战术群指挥员直接掌握。包括1个参谋部（负责组织指挥作战行动和组织支援保障），1个通信排（拥有数辆指挥车，负责对内和对外的全部通信联络）。指挥模块拥有相应的指挥通信手段，除满足开设基本指挥所需要之外，还可以编组1个小型战术指挥所，部署在战术群先头分队附近，可直接观察到敌我交战地域和实施话音指挥。此外，指挥模块中常设的兵种联络分队有炮兵联络分队、工兵联络分队；根据需要，可能有陆航联络分队、步兵联络分队（特别是当战术群内编有迫击炮时）等。

后勤保障模块：用于满足合成战术群作战时的后勤保障。该模块编有1个油料弹药补给排，1个维修排（负责故障排除、修理、拖救），1个卫勤排；此外，每个战术分群编有1个轻型修理组。后勤保障模块还可能得到其他后勤补给力量的加强。另外，合成战术群作战分队本身也具备一定的作战自持力：每车有6个单位的油料，3个火力单位的弹药，4天的食品。

作战模块：负责具体接触作战。3~4个轮式装甲战车连，每个战车连由3~4个战车排组成，每个排装备3辆AMX–10RC轮式战车或ERC–90轮式战车，和3辆轻型装甲车。根据不同装甲部队情况，可能建制内还编有1个侦察与反坦克装甲连。此外，至少有1个步兵连，以及其他兵种支援分队。如果建制内没有侦察与反坦克装甲连，则必要时可得到1个反坦克连，甚至1个坦克连的加强。

情报监视模块：由团属防卫与干预排组成；如果建制内有侦察与反坦克装甲连，也可由1个侦察与反坦克排组成。视情况可加强1个（甚至更多）侦察勘察装甲排。

安全防护模块：负责战术群层面的核生化防护。它由参谋部具备相应资格的一名参谋军官来组织集体防护，并由一名士官辅助该参谋军官；由一个核生化防护小组负责具体实施。每个战术分群则由一个有相应资格的士官负责。

第二节　轮式装甲战车合成战术群的战斗特点

在装甲兵为主或机械化步兵为主的作战旅编成内作战时，轮式装甲战车部队通常在直升机的协助下，担任先锋或安全防卫作战任务。通常根据情况的需要，加强作战坦克。在轻装甲为主或步兵为主的作战旅编成内作战时，轮式装甲战车部队将构成实施攻击和干预的主要力量。在可能得到的加强中，一般没有作战坦克的加强，除非是非常特殊的情况，但一般会得到直升机的加强。该合成战术群以作战安全防卫作战为主，也可作为决战力量使用。

（一）在广阔地域上分散行动

轮式装甲战车合成战术群具有强大火力和全天候战术机动能力。首先，轮式装甲战车具备在各种道路上的良好战术机动能力，便于战术群在战场上灵活地进行攻防姿态转换。其次，不管何种类型的轮式装甲战车团，其4个装甲连的编制组织形式，有利于成两个梯队部署实施机动作战。此外，为了与其作战行动能力相一致，战术群具有多种通信手段。因此，在敌我力量对比上当己方占优势时，良好的机动力和通信能力使该战术群可以在广阔地域上分散行动。

（二）擅长实施攻击侦察

轮式装甲战车合成战术群自身的战术特点，使得它特别适合执行攻击侦察任务。在以安全防卫为主的行动中，旅可以使用它来实施攻击侦察获取情报，或执行掩护任务。在以反坦克作战为主的行动中，可将其展开实施侧卫掩护，但只限于"灵活"作战；此时它通常得到反坦克导弹或坦克的加强。

（三）避免静态和线性作战

与所有以装甲兵为主的部队一样，轮式装甲战车合成战术群必须避免静态和线性作战。因为这限制了它机动作战的能力，使得它在敌方反装甲火力面前很脆弱。另外，该战术群不是很擅长在城市中心居民区密集、遮蔽物多且视野受限的地域展开，对防御部署完善的敌人展开强制作战行动。在这种情况下，要对其给予较多的步兵力量加强。

（四）与反坦克导弹或坦克部队紧密配合使用

尽管轮式装甲战车可以外挂防护装甲，但其防护力还是有限。法军禁止将轮式装甲战车合成战术群用于执行正面强攻或坚守防御任务。轮式装甲战车（AMX-10RC 或 ERC-90）不是坦克，它必须与反坦克导弹部队或坦克部队相结合，以灵活的行动对抗敌方坦克。轮式装甲战车与反坦克导弹作战单元之间的互补性，使得轮式装甲战车合成战术群在拥有反坦克力量加强的情况下，可以编组侦察与反坦克装甲连。在防御中，通常得到"霍特"反坦克连加强，这大大增强了其防御能力。无论是在进攻还是在防御中，得到反坦克直升机加强的情况则很少。

（五）多兵种协同作战

为完成既定任务，以建制的轮式装甲战车团（AMX-10RC 或 ERC-90）为主，通过直接配属或计划加强适当的其他兵种力量，编组轮式战车合成战术群。战术群必须获得其他兵种力量的支援；而且如果条件允许，最好得到空中掩护。可以考虑以 1 个轮式装甲战车团和 1 个步兵团来编组 2 个合同战术群；但出于后勤保障方面的考虑，每个战术群必须以一个兵种为主编成，并加强炮兵、工兵等力量。合成战术群编成内不同兵种力量之间，战术群与其他支援军兵种力量之间要密切配合，协同作战。

第三节　轮式装甲战车合成战术群的
基本战术思想和运用原则

在使用轮式装甲战车合成战术群时，法军注重发挥其在广阔地域上分散行动的能力，主要用于作战侦察和展开以安全防卫作战为主的掩护行动。它必须与反坦克导弹部队或坦克部队相结合，以灵活行动对抗敌方坦克。

一、基本战术思想

（一）保持行动自由

法军认为，轮式装甲战车合成战术群在战场上采取静态部署时将是很脆弱的，所以它必须不断改变行动姿态，并保持行动自由。为此，它首先，必须具备预见敌人行动的能力。这要求在高效情报工作基础上，及时准确地判定敌我力量对比关系的变化，以及对应的行动时间－空间范围。为了能及时做出反应，战术群还要尽可能合理地部署其指挥与后勤力量。其次，要拥有灵活机动作战的能力。这要求有足够的机动空间和形成纵深梯次的部署，以便根据战场情况迅速改变行动姿态，甚至改变力量编组配置。必要时，合成战术群可以给战术分群划分不同的作战分区，以分散展开行动。要广泛地实施渗透或迂回，以寻找和利用敌人部署上的弱点。最后，合成战术群应当采取一系列安全防卫措施。特别是实施流动性高的机动作战时，由于部署较分散，必须采取有效的安全防卫措施，有时还采取欺骗行动等。

（二）先敌行动

轮式装甲战车合成战术群应持续不断地在战场上寻找机会对敌达成出其不意的效果，以及总是先敌一步行动。为此，它首先，必须具备预见敌人行动的能力。其次，合成战术群要具有攻击性，并给予下属分队更大的主动行动空间，以便它们根据实际情况灵活反应。再次，通过 24 小时不间断地保持机动作战的行动节奏，以快制慢。最后，要缩短己方决策流程环，从而有利于先敌行动。

（三）机动中快速形成局部敌我力量对比优势

轮式装甲战车合成战术群要有效地对敌实施火力打击，同时要尽可能地避开敌人的火力。为此，首先只要有可能，它就要寻机快速机动和迅速集中力量，从敌人侧翼投入作战，坚决避免从正面与敌交战（敌我力量对比关系于我不利情况下）。其次，通过合成战术群各兵种之间步调一致的协同、相互支援，以形成整体合力。最后，战术群应灵活机动地展开行动，坚决避免实施坚守防御，以减少己方的脆弱性。通过灵活快速的机动，在时间上或空间上取得局部对敌优势，从而实现预期对敌作战效果。

二、轮式装甲战车合成战术群的运用原则

与坦克部队相比，轮式装甲战车合成战术群既没有强大的火力突击力，也没有足够的装甲防护力，所以一般不用于对敌实施强制性行动。法军通常优先考虑将其用于机动作战，以发扬其灵活性优势。而机动作战，是通过将情报、火力和机动三者有机结合来寻求实现制敌效果。因此，在运用轮式装甲战车合成战术群时，要优先考虑机动性、主动性和突然性，以及持续不断地对敌实施情报侦察。

（一）充分发扬攻击性和主动性，积极获取战场情报

轮式装甲战车合成战术群的特点，使它可以在广阔地域分散展开行动。在使用该合成战术群时，必须充分发扬各级、分队的攻击性和主动性，支持下属分队的战术主动性，以便在广阔作战地域展开行动，积极搜集和获取作战情报。

（二）纵深部署，展开大范围分散、灵活的行动

在行动部署上，战术群要有足够大的战术空间来实施灵活反应。轮式装甲战车合成战术群要采取纵深部署，以便在与敌遭遇或遭敌突然袭击时，能够快速地改变作战姿态。法军将这一点作为一个强制性要求。此外，在战场上展开情报搜集行动，同样要求有足够大的作战地域和形成梯次纵深部署，以便在敌人的侧翼或间隙中展开分散、灵活的行动。但在某些特殊情况下，战术群也可能被迫实施集中行动。

（三）以机动性和反应迅速为优先

轮式装甲战车的良好机动性源自其装备的技术性能；而轮式装甲战车合成战术群的战术机动性，则源自指挥官根据战场情况快速反应和灵活使用作战力量的能力。战场上，轮式装甲战车在面对敌人炮兵火力打击时比较脆弱，所以应避免静态作战使用。此外，必须先敌行动。要在敌人做出有效反应之前，从侧翼突然对敌实施打击；要在时间上避开敌人的攻击，并抓住一切可能的机会实施反击。因此，轮式战车合成战术群要充分发挥其机动性优势，要保持尽可能快的作战行动节奏。

（四）寻求侧翼投入交战，避免正面作战

轮式装甲战车合成战术群应该避免正面作战，因为它不具备良好的强制作战能力。相反，与敌人相比，它拥有速度上的优势，可通过快速机动从侧翼突然打击敌人，进而获得一定的对敌优势（通常是暂时的局部优

势）。为此，应充分发扬各级的战术主动性，以更好地抓住和把握战场上稍纵即逝的战机。

（五）通过控制作战节奏，协调各作战力量的行动

轮式装甲战车合成战术群实施机动作战，基本上都沿着主要行动轴线（或轴线网格）展开行动，并以行动灵活、反应迅速和作战姿态频繁转换为特征。在作战中，通过对作战节奏进行协调和控制，以更好把握作战进程，并将各支援兵种的作战效果与发扬直接火力相结合，以提升各种火力打击的效果。

第四节　轮式装甲战车合成战术群的基本任务

在不同类型的作战旅编成内，轮式装甲战车合成战术群担当不同的战术角色，因此其基本任务也有所不同。在以轻装甲为主或以步兵为主的作战旅编成内，轮式装甲战车合成战术群作为决定性作战力量的组成部分，可承担攻击侦察、灵活攻击、纵深突进、反击、装甲奔袭、迟滞、拦阻等任务。在以装甲兵为主或机械化步兵为主的作战旅编成内，它可作为旅的前锋，承担攻击侦察、监视侦察、迟滞、拦阻、掩护、接换友军等任务；还可以对敌纵深实施装甲奔袭，或控制地域、防卫重要目标等任务。当旅执行控制危机任务时，合成战术群可承担控制地域、防卫重要目标等任务，或作为干预行动预备队适时展开预防性干预或反应性干预行动。

（一）在攻势作战中，机动灵活地攻击敌人

在实施攻势作战时，由于进攻行动主要基于机动性和突然性，所以合成战术群承担重要角色。它通过快速机动来获取战场主动性，实施迂回来灵活地打击和毁伤敌人。比如，合成战术群可成两个梯队部署，在20～30千米的正面、40～50千米的纵深地域，展开攻击侦察。也可在15～

20 千米的正面、20～30 千米的纵深地域，对敌展开灵活攻击，以占领或摧毁某个目标。它可利用敌我接触交战过程中的有利时机，在 15～20 千米的正面，突入敌纵深 10～20 千米，实施纵深突进作战，以发现和摧毁敌人后方的"要害"目标，或占据关键目标以削弱敌方的抵抗能力。它还可以对敌纵深 30～50 千米范围内的目标实施装甲奔袭。

（二）在防御作战中，展开先期侦察，或迟滞敌人，或展开反击

在实施防御作战时，轮式装甲战车合成战术群可在大部队（师或旅）行动之前先期投入行动，以查明敌人行动进展情况，或迟滞敌人，或在行动中伺机实施反击。也可以支援以步兵为主的支撑点部署防御，在旅的支援下在支撑点之间展开反击作战。比如，合成战术群可成两个梯队部署，在 20～30 千米的正面、60 千米的纵深地域，根据敌人的进攻节奏，以 15～20 千米 / 小时的机动速度，对敌展开监视侦察。也可分成两个梯队部署，在 10～15 千米的正面、50～60 千米的纵深地域，展开迟滞行动。或在 8～15 千米的正面上，对敌实施拦阻作战，持续拦阻敌人 1～2 个小时。根据作战需要，可在正面 8～10 千米、纵深 10～15 千米的地域，对敌实施反击作战。它也可分成两个梯队部署，在 10～15 千米的正面上，展开掩护行动。或者在正面 8～15 千米、纵深 15～20 千米的地域，展开接换友军行动。

（三）在危机管控行动中，控制宽广地域，实施快速干预

在危机管控行动中，战术群可以担负控制广阔地域的重要任务。它还可通过其威慑性存在来安抚民心，通过来回机动巡逻进行监视，并可根据情况快速展开干预作战，在冲突发生伊始迅速改变敌我力量对比关系。比如，在执行控制地域任务时，轮式装甲战车合成战术群可控制 1000～2000 平方千米的地域。

第五节　攻势作战中的战术运用

在攻势作战中，轮式装甲合成战术群可能展开攻击侦察、灵活攻击、反击、纵深突进、奔袭等行动。

一、攻击侦察

攻击侦察，是指该战术群前往某个地点或某个区域搜集相关地形或敌人战术技术层面的情报，必要时投入交战的作战行动。在这种情形下，作战旅通常将合成战术群作为前锋使用，展开攻击侦察行动。其目的是驱歼敌人侦察力量和敌前锋先头部队，寻求与敌人主力接触，从而查明敌主力企图。

法军的"前锋"是一个近方安全防卫部队，在开进中的大部队前方不远处展开，以侦察情报，掩护和方便主力的机动。前锋必须拥有足够的兵力，以保证旅展开主要行动，并能保持与敌接触交战直到旅第二梯队投入战斗。

（一）攻击侦察的任务

合成战术群利用先期情报展开行动，首先压制敌人侦察力量和敌前锋先头部队，以创造有利条件，准备随后应对敌人主力投入作战。因此，战术群要在一个可以实施机动进攻作战的地域内，通过与敌具体展开接触交战来获取情报，并迫使敌人主力提前展开。

比如，在旅的命令中，赋予合成战术群的任务表述为："在某某时间之前先敌主力到达某某地区，迫使敌主力展开部署。"但是，该任务并不意味着只是先敌占领一个有利地形，然后被动地等待敌人到达。通常当战术群的第二梯队到达该地域，在其进入和占领该地域的同时，第一梯队将以攻势继续寻找与敌接触交战。

（二）实施攻击侦察的时机

作战中，旅在实施任何重大作战行动之前，通常都需要与敌接触并获取情报，以决定展开作战的行动样式。为此，旅要有计划地展开一个作战侦察力量。轮式装甲战车合成战术群特别适合完成该项任务。它有良好的机动能力和反应能力，能根据遇到的敌人，抓住一个目标，与敌展开接触作战，或迟滞其开进。

在与敌人主力（第 3 或第 4 级别的敌人）接触前，战术群必须与其前方的敌人侦察力量和掩护敌主力的安全防卫力量相对抗。这些都是合成战术群的当前之敌。在其行动地域内，战术群可能首先遇到由敌方师派出的侦察力量，然后是敌方团派出的侦察力量，可能还有负责夺占要点的敌人先遣支队（机械化部队或机降部队）；随后，合成战术群要面对的是敌人前锋的先头部队，接着是敌人前锋的主力部队。

在对敌侧翼实施作战的情况下，敌人分队可能是固定的或机动的侧卫分队。面对一个进攻被阻并转入防御的敌人分队，合成战术群必须通过作战来查明敌人部署的弱点和部署范围。

如果是第 2 级别的敌人，则敌人没有明确的部署地域。如果是与武装匪徒交战，敌人则可能或多或少地集中在一个区域，此时战术群则对既定目标实施侦察。匪徒也可能是多个小群，分散在某个区域并难以识别，此时战术群会较难获取敌人的确切情报。

（三）加强、部署和行动地域

战术群可能得到侦察勘察装甲连（EEI），或者该连的一个排的加强；如果将该连置于旅的直接指挥下，则战术群可以获得该连在侦察行动中获得的情报通报。如果战术群掌握侦察与反坦克作战骑兵连（ERIAC），可以将其分散加强给各个战术分群，也可以将其集中使用。在特殊情况下，直升机中队可以在战术群侧前方与战术群前进平行的方向上实施侧翼侦察，以拓宽战术群行动地域。

战术群通常成两个梯队并按梯次部署开进，各梯队组成根据敌人的性质和与敌接触时所要采取的行动姿态而定。在部署上，第一梯队将其行动重心主要放在快速开进和侦察尽可能宽广的地域上。相反，后续支援作战梯队（第二梯队）则将其行动重心放在快速投入战斗，以迅速与敌接触作战。

战术群展开攻击侦察的行动地域：当向敌机动时，战术群可负责20~30千米宽正面的行动地域。当与敌接触交战时，根据敌人的性质和大小，交战地域会相应缩小。

（四）行动方法

攻击侦察行动带有攻势作战特征，通常以分散的方式来实施。

当未确定敌人方位时，战术群在行动区域的整个正面上展开和搜集情报，特别是对关键点实施侦察。

一旦查明敌人方位，第一梯队首先采取快速行进部署，迅速机动到敌人占领的区域；在将要接近敌人时，转成安全防卫部署，以寻找与敌接触交战的时机。在这种情况下，指挥员要明确行动节奏转换线。[1]

随后，合成战术群准备展开与敌接触作战。首先接触的是敌方安全防卫（警戒）分队。通常合成战术群第一梯队在行进间将其消灭，或将其牵制并超越该敌，通报合成战术群指挥员以便其投入第二梯队将该敌消灭。必须以迅猛行动迅速消灭敌人的安全防卫（警戒）力量，不能让其迟滞己方行动。

在驱歼敌人安全防卫（警戒）分队后，合成战术群要寻求与敌人前锋主力接触，主要是查明敌人前锋主力的先头部队的方位，确定其性质和行动姿态。随后，战术群第一梯队展开和实施作战行动，寻机对敌人实施突

---

[1] 改变部队行动节奏的标志线。指挥员根据对战场威胁的判断，决定部队在通过该标志线后，是优先考虑机动速度，还是优先考虑部队安全防卫，进而明确行动节奏。

然打击。根据敌人的性质和大小，战术群指挥员可以投入第二梯队的部分力量，从侧翼攻击敌人，与敌接触交战，或支援第一梯队按指令与敌脱离接触，并准备被友军接换。不管在何种情况下，在行动过程中炮兵的支援都是必不可少的。

在作战过程中，战术群要根据战场情况，迅速改变作战姿态。在作战侦察过程中，从快速行进部署转变到安全防卫部署，以抓住每一个有利战机，突袭敌人或对敌人实施迂回作战。如果在与敌主力接触后，敌我力量对比于我不利，则战术群通常需要转变作战姿态，对敌实施迟滞作战行动。

（五）实施流程

法国陆军合成战术群在实施攻击侦察时，通常按以下程序展开：

在行动准备阶段，战术群指挥员明确先头各战术分群的行动轴线、行动地域分界线、协同线和报告线、行动节奏转换线；明确第二梯队各战术分群的前进轴线、协同线以及可能的投入作战展开线；规定所有分队在与敌人的安全防卫（警戒）分队或前锋接触作战时，以及在任务完成后要采取的行动，例如无线电管制、后勤保障方法（2级保障力量依次展开的位置、救护所展开位置）等。

在向敌机动开进阶段，当与敌遭遇可能性不大时，应将重点放在快速开进上。在指挥所相继转移时，要保持持续不间断的联系。必要时，从行动节奏转换线起，将战术群的开进部署转换为安全防卫部署，以准备随时遭遇敌人。战术群在遇到敌人作战侦察分队时，要迅速将其消灭，不要被其纠缠迟滞，必要时甚至不惜改变开进路线。在行动过程中，战术群指挥员要确保第二梯队能迅速投入行动，提供作战支援。一旦情况需要，指挥员要在有利时机投入第二梯队，以再次发起超越行动，或消灭抵抗之敌，或者发起局部反击。在开进过程中，必须及时向上级传递侦察到的敌情和地形情报。（见图5-3）

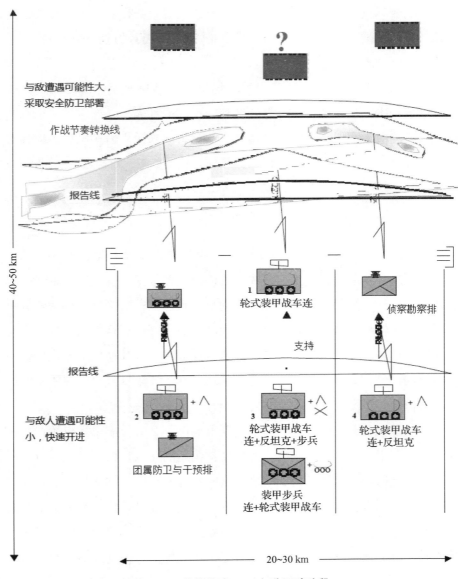

图5-3　作战侦察——向敌运动阶段

在与敌接触时，战术群行动要迅速，尽可能对敌达成出其不意的效果，并先于敌人的先头部队抢占有利位置。由于战术群采取机动作战方式的纵深部署，所以能有效应对敌人各种迂回包抄的企图。一旦与敌接触后，战术群应通过展开作战，努力查明敌人的作战姿态和部署。如果敌人的部署是不连续的，且作战任务允许战术群指挥员发挥其主动性，则指挥员可以暂时命令其战术群渗透入敌方纵深。相反，如果敌方部署是连续的，指挥员则要指挥战术群展开作战，在有利地形上对敌发起攻击，并根据上级命令对敌实施迟滞行动，或锁定敌人。（见图 5-4）

在攻击侦察行动中，战术群要及时向上级报告侦察获得的情报，包括遇到敌人的大小、性质、作战姿态和可能采取的行动等情况。通常与敌接触时所获得的初始情报是非常重要的。

（六）战术运用的关键

法军认为，轮式装甲战车合成战术群在实施攻击侦察时，成功运用战术的关键在于以下几点：（1）保持强大的攻击性。即采取攻势行动去切实触及敌人的主力，避免被敌人的安全防卫部队欺骗或迟滞。在攻击侦察中，如果战术群缺乏攻击性，则会导致失去宝贵时间，不能先敌到达预定目标。（2）战术群要对所经过的区域实施侦察，直到与敌人接触交战。通常，在完成监视侦察或迟滞敌人任务之后，接下来要展开的就是攻击侦察任务。而关于旅将要采取行动的地区的所有相关情报，都是很有用的。（3）战术群必须遍历所有的主要攻击轴线。在实施攻击侦察行动时，不可能完全详尽了解所有地域。所以指挥员必须做出选择，将战术群主要精力放在主要攻击方向和要点上。（4）切实查明敌人的作战姿态。与使用技术侦察手段不同，轮式装甲战车合成战术群可以通过具体与敌接触交战来摸清敌人的反应。指挥员必须利用好战术群这一战术优点。

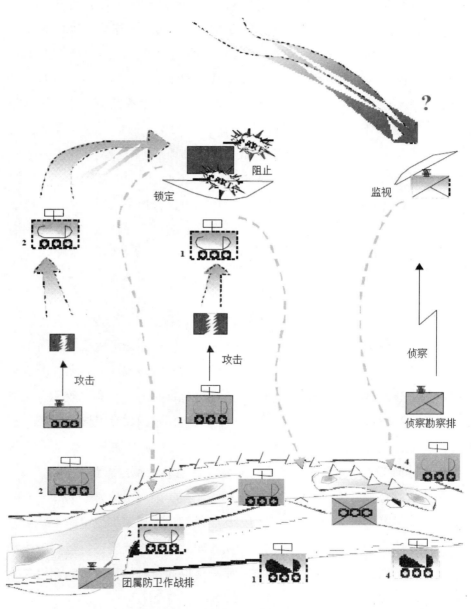

图 5–4　作战侦察——与敌接触交战阶段

二、灵活攻击

灵活攻击是攻势机动作战的基本行动样式。法军认为，攻击是"通过火力和机动相结合，以消灭既定敌人，或对其造成尽可能多的损失，以将其驱逐出所占领的区域"。灵活攻击这种攻击样式，首先通过对敌纵深实施穿插渗透，然后逐步消灭被超越、被割裂孤立的敌人，从而瘫痪和打乱敌人的部署。

战术群展开灵活攻击的目的在于消灭一定数量的敌人，打乱敌人的部署，或者占领某一关键地域。

（一）灵活攻击的任务

灵活攻击要完成在一定的时间和地域内攻占某一关键要点的任务。为完成该任务，战术群必须拥有局部优势，大约 1：3 的敌我力量对比关系；而且这种优势是暂时的，因为敌人随后将投入其第二梯队。

在旅的命令中，赋予合成战术群灵活攻击任务的表述为："抢在某某敌人之前，在某某时间前到达 L 线，并消灭遇到的敌人。"或者"在某某时间前攻占某某区域，消灭所遇到的抵抗之敌，并控制该地域直到某某时间"，或者"依次消灭在某某地段以南投入战斗的敌人，并在某某时间之前完成任务"，或者"在某某时间前将敌人孤立在某某地段以北，并在某某时间之前依次消灭敌人"。

（二）实施灵活攻击的时机

当作战旅承担消灭一定数量的敌人，打乱敌人部署，或者还进一步占领某一关键地域的任务时，灵活攻击将是旅实施机动进攻时采取的基本行动样式。在这种情况下，以装甲兵为主的战术群将担负主战任务。然而，轮式装甲战车既没有主战坦克的防护力也没有全地形机动能力，因此不能用它实施强行攻击作战，而应通过渗透到对方部署中，灵活机动地从敌人侧翼或侧后发起攻击，灵活作战。

在灵活攻击作战中，战术群可能首先遇到得到坦克加强的机械化步兵营规模的敌人。该敌可能是敌人主力的前锋，或侧卫，或先遣支队，处于驻止或运动状态。在遇到该敌后，在随后大约两个小时，敌人的第二个营将到达，加入第一个营的作战。

战术群遇到的当面之敌可能有两种姿态：持防御作战姿态的敌人，或者已经展开防御的敌人。在第一种情况下，敌人临时停止前进或是在运动中，且敌人的侧翼有掩护，后面紧随短时间内可提供作战支援的梯队。考虑到在接触交战时我方战术群占有有利的敌我力量对比关系，敌人可能会随后投入支援部队。在第二种情况下，敌人已经形成一定纵深、两个梯队的防御部署，设置好障碍雷场，并结合强大的反坦克火力和炮兵火力；敌人有用于反击的坦克预备队。敌人可能在障碍区后设有假阵地，同样也有预备阵地。因此，只有通过作战才能查明敌人防御部署中的强点和弱点，以便己方随后有针对性地展开攻击行动。

只有当敌我力量对比于我非常有利，且交战地域地形允许时才实施灵活攻击。该行动需要一定的准备时间，尤其是需要时间去获取相关情报信息。

（三）加强、部署和行动地域

为了便于实施渗透，战术群可能得到整个侦察勘察装甲连或其部分力量的加强。每个战术分群通常得到 1 个炮兵观察组（EO）的加强。如果战术群掌握侦察与反坦克作战骑兵连（ERIAC），则优先将其分散加强给各个战术分群，但也可以将其集中使用，用于实施支援作战。如果敌人有坦克加强，则战术群可能得到 1 个坦克连的加强，最好还能得到 1 个反坦克直升机中队的临时加强或预有计划加强。

战术群通常成两个梯队投入作战，以便于战术群指挥员可以视情况再次发起作战行动，或应付意外情况。通常必须展开掩护部署。在实施灵活攻击时，轮式装甲战车合成战术群需要足够大的行动地域空间，以便于它广泛实施渗透和机动。通常行动地域纵深为 10~15 千米。灵活攻击行动的地域纵深很少超过 15 千米，以便获得己方有效间接火力支援。此外，战术群实施纯粹攻击所持续的时间不应超过 2 个小时，这对应于敌人支援梯队投入作战所需的时间。

（四）行动方法

灵活进攻的实施主要分两个阶段。首先，渗透入敌方的部署，或者超越并消灭敌人的作战侦察分队；随后是对敌展开攻击作战阶段。战术群可以在夜间实施渗透，并在天亮时对既定目标采取行动，依次消灭发现的敌人分队。通常作战旅会投入 1 个支援作战战术群，以使战斗得以持续下去，或者在敌我力量对比关系变得不利于己方时，接替第一梯队战术群作战。

（五）实施流程

在行动准备阶段，战术群首先通过各种渠道获取情报，包括敌人的部署、要摧毁或占领敌目标的位置、防御情况、敌人可能投入的干预力量等；查明实施渗透的路线、相关地形要点，以及协同线位置等。旅指挥员要向战术群规定作战行动的时间期限，明确可能得到的情报侦察、炮兵、工兵、直升机和飞机等作战力量的支援，并规定可能被友军接换的条件。战术群参谋部要协助指挥员组织好持续不间断的指挥与通信，并加强各战术分群和作战分队的后勤（卫勤）支援力量，集中不需要参与作战行动的其他力量并为其展开安全防卫部署，对渗出敌方部署的己方力量组织好友军接换准备，向各战术分群明确在可能被旅下属其他部队超越时应采取的措施等。最后，指挥员要明确规定行动出发阵地和渗透方向，各个战术分群和作战部队的任务和行动地域，在向敌接近阶段对敌采取的行动，在规定时限内要占领或摧毁的目标，协同线位置，以及任务结束后要采取的行动，或者接换友军的方法，或者渗出敌方部署的方法等。

在实施渗透行动阶段，作战旅按计划展开火力支援；如果可能，展开相应伴动作战。而战术群的各个战术分群则分散行动，每个战术分群快速隐蔽地渗透入行动地域，并将行动重心放在快速抵达目标上；战术分群在其行动路线上割裂分解敌方部署，同时避免被敌人锁定；随后，要在协同线上向战术群指挥员报告情况。在渗透过程中，如有必要，可超越敌人。

在实施攻击作战阶段，战术群先头各个作战部队可分散行动，但支援作战力量仍然由战术群指挥员指挥控制，以保持协同一致。在面对敌人强大的装甲机械化部队时，必须实施集中攻击，并结合战术群所有作战力量和旅提供的支援力量，共同对敌展开一系列连续的作战行动。在有威胁的方向上，战术群要展开掩护部署。此外，旅要及时向战术群提供情报通报和火力支援。战术群展开的具体作战行动主要有：（1）占领要点。不管战术群是否要坚守该要点，战术群都可以通过占领该要点，为己方部队随后对敌人发起攻击创造条件，或者孤立和压制敌人，或者支援友军部队的作战，或者实施接换友军任务，或者妨碍甚至拒止敌人的作战行动。（2）阻止敌人前进。战术群在工兵力量的辅助下布设障碍，同时，展开阻击和掩护分队部署，以阻止敌人的前进。（3）摧毁。战术群要尽其所能去摧毁所遇到的敌目标。在展开掩护部署和孤立敌人之后，战术群通过侧翼攻击、拦截敌人，或通过伏击、拦阻等行动，消灭弱小的敌人分队，摧毁敌人指挥所、支援作战平台、保障力量等。（4）如有必要，与敌人犬牙交错实施作战。如果战术群选择超越敌人，则可以通过展开纵深部署，消灭敌人的作战侦察力量，采取分散伏击，运用障碍阻止敌人，或从侧后发起攻击消灭敌人等手段和方法，寻求与敌犬牙交错作战。

在完成任务后，战术群可以坚守已占领的地域，或再次发起新的作战行动，或与敌脱离接触并由旅其他部队接换。

在战术群实施灵活攻击的整个行动期间，它必须尽可能得到上级的对空掩护，以及实时的情报支援。（见图 5-5）

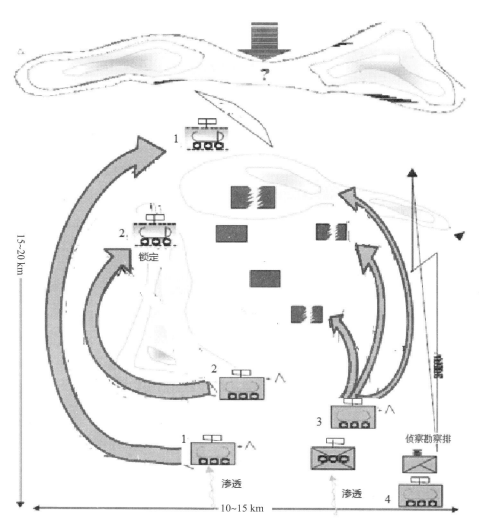

图 5-5 灵活攻击——在完成先期渗透后对敌展开攻击

（六）战术运用的关键

轮式装甲战车合成战术群成功实施灵活攻击的关键，在于：（1）突然性。战术群必须采用各种渗透方式，从侧后攻击抵抗之敌，从而保持战场主动性和争取先敌行动的时间。（2）注重行动速度和使用间接方法。通过快速的行动来迫使敌人失去稳定性，并在敌人有时间做出反应和评价威胁之前，对敌造成尽可能多的毁伤。法军所谓的间接方法，是指在抓住敌人失去稳定性的有利时机，根据情况对敌实施打击——这是一种带有机会主义和合理冒险的做法。（3）合理选择交战地域和后续攻击方向。合理选择交战地域，就是确定要创造局部有利的敌我力量对比关系的时间、地点和持续时间。法军认为，灵活攻击要恰当地利用地形（如掩蔽物、隐蔽通道、控制要点），将机动力与火力相结合来实施作战。与凭借绝对优势对敌展开强攻这种作战方式不同，灵活攻击是寻找敌方部署的弱点并从弱处开刀，对敌展开攻击。当与敌接触的第一梯队创造了必要的条件，战术群就要对敌实施穿插渗透，或者必要时超越敌人，随后在既定的时间空间里，通过机动作战消灭敌人。（4）协同行动。根据不同的战场情况，灵活攻击的协同动作准备程度也不尽相同。然而，必须在对敌情和地形进行全面正确的分析基础上，组织好作战行动和火力支援的协同。

三、反击 [①]

反击，是指以攻势行动做出反应，消灭进攻之敌，至少通过对其造成一定毁伤来制止敌人的进攻，并在士气上再次形成对敌优势；或者通过发起攻势作战，消灭或驱逐突入己方防御阵地之敌，以恢复己方防御部署完整性。

在总体防御的背景下，通过在一定的时间－空间范围里实施攻势反应作战，以对敌造成毁伤和争取时间。通常反攻是为了辅助己方实施拦阻行动的接触作战分队而对敌实施突击，或补充该作战分队的行动，以攻助防。有时，为了恢复己方作战部署，在敌人后续支援梯队投入作战之前，发起反击消灭某一敌人分队。

---

① 法军这里定义的"反击"，类似我军的"反冲击"，但也不完全对等。在以机动作战为主、部署不断变化的背景下，笔者认为应保留"反击"这一提法。

（一）反击的任务

通常轮式装甲战车合成战术群展开反击作战要完成的任务是："将突入之敌消灭在某某区域（或某某地段一线以南）。"或者"在某某时间之前，将某某敌人消灭在某某地域"。

（二）实施反击的时机

当实施迟滞作战和连续拦阻作战不足以减缓敌人的迅猛进攻时，或者为了摆脱敌人威胁时，旅抓住战场有利时机实施反击作战。而以装甲兵为主的战术群是旅实施反击作战的最佳手段。旅通过将装甲兵战术群快速地投入相应作战地域，以暂时地改变敌我局部力量对比关系，并实现对敌突袭的作战效果。

通常战术群在以下三种情况下对敌实施反击：敌人已经展开进攻，并遭到旅的迟滞；或者敌人已经突入旅的防御阵地；或者敌人先头分队或机降分队已经占领一个必经的地点或一个目标。在第一种情况下，由于敌人前锋的先头部队被己方抗击分队阻止，敌人在其支援梯队或其友邻部队协助下将再次向我发起进攻。在第二种情况下，部分敌人已经成功突入己方防御阵地，并已经建立桥头堡。在这种情况下，当前之敌将寻求巩固桥头堡阵地，以保障其后续部队投入作战扩大战果。在第三种情况下，部分敌人在己方纵深占领一个必经的要点，或占领一个目标数个小时，以准备投入更多的部队。无论哪一种情况，敌兵力大约为一个加强连。在以上三种情况下，旅可能投入轮式装甲战车合成战术群将对该敌发起反击作战。

此外，对战术群实施反击的时间－空间范围有较高的要求。由于反击行动的范围有限，因此必须在正确的地点展开作战，以避免反击努力落空。而且战术群必须在正确的时间发起反击，不能过早或过晚。

（三）加强、部署和行动地域

通常战术群成两个梯队部署，以便视情况及时再次发起行动，或者掩护负责反击的梯队，或者应对敌人支援梯队或敌友邻部队提前投入战斗。此外，两个梯队部署还有利于战术群实施攻势机动作战。如果可以，战术群最好为每个战术分群配属 1 个炮兵观察组，以及时掌握战场情况。另外，如果战术群掌握侦察与反坦克作战骑兵连（ERIAC），则应集中使用该力量。

战术群实施反击作战的地域，其宽度和纵深取决于敌人的大小和部署、地形，以及可得到的支援等。通常战术群可以在 8～10 千米的正面上展开反击作战，行动纵深可达 10～15 千米。

（四）行动方法

轮式装甲合成战术群首先要进入一个待机阵地，隐蔽待机。随后，抓住恰当时机，在旅炮火支援下，从隐蔽待机阵地突然向敌侧翼发起冲击。一方面通过投入轮式装甲战车连、反坦克连，割裂敌人的部署，并协同机步连一起，展开掩护部署；另一方面，战术群集中主要力量，同时对敌发起攻击，以突然行动和猛烈火力从侧翼突击敌人。反击行动结束后，在上级炮火支援下，战术群与敌脱离接触。

值得指出的是，法军将反击作战与进攻作战区别开来。两者区别在于敌我力量对比关系。进攻要求总体上己方力量占据优势，大约是 3 : 1；而反击则是在总体上己方力量呈劣势的情况下实施，但局部能实现暂时的优势，兵力比大约为 2 : 1。因此，反击的目的、持续时间和范围都要比进攻小得多。要根据对敌情的分析判断来决定是否实施反击行动，以在敌人投入第二梯队并得到炮兵火力支援之前，对敌人造成尽可能大的损失。

（五）实施流程

在行动准备阶段，根据不同的敌情，战术群指挥员要准备多种可能的行动方案。首先，战术群指挥员要明确战术群的梯次部署和各分队的任务，包括攻击梯队、火力支援分队、作战支援梯队、掩护分队，如果必要，还有阻击分队；规定反击的方向，反击途径上的中间目标和最终目标；明确待机地域，以及到达冲击线的时间和路线；越过冲击线发起冲击及开火的条件；完成反击行动后被友军接换或重新集合的条件；在行动过程中要展开的攻击侦察等。另外，战术群指挥员要向上级提出必要的保障请求和支援请求，必要时向上级申请相应作战力量加强；它还要向旅，向友邻部队，以及向已经与敌接触的己方部队提出情报保障请求。随后，战术群向预定待机地域机动，在待机阵地隐蔽驻止，并在规定的期限之前做好沿多路实施冲击的准备。与此同时，战术群展开情报搜集，侦察敌情，逐步落实交战条件。

在实施反击作战阶段，根据不同的敌情，战术群首先从待机地域出发，向展开地域和冲击线开进。在开进过程中，要保持无线电静默，并通过隐蔽路径接敌。如果在冲击时需要支援梯队火力支援，则可将支援分队置于开进序列的先头。在到达冲击线后，负责实施反击作战的梯队各类武器和支援火力同时开火，第一梯队越过冲击线，同时支援作战梯队和支援火力分队提供猛烈火力支援。在第一、第二梯队和支援火力分队的协同行动下，战术群通过连续不断的攻击行动，通过与炮兵支援火力的协同，通过各个分队火力的协同，来寻求实现对敌火力优势，迅速消灭当面之敌。如果必要，战术群可变化攻击方向，灵活攻击敌人。

在完成反击任务后，且在敌人支援梯队强行投入作战之前，战术群脱离与敌接触，被旅其他部队接换后前往指定的集中地域。（见图5-6）

（六）战术运用的关键

轮式装甲战车合成战术群成功实施反击作战的关键，在于：（1）突然性。主要通过准确、及时的情报来对行动提前预测；通过隐蔽地进入阵位，以及密切协同和突然发起作战来达成对敌突袭效果。（2）合理选择反

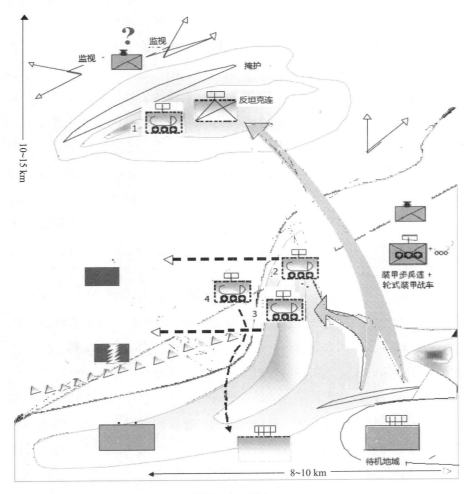

图 5–6　反击

击地域和反击方向。必须明确一条有利的冲击线，以便各个战车连能实施连续射击，并且能从侧翼对敌发起攻击。（3）要在通过现地观察确认情报的基础上，适时发起冲击行动。适合发起冲击的有利时机很短暂，而且与敌人的行动紧密相关。战前的部署必须考虑到可灵活变化作战部署的其他备案，以适应不同的战场情况。如果可以，战术群指挥员要位于可以目视敌人的位置上来下达最后冲击命令。

四、纵深突进

纵深突进，是指在突破或侵入敌方阵地后，继续向敌纵深发展攻击以割裂瓦解敌部署的行动；如果可以，消灭纵深之敌。

在己方作战取得初步胜利，或当友邻进攻发展顺利时，轮式装甲战车合成战术群通过持续地投入交战，将己方快速的作战节奏强加给敌人，以获取或保持战术主动权。战术群甚至不惜冒着侧翼暴露的一定风险，也要迅速抵达敌人部署的后沿展开作战。行动的关键是要抢在敌人支援梯队投入作战之前，绝不给敌人留有恢复部署的反应时间。因此，战术群要在很有限的时间内对敌人造成尽可能多的毁伤。

（一）纵深突进的任务

在战术群实施纵深突进时，敌人只是暂时处于弱势；所以战术群必须有选择地冒一定风险，突进到敌人后方广阔地域寻找作战目标，并尽可能凭借微弱的敌我力量对比优势去消灭尽可能多的目标。

通常战术群实施纵深突进行动要完成的任务是："在某某时间之前，消灭在某某地域发现的敌目标。"或者"在某某时间之前，消灭阻止己方攻占某某目标的所有抵抗之敌"。

法军认为，通过纵深突进消灭敌纵深目标，所取得的战果会更大，且影响会更持久；相反，如果在较小的作战空间内，以很有利的敌我力量对比优势去展开对敌作战，战术群可能只会发现和摧毁较少数量的敌目标。

（二）实施纵深突进的时机

作战旅在战场上抓住有利时机，通过与敌接触交战从而在敌方部署上找到一薄弱部位，并在风险较低的情况下，通过这一薄弱部位将轮式装甲合成战术群投入作战直插敌人部署后方，从而保持旅在战场主动权上的优势。

当旅已获得战术优势时，轮式装甲合成战术群可以在行进中或者超越与敌交战的另一个己方战术群，迅速展开纵深突进行动，旅在随后消灭被战术群超越的敌人。

当在接触交战线上出现有利的空隙时，旅可能决定利用这一空隙的有利时机，将战术群投入纵深突进作战。这种情况通常是在攻势机动作战中，旅发现敌方部署暴露一薄弱部位；或者，在极少情况下，即在机动防御作战下，旅成功实施反击后，果断将战术群投入纵深突进作战。在这种情况下，考虑到敌我力量对比关系在总体上不利于己方，旅很可能会投入第二梯队战术群以延长反击。同时，旅可能实施欺骗性辅助行动，以迟滞敌人支援梯队投入战斗。

（三）加强、部署和行动地域

战术群的部署要允许展开机动作战和快速反应。因此，战术群成两个梯队部署行进；战术群必须大范围地展开，以寻找敌人"薄弱"的要害目标；同时战术群要保留1个支援作战战术分群。在行动中，战术群可能得到整个侦察勘察装甲连（EEI）或部分兵力的侦察支援，有时还可得到陆航力量的支援。

战术群的行动地域正面宽10～15千米。初始投入作战的地域宽度要小得多，但会随着向敌纵深突进的进展逐渐向外拓宽。纵深突进可抵达当前之敌部署的后方，为10～20千米。这要比装甲奔袭作战的纵深（30～50千米）小得多。

纵深突进行动持续时间受敌方可能做出攻势反应所需时间的限制，多为1～2个小时。

为迅速抓住战场有利时机，很可能因纵深突进行动的准备时间有限，战术群来不及改变作战编成就投入执行纵深突进作战。通常战术群可能得到侦察勘察装甲连的一个排的加强，用于实施广泛的侦察，及时发现敌人纵深的脆弱目标，或者用于监视侦察敌人支援梯队的反应动向。如果没有得到该力量的加强，战术群可以使用轻型装甲车来编组一个临时勘察装甲连，并置于副连长指挥下。当战术群掌握侦察与反坦克作战骑兵连（ERIAC），则可将它与加强的装甲力量一起，或与侦察勘察装甲连的一个排一起，编组成"拦阻分队"；或者也可以排为单位分散使用。此外，战术群还可能得到预有计划的 1 个直升机中队的临时加强。如果可能，1 个重型迫击炮排的加强也将有助于战术群的行动。

（四）行动方法

纵深突进是以快速作战节奏和大胆行动，在敌人后方纵深展开战斗的行动。

当敌人第一梯队被突破后，战术群迅速投入纵深突进作战；或者战术群从敌侧翼薄弱部位投入攻击，以打乱敌人部署，使敌人失去主动（即使是暂时地失去主动）。此时，敌人唯一的反应是立即采取防御姿态；而且如果可能，敌人会与我脱离接触，退到下一个有利地形强点上，以调整和恢复作战部署。因此，敌人很可能首先寻求与战术群正面交战，以遏制战术群的攻势和赢得足够的时间来调整其部署。随后，一旦条件允许，敌人将投入支援梯队或友邻部队实施攻势行动，以夺回主动权。战术群要抓住敌人这一过程必要的反应时间，来阻止敌人做出有效反应。这一时间很短，必须快速和突然地加以利用。为此，战术群不应与敌正面交锋，而是有步骤地通过间接的方法来迫使敌人持续处于不平衡之中。如果在某一目标遇到预料外的敌人抵抗，则最好将该敌锁定，然后继续向前推进，以避免被其纠缠而被该敌迟滞。

通常在战术群实施纵深突进时，首先在敌人支援梯队可能投入作战的方向上，要有己方部队的掩护；随后战术群将宽广地展开，去发现并摧毁敌人纵深的"脆弱"目标。在突进到敌人纵深后，根据战场实际情况，战术群的作战任务可临时改变。如果已经获得关于敌人纵深目标的准确情报，则战术群改变作战样式，果断转入实施装甲奔袭作战。如果是为了掩护旅投入战斗，战术群可以消灭阻止它攻占某个地形要点的抵抗之敌；此时，战术群改变作战样式，以灵活攻击的作战样式来展开行动。如果旅指示战术群要攻占纵深内的一个要点，战术群则实施装甲奔袭。

（五）实施流程

在行动准备阶段，战术群指挥员首先必须了解敌人的部署，行动的时间－空间范围，所得到炮兵支援力量的火力射程范围、防空兵对空掩护防区，战术群所得到的配属加强，以及旅指挥员的后续作战企图等。另外，战术群指挥员要认真研究地形，判断哪些地形对于敌人是有利的，特别要注意地势较高且容易进出的地形（可能是敌指挥所所在地），以及便于敌人后勤力量展开的有利地形等。通过对地形的研究，指挥员判断敌目标可能所处的位置，从而指导战术分群的行动；同时，指挥员还应明确战术群的机动路线，以及掩护力量需要到达的位置等。随后，指挥员向各个战术分群规定战术分群纵深突进的方向，明确是采取集中行动方式还是分散行动方式，明确作战分界线，掩护区域，战术分群在与敌遭遇时和在攻占或摧毁目标后要采取的行动，以及己方火力支援的方法和友军接换的方法等。在参谋部协助下，指挥员协调各分队的行动，紧密跟踪战场情况发展，组织持续不断的通信联络和适时展开中继通信，组织后勤保障，组织友军接换。

在实施纵深突进作战阶段，首先，位于战术群先头，负责掩护任务的战术分群在迅猛冲入已经打开的突破口之后，迅速展开，并实施短暂的防卫作战。该战术分群在行进间强调速度，迅速渗透，直达指定地域并展开对战术群的掩护部署。在负责掩护的战术分群向前行进时，负责侦察的战术分群投入行动，及时发现要摧毁的目标。装甲战术分群则积极采取攻势行动，快速机动，突然出击，消灭侧翼发现的敌目标。战术群指挥员保留 1 个支援作战战术分群，以随时增强第一梯队的行动，或锁定遇到的顽强抵抗之敌，或对不期而遇的敌威胁做出有效反应。如果旅在随后也要投入纵深突进作战，则战术群要快速抵达指定地域对旅展开掩护。此时，战术群优先采取分散行动的方法，以发扬主动性和强调速度优先。每个战术分群要消灭其责任分区内阻碍其前进的抵抗之敌，但不要被这些敌人迟滞。如果抵抗之敌比预想的要强，则应锁定该抵抗之敌，战术群继续向预定目标前进；或者战术群投入支援作战梯队，并协同支援火力消灭该敌。

在任务结束阶段，当敌人投入支援梯队作战并做出有效反应时，或者根据旅的命令，轮式装甲战车合成战术群结束纵深突进作战。战术群指挥员首先命令掩护分队对投入作战的敌人支援梯队实施监视侦察作战，及时向战术群指挥员报告情况。随后，战术群指挥员下令与敌脱离接触，并组织协调各个战术分群回撤，通常优先考虑采取集中行动的方法。如有必要，对战术分群的接换行动展开掩护。同时，战术群采取纵深部署配置，以随时对可能的侧翼威胁做出反应。如果战术群被旅的其他部队接换，则旅派遣一名联络官联络负责接换的部队，并向它通报关于我战术群的情况，拟制接换的程序方法等。旅也可能命令战术群转入实施掩护任务，以掩护旅向敌纵深突进。当敌人投入行动并做出有效反应时，必要时，战术群可与敌脱离接触。（见图 5-7）

（六）战术运用的关键

法军认为，轮式装甲战车合成战术群成功实施纵深突进的关键，在于：（1）大胆行动和保持攻击性。战术群指挥员必须冒着侧翼暴露的风险，以积极和强大的攻势展开遭遇作战。（2）发挥主动性。为及时适应战场的变化，各战术分群指挥员对战场情况的判断非常关键。为了有利于战术分群发挥主动性，应尽可能地分散行动。（3）保持快速的作战节奏。只有通过持续不断地对敌施加强大压力，才能阻止敌人恢复作战部署，使敌人只能采取防御姿态坐等其支援分队投入作战。（4）战术群需要得到及时

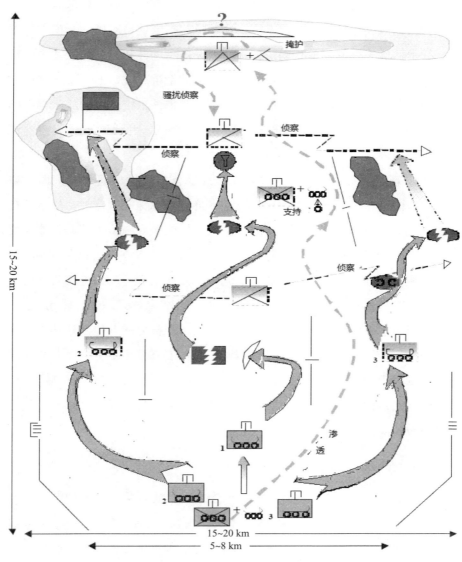

图 5-7 纵深突进——在敌纵深摧毁敌人

准确的情报保障。在旅的情报支援下，战术群要能够对其交战时空范围内的情况做出准确判断，以及估计其侧翼可能面临的风险。在情报保障上，陆航和侦察勘察装甲连（EEI）的加强将有助于战术群及时获取战场情报。

同时，战术分群指挥员必须注意及时向上报告，使战术群预见到尽可能多的情况。任何敌人改变作战姿态的情报，都是一个重要的迹象。（5）协同行动。战术群必须特别关注各种力量之间的协同，不仅要考虑到旅对战术群行动提供的各种支援，而且还要考虑通信联络和后勤保障等方面的协同。根据不同情况，战术群指挥员应该明确是以集中方式还是分散方式行动，并明确所得到加强的支援分队的编组。（6）保持行动自由。战术群要展开相应掩护部署，并保留1个支援战术分群随时提供增援，从而确保战术群在敌纵深作战的行动自由。

五、奔袭

奔袭作战，是指快速侵入敌方部署纵深，以夺取关键地域或摧毁有重大战役价值的目标。通常，如果是为了攻占对上级行动有重要影响的要点，则战术群实施奔袭的目的是占领并阻止敌人接近该要点。如果是为了使敌人行动部署失去平衡性，则战术群应展开奔袭作战以摧毁敌方纵深要害目标，如指挥所、支援力量和后勤分队等，并避免与敌人作战部队接触交战。

因此，与纵深突进不同，奔袭作战的目标很明确。而纵深突进作战的目标是为了穿插进入敌人部署纵深，并利用敌人暂时的脆弱，来造成敌纵深力量的损失。

（一）奔袭的任务

战术群要在规定时间内攻占或摧毁指定目标，才能完成奔袭作战的任务。通常在旅的命令中，赋予合成战术群奔袭作战任务的表述为："在某某时间之前攻占某某目标。"或者"在某某时间之前相继摧毁（或同时摧毁）某某目标"。

（二）实施奔袭作战的时机

作战旅在与敌接触交战获得相应情报后，抓住战场有利战机，利用敌人部署上的薄弱部位，冒着有限的风险，向敌纵深投入作战力量实施奔袭作战。通常在以下情况下，旅可发起一次奔袭作战：（1）进攻作战中，在打乱接触交战之敌的部署后，旅投入战术群实施奔袭作战；（2）在敌我接触交战线上出现有利的空隙，旅适时利用该空隙向敌方部署纵深实施奔袭。

当旅对既定敌目标坚决实施奔袭时，旅要发挥轮式装甲战车合成战术群快速机动和强力突击的作战特点，命令战术群抢在敌人第二梯队之前，攻占敌纵深的要点，或者在敌人做出有效反应之前，摧毁一个或多个已发现的、脆弱的敌纵深重要目标。

当旅抓住敌人在接触交战线上暴露空隙的有利战机，适时实施奔袭作战时，如果是在机动进攻作战中，则旅可一方面对当前之敌的后沿实施纵深突进，另一方面同时对敌部署纵深实施装甲奔袭；如果旅是在机动防御作战中，当敌我力量对比关系和时间 – 空间范围满足一定条件，旅也可以实施纵深突进行动或反击行动。通常后一种情况发起装甲奔袭比较少见。

（三）加强、部署和行动地域

战术群可能得到侦察勘察装甲连（EEI）的加强，并将其各个排分散加强给各个战术分群。如果战术群掌握侦察与反坦克作战骑兵连（ERIAC），则将其分散成以排为单位向下加强，或者可能组建成第一梯队战术分群。此外，战术群还可能得到预有计划的 1 个直升机中队的加强，以及得到 1 个重型迫击炮排（SML），甚至 1 个地炮连的召唤火力支援。

通常，战术群成两个梯队部署开进，并且必须保留一支援作战力量。战术群可能得到整个侦察勘察装甲连或部分兵力的侦察支援，有时还得到陆航的侦察支援。根据情况，合成战术群指挥员调整第一梯队或支援梯队的组成，以确保尽可能大的行动自由。

装甲奔袭的距离根据敌人的性质和我方通信情况而定，通常是 30 ~ 50千米。

（四）行动方法

奔袭作战要快速地侵入敌人部署纵深，随后展开作战以攻占或摧毁某一目标。根据最终目的不同，奔袭行动的实施方法也不同。

如果实施奔袭作战是为了消灭已经发现的、脆弱的纵深敌目标，战术群可能会遇到持防御姿态、但始初没能协同一致行动的敌人。但战术群要预见到，敌人在短时间内会投入其支援作战梯队做出攻势反应。这就给战术群提供短暂的时间来实施快速和突然的奔袭行动。此外，在实施奔袭前必须明确要达成的目标，以避免被战场上其他临时出现的机会目标分散战术群的注意力。对于在奔袭途中遇到的机会目标，战术群可将其情报传递给旅，由旅来处置。在旅决定对其实施打击后，旅可能要求战术群盯住（监视）这些目标，以便随后对其展开打击。

如果实施奔袭作战是为了使敌人的作战部署失去平衡，则战术群应该尽可能避免与敌人装甲部队或机械化部队接触交战。

旅可以展开一个辅助性的欺骗行动，来协助战术群实施奔袭行动。同样，为了便于战术群渗出敌方部署，旅可派出力量占领某些必经地点。

（五）实施流程

在行动准备阶段，战术群指挥员必须了解敌人的部署，掌握要攻占或摧毁目标的位置、防御情况，以及敌人实施干预的手段；明确战术群得到炮兵支援力量的火力射程范围、防空兵对空掩护区域，以及战术群所得到的配属加强。此外，战术群指挥员要研究地形，明确开进路线，要跨越的河流沟渠，要避开的居民地域等。指挥员要向战术分群明确发动奔袭的条件、时间、实施渗透的方法、纵深突进或渗出的方向、要摧毁或要攻占的目标、战术分群在与敌遭遇时和在攻占或摧毁目标后应采取的行动以及在渗出时和友军接换的方法等。在战术群参谋部协助下，指挥员组织持续不断的通信联络和适时展开中继通信，组织后勤保障，组织接换友军等。

在开进过程中，第一梯队的战术分群主要在各自责任分区内开进，并将行动关注点放在快速前进上，使用各种手段以尽快到达指定目标区。战术分群要尽可能避免与敌发生遭遇战。支援作战战术分群则利用搜集到的情报展开行动，并可能负责消灭被第一梯队盯住（监视）或超越的敌人目标。支援作战战术分群必须一直保持能够接替可能遭敌迟滞的先头战术分群的任务的能力。

在展开渗透行动时，为抢先敌人到达预定地点，战术群要采取攻击侦察的方式展开行动，并通过渗透作战来攻击那些已经发现的敌脆弱目标。当敌人的安全防卫部署可被渗透时，战术群采取分散行动方式。第一梯队的战术分群自主决定在行进隐蔽性和速度两者之间的折中程度。当不能避免与敌人安全防卫力量交战时，则行动速度优先于隐蔽性。必要时，第二梯队超越被迟滞的第一梯队部队，转为先头力量继续行动。在行动过程中，战术群要系统地展开掩护部署。此外，战术群要及时将涉及"当前利益"的重大情报上报，并对战术分群搜集到的情报进行综合后，向旅报告。

在纵深作战阶段，当奔袭的目的是夺占敌纵深要点时，则战术群指挥员将行动任务委托给每个战术分群指挥员，使其以相对自主的方式展开作战去占领一个或数个要点；战术分群必须全力以赴抢先敌人占领要点，视情况将敌人孤立、压制或者消灭，或边迂回边遏制和骚扰敌人。同时，战术群指挥员保留一个战术分群作为预备力量，以便有效掩护其他战术分群的行动，或增强某一战术分群的作战，或对某一意料之外的敌人威胁做出反应。战术群在占领预定目标后，要阻止敌人靠近该目标，并掩护旅的行动。当奔袭的目的是摧毁敌纵深目标时，则由旅向战术群指定要进攻摧毁的敌要害目标。法军指出，在没有旅预先指示情况下，要在敌人部署纵深搜寻目标，这将会使作战行动具有太多的随机性。然而，对任何偶然发现的敌方脆弱要害目标，都应立即向旅报告，以便旅及时做出决定。

在奔袭任务结束阶段，战术群或者实施阻止作战，阻止敌人接近战术群已经占领的要点，直到旅后续梯队到来；或者，战术群与敌脱离接触，这时战术群将协调战术分群回撤，并在危险方向展开掩护部署。战术群可能以灵活方式或强行方式渗出，前往集合地点。此时，快速地实施行动是获取成功的一个要素。如果战术群被旅其他部队接换时，则旅派遣一名联络官前往负责接换的部队，通报战术群的相关情况，并拟制接换的程序和方法。（见图 5-8）

（六）战术运用的关键

法军认为，轮式装甲战车合成战术群成功实施装甲奔袭的关键，在于：（1）突然发起作战。最好是利用夜暗或不良天候，通过一空隙地域，或通过敌人部署薄弱部位实施渗透后，突然地发起奔袭作战。（2）实施奔袭行动要在隐蔽性和速度性两者之间寻找折中。战术群要注意行进的隐蔽性，避开重要地域、主要道路和特殊地段，以减少与敌发生遭遇战的概率。如果在抵达目标附近之前隐蔽性不能得到保证，或者行动的速度与规定完成任务的时限不相容时，则以速度优先。（3）注重情报保障。战术群必须获得相关情报和信息，以能够对目标和对敌人支援梯队或敌人友邻部队展开干预所需时间进行准确判断，确定交战行动的时间－空间范围，并确保战术群翼侧安全。为此，陆航力量和侦察勘察装甲连的加强对于战术群实施奔袭作战将很有帮助。（4）协同行动。战术群必须特别关注各种力量之间的协同，并确保能从旅获得必要的火力支援、空中力量支援、对空掩护，等等。（5）确保行动自由。战术群要展开一掩护力量，并保留一个支援作战战术分群，以随时增强掩护力量。如果可以，战术群在得到补给之后再投入作战，从而保证战术群一定的作战自持力。即使是部分物资的补充，如装满油料和弹药，也是有利的。

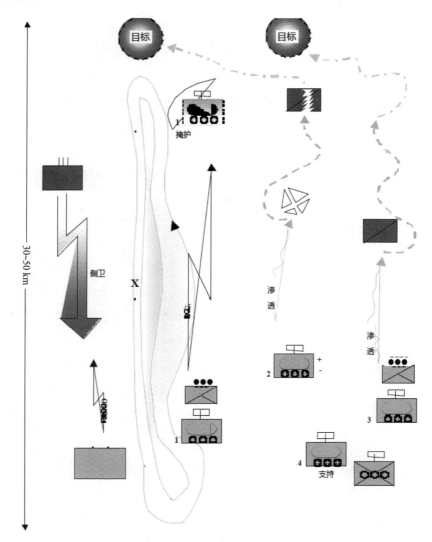

图 5-8　实施装甲奔袭

第六节　防御作战中的战术运用

在防御作战中，轮式装甲合成战术群可能展开监视侦察、迟滞、拦阻、掩护、接换友军等行动。

一、监视侦察

监视侦察是指机动小分队对正在开进的敌人不断实施目的在于侦察的战斗行动；该机动分队始终保持位于敌人前面，但又不让敌人确认也不和敌人正面交火，而是抓住一切机会侦察情报，并伺机对敌造成一定损失。

通常，该分队在可以目视到敌人位置的距离上保持与敌目视接触，展开情报侦察。如果行动中与敌脱离了接触，就必须积极重新恢复目视接触。实际上，这是可以持续不断地侦察到某个方向上敌人部队的大小、性质、作战姿态的唯一方法。其侦察到的情报必须有助于查明敌人投入行动的方向。

在监视侦察中，使用火力只是临时的行动，目的在于通过消灭敌人的直接安全防卫力量，以寻求与敌主力接触，弄清其作战姿态，或者极其例外地对敌造成一定毁伤。但这不是它的主要目的，因为与敌交战会使监视侦察分队面临被敌人牵制住和包抄的风险，而不能完成监视侦察的任务。

（一）监视侦察的任务

实施监视侦察是为了查明敌人主力投入作战的方向。通常位于敌人主力之前的敌安全防卫力量并不能显示敌人的主要进攻方向。通常只有在关键地域（如重要的交通枢纽，由自然障碍所形成的必经通道等）采取行动才能查明敌主攻方向。为此，需要展开监视侦察尽早查明敌主攻方向，为旅展开作战行动留出足够的准备时间和反应时间。

通常战术群实施监视侦察要完成的任务是："查明某某敌人于某某时间在某某地区投入行动的方向。"

（二）实施监视侦察的时机

通常，旅在展开寻求与敌接触的作战侦察行动之后，对敌实施监视侦察。为了查明敌人企图，旅可将该任务赋予战术群，而旅本身则准备在纵深实施拦阻作战行动，为上级实施攻势反应创造条件。同时，旅要负责对在战术群后沿的所有敌人的威胁采取行动。

在战术群实施监视侦察中，可能面对的是遭遇战之敌，而且敌人要在规定时限内抵达预定目标。为此，敌人投入优势力量，同时将较快的作战行动节奏强加给我方，企图迫使作战旅不能够迟滞它的行动。通常敌人成梯次部署，有前锋和侧卫，其主力本身还得到其他侦察力量的侦察支援。此外，敌人还可能使用机降力量来夺占某些必经点或重要交通路口；在随后几个小时内，敌主力将抵达这些地点。通常敌机降兵力为 1 个连，在我纵深 30 多千米处实施机降作战，而敌主力将于随后 3~6 小时内抵达。

（三）加强、部署和行动地域

在展开监视侦察时，战术群成两个梯队部署，并将关注点放在纵深部署上；但要适当压缩支援作战梯队的规模，以确保能覆盖宽正面的行动地域。同时，战术群指挥员要注意使与敌接触的各个战术分群具有一定的纵深部署。通常战术群将步兵连保留作为第二梯队。

战术群可以监视侦察 20~30 千米正面的广阔区域。为此，战术群应采取很疏散的部署，保持目视接触敌人。

在行动中，战术群很可能得到整个侦察勘察装甲连（EEI）或者部分力量的加强，因为该连作战能力非常适合完成这一任务；如果得不到该连的加强，则战术群必须与其取得联络。如果战术群掌握侦察与反坦克作战骑兵连（ERIAC），则既可以将其集中使用，也可以将其分散加强给各个战术分群。此外，战术群可能得到 1 个直升机中队的临时加强。通常战术分群掌握一个炮兵观察组。

（四）行动方法

在已经消灭敌人的作战侦察和安全防卫力量的前提下，或者由于没有能力消灭这些敌人而超越它们之后（由己方的后续支援梯队随后消灭这些敌人），战术群对敌人前锋展开情报侦察。为了与敌人保持接触和侦察敌人，战术群必须将各个战术分群分散展开，但在整体部署上则通过通信网络实现协调一致的监视侦察行动。监视侦察以很快的行动节奏15～20千米小时的速度实施。这是由于敌人快速行动强加给我方的节奏。与迟滞行动不同，监视侦察行动不需要争取任何时间。在任务结束后，战术群将被友军接换。

（五）实施流程

在行动准备阶段，战术群指挥员认真研究地形，分析敌方目标和可能的行动方向，以及战术群获取情报的主要活动地域；指挥员要向第一梯队战术分群明确发起监视侦察的方式方法、战术分群之间的分界线，以及报告线的位置；要组织指挥所的转移和适时展开中继接力通信，以确保不间断的指挥；此外，还要充分考虑到行动的快节奏，组织好战术群的后勤保障，并为各个作战分队提供必要的后勤加强手段。在组织监视侦察行动时，特别要明确规定调整部署线和报告线。法军认为，在监视侦察过程中，调整部署线非常必要：首先，第一梯队的战术分群按要求在该线上调整部署，以开始监视侦察；其次，当敌人强加给我方的行动节奏很快时，通过调整部署线，可使某一战术分群避免被敌包抄。而在报告线上，各战术分群向战术群指挥员报告情况，可以使指挥员很好地了解战场情况发展；同时，各战术分群也可以明确友邻所处位置。最后，战术群指挥员要下达情报侦察指示，明确支援分队的角色等。

在实施侦察行动阶段，首先，根据具体情况，战术群可能要调整部署，以开始实施监视侦察。从规定的调整部署线起，第一梯队战术分群按计划展开监视侦察，以确保初始部署的紧凑性。当战术分群与敌接触时，战术分群可以再次拉开自身部署的纵深，以给自身的支援作战力量留出必要的行动空间。同时，战术群指挥员密切跟踪了解行动的整体情况。在与敌保持接触的过程中，战术分群一方面要显示足够的攻击性来与敌保持接触，另一方面又要保持足够后退的距离以确保行动自由；战术分群必须在这两者间找到平衡点。战术分群通过持续的观察来保持与敌接触，并随着敌人的行动节奏，适时从一个观察点转移到下一个观察点。通常，要优先考虑将敌人必经地点和重要交通路口作为观察点。如有必要，可寻求在敌方纵深实施侧翼观察。这要求在敌人分队之间出现一个间隙，有利于己方实施监视侦察时，或者通过利用隐蔽的、没有被敌人使用的地域，来寻找与敌侧翼接触，或从侧翼对敌实施监视侦察。在以下情况下，战术群可以展开与敌交战：通过战斗，消灭敌人安全防卫力量，以获取敌人主力部队相关情报；或者，在暂时失去与敌接触后，为恢复与敌接触，不可避免地要与敌展开交战；或者，为了查明某一情报，需要实施战斗来弄清敌人的作战姿态。但在任何一种情况下，战术群必须努力避免被敌人锁定。这一阶段的行动，要求战术群在整个行动地域的宽大正面和在足够的纵深上，展开机动性非常强的行动部署，以确保在与敌脱离接触后己方分队有足够的回旋余地。

由于战术群在监视侦察行动中要一直不断地冒着部署失去平衡的风险，为保持行动自由，它必须遵循以下原则：（1）与敌接触的第一梯队要有足够大的纵深；（2）灵活地转变作战姿态；（3）不断预测敌人下一步可能采取的行动；（4）充分利用报告线和调整部署线对战术群行动进行控制和调整；（5）频繁的情况通报，以便战术分群及时了解战场情况；（6）遇到突发情况时，战术群只保持一简单的监视带，果断地恢复紧凑的整体部署。

另外，战术群要根据战场情况灵活做出反应。对于第一梯队，尽管各战术分群分散行动，但它们之间的间隙不应超过5千米。如果情况需要，战术分群必须能够将敌人交接给前来接替的友军部队。对于第二梯队，战术群指挥员要灵活部署和使用该力量。如果某一战术分群必须提前与敌脱离接触，则投入第二梯队，辅助第一梯队恢复部署；如果第一梯队某一战术分群编成内的某一分队被敌人锁定，则投入第二梯队支援该战术分群的作战，从而使该战术分群在不必改变其部署情况下，能继续完成预定任务；如果敌人实施穿插渗透，则投入第二梯队阻止敌人穿插渗透，掩护战术群调整部署。

在任务结束阶段，战术群通过被友军接换来结束监视侦察行动。当已经获得要搜集的情报后，战术群按旅的命令与负责接换的部队取得联系，或者在支援保障线（LAS）上，按旅的命令进行友军交换。然而，与迟滞行动不同，在最后一次对敌拦阻之后，战术群并不与敌脱离接触。（见图 5-9）

（六）战术运用的关键

轮式装甲战车合成战术群成功实施监视侦察行动的关键，在于：（1）恰当把握开始实施监视侦察行动的时机。监视侦察的开始阶段是一个微妙且较难把握的阶段。实际上，在与敌接触时，敌人占据有利的敌我力量对比关系，这样战术群就冒着被敌人牵制和锁定的风险。因此，不要过早或过晚开始展开监视侦察行动，以便在监视侦察中较好地制约敌人的前进。（2）不断协调部署，以保持部署的紧凑性。战术群面临的主要风险是被暂时看不到的、快速行进的敌人包抄。因此，当战术群部署趋于散乱时，则应重新调整，确保部署紧凑一致。战术群通过情况通报点、报告线和调整部署线等，来加强对部署的协调控制。（3）持续不断地预测敌人的行动，以预留足够的反应时间。在与敌初次接触之前，必须尽早向部队指挥员下达监视侦察预先号令。在监视侦察过程中，敌人将其行动节奏强加于我方部队，部队必须不断避免被敌人追上和被包抄。同时，战术群在灵活地改变作战姿态时必须保持能及时做出反应的能力。（4）如果可能，要消灭敌方作战侦察力量。尽管这不是监视侦察行动必须完成的任务，然而，敌人没有了作战侦察力量，将失去作战行动的一个重要行动要素，从而可能被迫更快地暴露其行动企图。

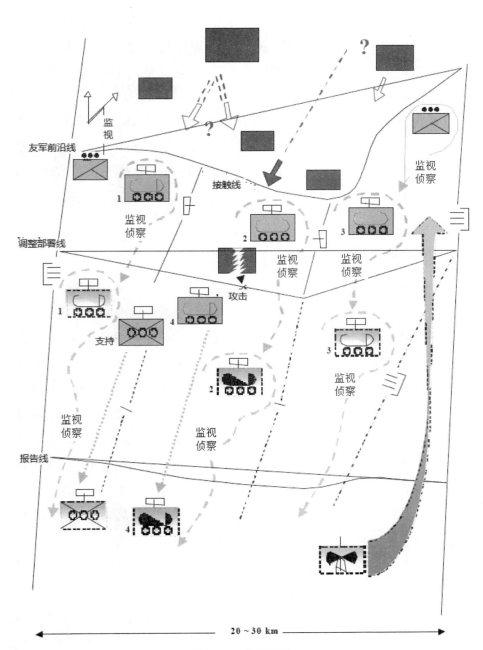

图 5–9　监视侦察

二、迟滞

迟滞，是指己方分队通过展开作战、运用火力和布设障碍，以迟缓敌人在某个方向或在某个地域的前进。

战术群通过实施机动作战，并结合在敌人部署纵深的作战行动，以消耗敌人力量，或迫使敌人先头分队展开行动，从而迟滞敌人；同时，要注意保持战术群的作战潜力，避免被敌人包抄。

迟滞是一种防御性行动，是通过作战来争取时间，以空间换时间。然而，总体上的防御并不排斥局部的攻势反应。

（一）迟滞作战的任务

作战旅在定下要迟滞敌人的决心后，投入战术群实施迟滞作战，以阻止该敌在某一时间之前在作战地域中的某个关键地点上强行投入作战。战术群通过迟滞作战争取时间，保障旅准备下一阶段的行动。

通常战术群实施迟滞作战要完成的任务是："阻止某某规模的敌人在某某时间之前越过某线。"

（二）实施迟滞作战的时机

当作战旅企图先展开一机动作战行动，而后对敌实施拒止作战时，旅投入战术群实施迟滞作战以迟缓敌人的行动，为展开相应后续作战部署争取准备时间；或者当友邻大部队准备对某一梯次部署较弱的敌人实施反击作战时，旅先期投入战术群迟滞敌人的行动。

通过在尽远处与敌接触之后，或者在接换负责监视侦察敌人先头分队的己方部队之后，战术群在旅规定的直到集中拦阻线之前具有一定纵深的作战地域内，对敌展开迟滞作战，以争取一定时间。

通常，战术群面对的是敌主力部队的前锋或得到坦克加强的先头分队；在总体上敌我力量对比于己方不利情况下，战术群展开迟滞作战行动。敌人处于行进间随时展开遭遇战的姿态，或是通过在我方友军部署上打开突破口后对我实施纵深突进。为了保障和支援其随后的行动，敌人可能在我纵深地域的必经关键点上机降一定作战力量，并在随后几个小时内敌主力将抵达这些地点。通常，敌在我纵深30多千米处实施机降作战，机降兵力为1个连，而敌主力将在随后3~6小时内抵达。敌人这一机降行动是反映其主攻方向和行动方式的重要迹象。此外，敌人地面进攻部队可能在锁定我防守部队之后，有步骤地迂回绕过我方坚守阵地，以保持其攻势作战的节奏，在规定时间内抵达预定目标。

（三）加强、部署和行动地域

如果条件允许，战术群最好为每个战术分群配备一个炮兵观察分队（EO）。可以将工兵分队置于战术群指挥员直接指挥下，参与实施战术群拦阻行动，或者也可以将工兵力量全部或部分向下加强给战术分群。如果战术群掌握侦察与反坦克作战骑兵连（ERIAC），则既可以将其集中使用，也可以将其分散加强给各个战术分群。战术群可能得到一个反坦克连（"霍特"反坦克连）的加强。此外，旅可能投入一个空中机动作战分队，在另外的时间和地域内展开行动，以有效地间接支援战术群的行动。

战术群通常成两个梯队部署来展开行动，其组成根据地形和敌人不同而灵活变化。在实施迟滞作战时，战术群在10~15千米宽的行动地域正面上展开行动。

（四）行动方法

迟滞作战是一个较难把控的作战行动，因为它要制约某一敌人并延迟其行动，而该敌又占据有利的敌我力量对比关系。因此，要通过灵活机动的作战，迫使敌人投入支援作战梯队，并在这一过程中使敌人丧失时间，同时又不要被敌人锁定和迂回包抄。要避免与敌人部署交错重叠，应及时与敌脱离接触，否则将对战术群构成很大危险。

应根据地形和障碍确定实施迟滞作战的行动方法，优先考虑通过连续的短停顿行动来展开作战。当地形过于开阔，不能有效抵抗敌人的推进时，则只需保持与敌目视接触。

战术群要充分掌握相关情报信息来预料战场情况变化，合理将部队部署展开到恰当位置；战术群必须不断创造暂时的、可确保局部对敌优势的战术态势，从而对敌造成一定的损失。如此，战术群就能拥有一定的提前行动时间，而不必承受敌人过大的进攻压力，同时又可以将己方期望的作战节奏强加于敌。这一作战节奏根据敌我力量对比关系而异，一般为 3 ~ 5 千米 / 小时。

此外，在对敌实施拦阻时，要结合工兵行动布设障碍。因此在对时间 – 空间环境进行分析和组织作战时，指挥员必须充分考虑到工兵布设障碍需要一定时间。

（五）实施流程

在行动准备阶段，战术群指挥员首先，要仔细研究敌情，分析在面对我方行动时，敌人的当前目标是什么，敌人可能如何实施迂回行动，以及敌人在我方纵深可能采取机降行动要占领的要点等；其次，要研究地形，分析判断在总体上利于迟滞行动的地域，拦阻行动的地域，可能的反击地域，有利于反坦克直升机展开作战的地域，以及可以侦察敌人主攻方向的关键地点等。最后，指挥员根据地形和敌情，并结合迟滞任务，确定以空间换时间的比例关系，进而明确要强加给敌人的作战节奏。战术群参谋部负责拟制各种作战计划，如炮兵火力计划（涉及目标利益区的划分）、工兵设障计划等，并将作战计划报请旅批准。随后，战术群指挥员要确定作战分队的编成，战术群的梯次部署，明确各个部、分队的初始任务，以及作战中相互支援的措施。战术群指挥员还要向下属各作战分队规定迟滞的方向，各部队之间的战斗分界线，每个阶段要争取的时间，相继的报告线和协同线位置，拦阻区域和友军接换线位置，与侧翼友军联络的方法，以及接换线位置和友军接换的条件等。参谋部辅助战术群指挥员组织作战协同，包括战术群和友邻部队之间的协同，以及与可能支援战术群作战的直升机中队之间的协同；组织作战过程中指挥所的转移，以确保持续不断的通信联络；组织迟滞任务结束后战术群的接换。通常负责接换的部队派遣一名军官到战术群指挥所；或者在与敌接触后，战术群向负责接换的部队派遣一名联络官。

在实施迟滞作战阶段，战术群尽可能采取分散迟滞的行动方式。为此，战术群指挥员要不间断地协调各个战术分群的迟滞行动，并协调好各个战术分群在各阶段的接换行动。战术群指挥员要通过适时改变作战姿态，通过将火力支援和障碍相结合，通过预先下达命令和给予下属分队一定的预先通知，以保持战术群按预定作战节奏展开行动。在情报侦察方面，战术群主要是通过自身获取情报信息来对敌人可能的行动做出预判，从而展开部署迟滞敌人的行动。旅及友邻部队在其情报侦察能力范围内，尽可能满足战术群对情报的需求。此外，战术分群按照战术群指挥员的指示，及时传递与当前利益相关的情报，特别是关于敌人开进方向改变和作战姿态改变的相关情报。同样，战术群要向旅定期报告情况。在支援作战力量的使用上，战术群指挥员必须持续不断地预测战场情况发展，及时向旅提出在某一时间、某一地点使用相应炮兵、工兵、陆航等支援力量的请求。作战中，战术群通过保持便于实施侧射和攻势反应的纵深部署，以及展开一个负责掩护的战术分群，尽可能地消耗敌人力量。如果我方某个分队被敌人超越，则该分队在战术群可能的支援下，通过实施向外渗透来摆脱敌人；战术群指挥员要向该作战分队明确与敌脱离接触的有利时机，以便对敌展开相应的拦阻行动部署。

在任务结束阶段，战术群展开与友军接换行动。首先，在接换线前方十几千米的距离上，战术群指挥员准备实施集中拦阻行动，并与负责接换的部队紧密协同，共同实施。通过将战术群指挥所与负责接换的部队的指挥所对接，共同协同战术群越过接换线的行动。在完成最后一次拦阻后，战术群再次请求上级炮兵火力支援，同时战术分群突然地与敌脱离接触。[①]随后，战术群指挥员协同各战术分群在规定的集合地点与负责接换的分队实施交接。另外，战术群可以被编入旅的拦阻行动部署内。在这种情况下，战术群支援梯队应尽早收到命令，以在阻止线占领阵地，准备好接收第一梯队。

（六）战术运用的关键

轮式装甲战车合成战术群在实施迟滞作战时，成功运用战术的关键在于以下几点：（1）纵深部署。战术群必须采取纵深部署，通过第一梯队的积极行动，为纵深梯队争取必要的时间来展开拦阻作战部署，或为战术分群实施反击做准备。可以遵循节约兵力的原则来编组第一梯队，并在纵深集中兵力兵器连续发起行动来打击、消灭敌人。（2）火炮与反坦克导弹火力互补运用。为了有效迟缓可能有坦克加强的敌人分队，战术群在编组配备有火炮和反坦克导弹的装甲火力分队时，要给予反坦克导弹分队（甚至坦克）的加强。（3）展开必要的掩护部署。当敌人被我方分队迟滞时，敌人将寻求迂回绕过遇到的抵抗分队。所以，战术群要注意在侧翼展开相应的掩护部署。（4）组织好火力支援、反机动障碍布设和空中支援行动等的密切协同。轮式装甲战车不是坦克，因此战术群必须通过快速的战场机动，运用协同支援和突袭来对抗敌人的坦克。通常战术群可优先得到旅的支援。所以，关键在于战术群指挥员必须及时提出支援请求，并指示观察联络分队（DLO）密切跟踪和参与作战行动。（5）根据地形和敌人的性质，战术群指挥员合理确定迟滞行动的方式。分散迟滞的行动方式，要求各个战术分群拥有一定的作战自持力，同时还要求战术群第二梯队做好随时投入行动支援它们的准备，或利用它们创造的有利战机。因此，报告线和协同线对于战术群组织分散实施迟滞作战行动是必不可少的。条件允许时，

---

① 通常，这是最难处理的阶段，因为战术群没有多少时间先敌抵达己方部署的识别与接收点（PIA）。

应优先考虑使用分散行动方式。同时，战术群要保持能随时重新发起集中行动的能力。集中迟滞，通常是在较开阔的地形上为应对敌人较大威胁时采取的行动方式。因此，在战术群层面必须计划数个拦阻行动，为装甲战术分群实施反击做准备。（见图 5-10、图 5-11、图 5-12）

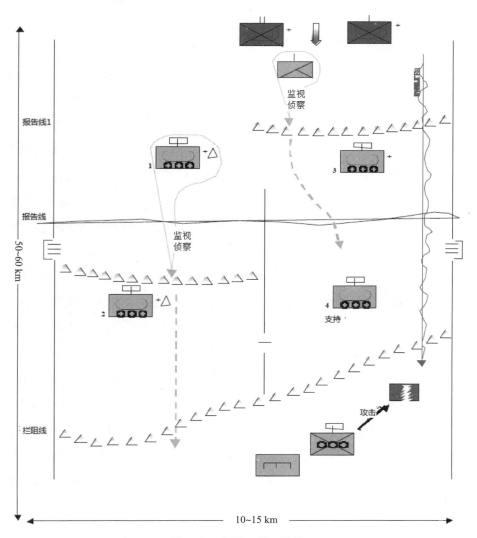

图 5-10　迟滞：第 1 阶段

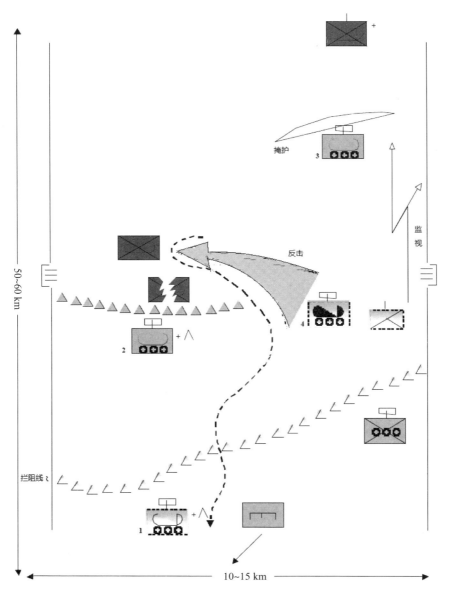

图 5-11　迟滞：第 2 阶段

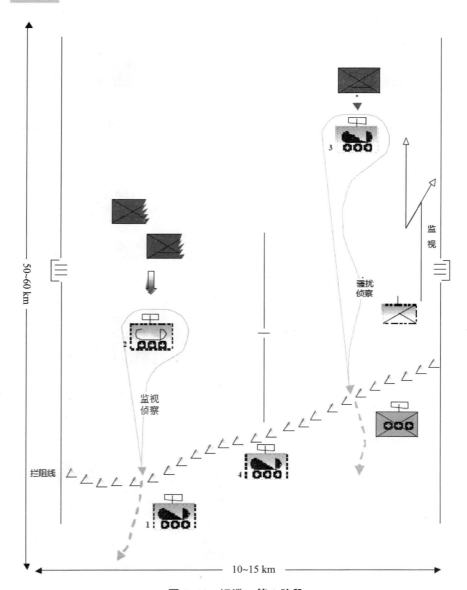

图 5–12　迟滞：第 3 阶段

三、拦阻

拦阻作战，是对正在运动中的进攻之敌突然发起以火力为主的打击行动，对敌造成尽可能多的毁伤，以粉碎敌人猛进之势，迫使敌人停顿下来。

通常，在以遭遇战的方式对敌实施情报侦察后，旅对敌实施密集猛烈的直接和间接火力打击，以暂时将敌人阻止在某一线上，并对敌人造成尽可能多的损失，迫使敌人停止前进，重新调整组织部署后才能继续进攻。因此，拦阻是突然的、短暂的行动，并且以突袭方式发起。而且拦阻作战只能起到临时性的阻敌效果。

（一）拦阻作战的任务

作为对敌实施以火力打击为主的拦阻行动，其任务在于消灭敌人，打乱敌人进攻部署。由于总体上敌我力量对比关系不利于我，所以旅投入战术群实施拦阻行动，以保障己方部队实现预期的防御作战效果。

通常在旅的命令中，赋予合成战术群拦阻作战的任务表述为："在某某时间某某地点消灭某某敌人。"

（二）实施拦阻作战的时机

旅可能通过将迟滞行动、集中拦阻行动和反击行动相结合，对敌实施迟滞作战。与反击相比，拦阻作战是更加"经济"的作战行动。旅在实施迟滞作战时会频繁展开拦阻行动，而拦阻行动反过来又赋予旅迟滞作战一定的作战节奏。

在实施迟滞作战中，旅可能会遇到意料之外的敌人威胁。在这种情况下，旅将命令战术群实施拦阻作战，以保障旅调整部署。此时，战术群的拦阻作战行动可能是旅组织的集中防御行动的组成部分。

通常旅面对的是遭遇战之敌。敌人第一梯队由前锋分队组成，而敌人前锋正是战术群的当面之敌。敌人为达成其当前任务的目标，通常会在两个主要方向上投入作战，这迫使战术群要根据战场情况变化灵活展开部署。由于敌我力量对比关系大约是 1:1，不利于我战术群，因此战术群被迫采取防守作战姿态。

（三）加强、部署和行动地域

如果条件允许，战术群应为每个战术分群配备一个炮兵观察分队（EO）。可以将工兵力量置于战术群指挥员直接指挥下，以根据所支配的时间集中布设障碍。战术群可能得到 1 个侦察勘察装甲排的支援，还可能会得到 1 个攻击直升机中队的加强。如果战术群掌握侦察与反坦克作战骑兵连（ERIAC），则既可以将其集中使用，也可以将其以排为单位加强给各个战术分群。

在理想情况下，合成战术群可编组 1 个火力打击分队（担负摧毁敌装甲目标的任务），1 个阻击分队，1 个掩护分队，1 个警戒分队（该分队要尽可能轻便，可由团防卫与干预排或侦察勘察装甲连的 1 个排来担任，其任务是将最新的情报通报火力分队），还可能有 1 个支援分队（用于发起攻势行动）。战术群应尽可能地形成"火袋"部署。如果战术群得到己方另一个战术群（坦克战术群或步兵战术群）的支援，则在作战中两者之间必须保持紧密联系，协同作战。

在拦阻行动中，战术群实施拦阻作战的地域正面宽度应根据地形、敌人大小和部署情况、旅给予的支援力量等因素而定。考虑到这些因素，战术群可以在 8~15 千米的正面上实施拦阻作战。

通常，战术群拦阻作战预期取得的阻敌效果大约为 1 小时。

（四）行动方法

拦阻行动可以由旅投入作战的第一梯队战术群来实施。战术群通过交替展开迟滞作战和拦阻作战的方式来实施回撤行动。在这种情况下，战术群指挥员可完全自主地决定在何时何地发起拦阻作战行动，但在这种情况下将可能得不到友邻战术群的作战支援。而且战术群可支配的时间很短，只能准备一个地段的拦阻作战。

拦阻作战也可以由负责掩护旅的战术群来实施。此时，展开拦阻作战的方向取决于敌人投入行动的方向，必须根据所获得的情报灵活确定。

拦阻行动还可以由旅投入作战的第二梯队战术群来实施。此时，战术群可自行确定实施拦阻作战的条件，以及要取得的作战效果和所需的支援。通常，战术群首先要接换前方实施监视侦察或迟滞作战的友军分队，然后才展开拦阻作战。

在以上任何一种情况下，旅都将投入整个轮式装甲战车合成战术群来实施拦阻，以对敌形成强大的火力；同时，旅还要给战术群相应的力量加强，特别是炮兵火力支援。如果战术群得到 1 个反坦克直升机中队的加强，则它或者在敌部署纵深上，或者在迂回方向上展开，主要对敌第二梯队实施打击。

在对敌实施拦阻作战过程中，如果敌人第一梯队的一个团再次发起攻势作战，则我旅应利用有利地形，以集中拦阻方式来对抗敌人。此时，敌人的支援力量会很强大，并且伴有空中火力支援；同时，敌炮兵火力将对我方静止目标实施猛烈射击，以迫使我方采取防护措施。在敌人强大火力打击面前，战术群隐蔽在待机阵地，并在返回预设拦阻阵地之前，通过警戒分队来实施战场侦察监视。如果条件允许，将两个预设拦阻阵地形成纵深部署，从而使敌人炮火射击落在前面的空阵地上。此外，如果时间允许，战术分群还可以构建假阵地。

（五）实施流程

法国陆军合成战术群在实施拦阻作战时，通常按以下程序展开。

在行动准备阶段，战术群要明确敌人投入作战的区域，我方实施阻击的位置，实施摧毁作战的阵地，进入和撤出阵地的路线，上级可能的行动，友邻的阵地，炮兵和工兵对敌采取的行动等。战术群指挥员要向各个战术分群明确任务以及执行任务的方法，包括规定各个战术分群的作战任务和行动地域，发起拦阻作战的条件，组织必要的通信联络，展开部署的时间和拦阻需要持续的时间，战术分群使用工兵力量和请求炮兵支援的规定等。此外，战术群指挥员要指定警戒分队（可以是同一个警戒分队参与数次拦阻行动），明确待机阵地，以及掩护部署；同时，指挥员要确定需要的炮兵、工兵力量加强，以及使用加强力量的条件，以有效用于支援战术分群的作战，或增强阻击分队，或布设障碍阻止敌人沿通道渗透等。

在展开部署阶段，如有必要，战术群指挥员可根据情报合理选择打击方向。在回撤作战的情况下，正在对敌实施迟滞作战的战术分群要在战术群拦阻线 5 千米之前突然地与敌脱离接触，然后返回支援阵地或掩护阵地。在查明敌人主力的进攻方向后，战术群离开待机阵地，隐蔽地进入射击阵地。在占领射击阵地过程中，根据敌人开进情况，战术群要保持无线电管制，但同时要和与敌接触的部队保持联络。

在实施拦阻作战阶段，战术群指挥员适时指挥各种火力同时射击，以猛烈的火力打击摧毁敌目标。对于火力打击分队和阻击分队的行动，根据情况，可由阻击分队的指挥员自主组织，或者也可直接由战术群指挥员来指挥。同时，战术群指挥员要协调好各种支援火力，以有效打击敌人。负责掩护的分队，要积极制止敌人迂回我方拦阻部署的行动。担负掩护任务的战术分群要依靠有利地形，有时还可以使用工兵布设障碍（根据所支配的时间），来展开掩护部署。负责支援作战的战术分群可以展开行动，以辅助拦阻作战分队的行动。根据拦阻持续的时间，敌人可能有也可能没有时间来展开机动迂回绕过我方部署；因此，敌人可能对我实施穿插渗透。此时，负责支援作战的战术分群必须能够对敌实施反击作战，制止敌人任何穿插渗透，以保持战术群部署的紧凑性。在拦阻作战后期，战术群指挥员要适时对战术分群下达后续作战任务指示。

在结束拦阻作战阶段，战术群要与敌脱离接触。拦阻行动一旦获得预期效果，战术群指挥员则下达与敌脱离接触的命令。同时，指挥员要协调炮兵火力支援，以协助战术群与敌脱离接触。在与敌脱离接触后，战术群

或将占领另一个拦阻阵地，或将再次实施迟滞作战，或将利用所取得的战果，投入支援战术分群实施反击作战。（见图 5-13）

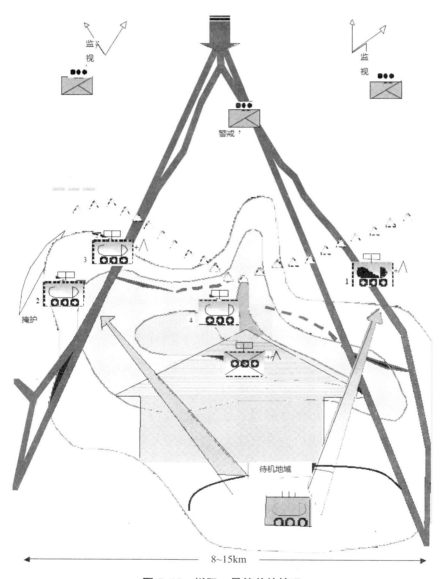

图 5-13　拦阻：最简单的情况

（六）战术运用的关键

轮式装甲战车合成战术群成功实施拦阻作战的关键在于以下几点：（1）行动的突然性。突然性是做到出敌不意和大量消灭敌人的保证。根据获得的情报，战术群隐蔽占领有两个行动方向的待机地域，进行隐蔽待机和侦察情报。当查明敌人主力从某一方向向我开进后，战术群实施隐蔽机动，以占领射击阵地，随后突然对敌发起密集的火力打击。（2）迅速、灵活地变换作战姿态。战术群是在总体敌我力量对比关系不利于我的情况下展开战斗，因此要通过突然发起火力袭击来暂时弥补这一不足。面对敌人第一梯队，敌我力量对比关系大约是1：1。在敌人投入其第二梯队企图迂回包抄我抵抗分队之前，必须与敌脱离接触。在特殊情况下，战术群可能要临时实施拦阻，但预有准备的拦阻作战会更加有效。（3）必须有安全防卫部署。在任何情况下，战术群都应避免被敌人锁定。为此，在危险的方向上战术群要自行组织掩护，以提前一定时间发出威胁告警。如果要连续实施两次拦阻作战，则负责警戒和安全防卫的分队可以是同一个分队。如果可以，战术群要保留一支援作战力量，以抓住一切机会对敌实施反击。（4）优先考虑从侧翼对敌发起火力打击。只要时间允许，战术群就应该布设障碍来增强拦阻作战的效果；否则，应利用制约敌人前进的自然障碍物来确定拦阻地域，尽可能从侧翼对敌实施打击。（5）以密集火力打击的方式对敌发起攻击。必须协调好直接火力和间接火力的行动，以密集火力打击获得更好的毁伤敌人效果。

四、掩护

掩护，是指针对敌人可能的行动展开相应的部署和行动，以确保其不能威胁到己方的主要行动。

通常面对敌人的进攻，战术群通过展开掩护行动来阻止敌人（即便是暂时阻止敌人），为旅争取时间做出有效反应。

（一）掩护的任务

战术群要及时发现敌人在旅部署前方或侧翼展开的任何行动，并在一定的时间内制止敌人强行投入战斗，以保障旅根据其当前的任务做出相应反应。为了完成该任务，战术群在旅规定的范围内拥有一定自主权。

比如，在旅的命令中，赋予合成战术群的掩护任务可表述为："阻止某某敌人（规模）在某某地区强行投入作战，直到某某时间。"

（二）实施掩护的时机

旅可能处于行进中或处于驻止状态。面对敌人在某一次要方向或在侧翼可能的威胁，旅展开相应掩护部署，以避免被敌突袭，从而确保旅的行动自由。通常当旅正在展开部署时，旅命令战术群在旅作战展开地域前方展开监视和掩护行动；或者，旅命令战术群在旅行进或驻止部署的侧翼展开掩护，或者在与友邻大部队之间的接合部间隙地展开掩护部署。

战术群可能要面对的是敌人团第一梯队以及其前方攻击侦察分队，或者面对企图攻占某一要点的敌先遣分队。敌人可能成两个梯队部署，以便在遇到我坚决抵抗时实施迂回或寻求对我后方实施攻击。敌人分队可能实施渗透作战。因此，战术群必须及时发现渗透之敌，并在敌人能够侦察到情报之前消灭该敌。

（三）加强、部署和行动地域

战术群可能得到整个侦察勘察装甲连（EEI）或者部分力量的加强，以及1个坦克连的加强。如果战术群掌握侦察与反坦克作战骑兵连（ERIAC），则将其以排的方式合理分散加强给各个战术分群。战术群还可能预有计划地得到一个反坦克直升机中队的加强。

通常战术群成纵深部署，并在前方展开一个宽广的监视带部署。第一梯队要能够对敌实施迟滞作战，第二梯队包括准备用于实施拦阻作战的战术分群和用于反击作战地域实施作战侦察的战术分群。

战术群行动地域：在监视线上，行动地域宽度可达 10～20 千米；在迟滞作战地域，宽度为 8～15 千米。掩护作战的行动地域纵深可达 15～20 千米。

（四）行动方法

战术群展开作战行动，阻止敌人抵达某一掩护线；该掩护线通常距离旅主要行动地域 10～20 千米。为此，战术群展开纵深部署行动，首先在监视线上获得情报，随后对敌实施迟滞、拦阻，甚至反击作战等行动。

如果旅处于驻止状态，则战术群可能是实施固定式掩护；如果旅处于运动状态，则是机动式侧翼掩护。这两种掩护行动在执行方式上有所不同。

（五）实施流程

在行动准备阶段，战术群要明确旅规定在掩护线之前要争取到的时间，确定掩护作战中需要的支援和加强，并研究敌人可能攻击的目标和要占领的地形要点。当战术群实施固定掩护时，要明确监视线、第一条和最后一条拦阻线的位置，以及要实施作战侦察的反击地域。当战术群实施侧翼运动掩护时，则要明确对应于监视线和拦阻线的展开方向。

在展开掩护部署阶段，战术群要展开宽大的监视部署，派遣机动巡逻队实施侦察。当战术群实施固定掩护时，要在敌人必经之路展开警戒哨，并通过轻击敌人试探其反应。（见图 5-14）当战术群实施侧翼运动掩护时，则要在前进方向上，同时还在威胁方向上展开掩护部署；在伴随旅机动过程中，战术群要以线性方式或通过三角形交替转移的方式，保持纵深部署。（见图 5-15）

在与敌接触阶段，战术群首先要获取在我掩护方向上投入作战的敌人作战姿态相关情报。必须消灭敌人的作战侦察分队，阻止敌人的任何渗透。根据获得的情报，战术群在纵深准备攻势行动或拦阻作战。

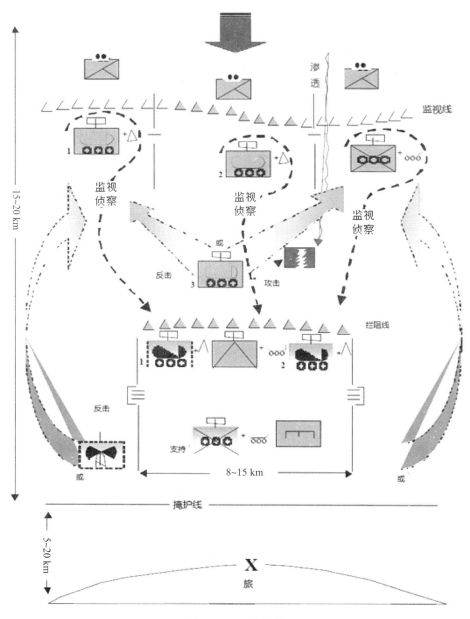

图 5-14　固定掩护

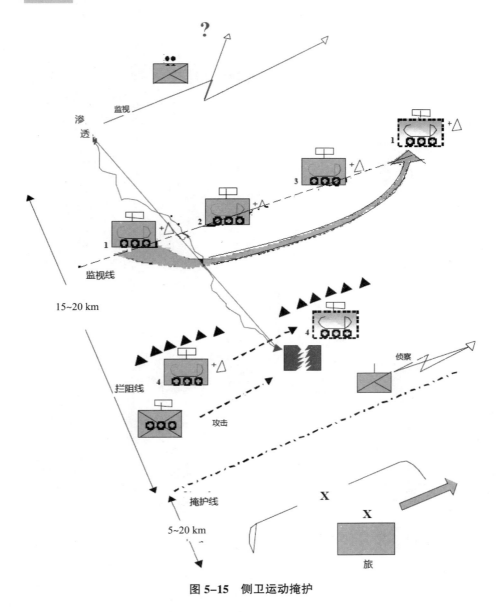

图 5–15   侧卫运动掩护

在对敌实施作战阶段，战术群首先实施迟滞作战。开始时，监视分队对敌人实施监视侦察，然后被战术群第一梯队接换。随后，战术群通过缩小投入交战的地域正面，逐段迟滞敌人。第一梯队要迟滞敌人直到第二梯队展开拦阻行动；第二梯队首先接换后撤的第一梯队，随后接着迟滞敌人。而回撤的部、分队转入支援作战部队中的战术分群，准备接换从前方后撤的友军，然后再次展开迟滞作战。在逐段迟滞敌人的过程中，战术群视情缩小投入交战的地域正面，直到战术群拦阻能力之内。在逐段迟滞敌人过程中，如果情况允许，支援作战战术分群可抓住时机实施反击。

最后是与友军接换阶段。如果在规定时间之前，战术群不能有效制止敌人，则由旅接换战术群。战术群要为接换做好准备，同时要继续执行掩护任务，直到被旅有效接换。在掩护线之前，战术群在对敌实施最后一次拦阻后，迅速与敌脱离接触。

（六）战术运用的关键

轮式装甲战车合成战术群在实施掩护作战时，成功运用战术的关键在于以下几点：（1）及时获取情报，对战场情况进行预判。战术群自主确定合适的监视线，并宽广地展开必要的监视力量，以及时了解战场情况，合理调整掩护部署和迅速做出反应。（2）在行动地域展开纵深部署，并保持及时做出反应的能力。战术群在掩护线之前展开作战部署。在监视线和集中拦阻区之间，战术群首先对行进之敌实施迟滞作战，并适时以反击对敌做出攻势反应。（3）摧毁敌人企图实施渗透的各种作战侦察力量。必须坚决阻止敌人获取我方部署和旅行动展开情况的情报。否则，掩护任务将有可能失败。

五、接换友军

接换友军行动，是指在一个区域或一条线上，支援某个回撤的己方分队，使它可以通过己方部署，然后掩护它一段时间。法军规定，接换友军是承担支援作战部队的固定任务。

战术群在与敌脱离接触后，通常要越过负责接换自己的己方部队部署，抵达某一线或某一区域进行休整，为随后作战进行准备。负责接换的己方部队则接替战术群继续实施作战。

（一）接换友军的任务

当战术群作为被接换的部队，在与负责接换部队取得联系后，两者紧密协同行动，确保在负责接换部队的支援下，战术群顺利通过其部署地域。在接换过程中，战术群要注重展开作战行动，积极对敌实施打击。

（二）战术群被友军接换的时机

战术群在完成监视侦察、迟滞作战或掩护任务后，通常将被友军接换。

在这种情况下，战术群面对的是遭遇战之敌，且敌我力量对比有利于敌。敌人可能是其大部队（师旅）的侧卫，规模在 1 个团左右，而且其前锋被我战术群迟滞。如果敌人是其大部队的第一梯队，则敌人可能会重新发起强攻作战，使得战术群被迫对其实施监视侦察。

（三）加强、部署和行动地域

通常战术群为每个战术分群配备一个炮兵观察组（EO）。如果战术群掌握侦察与反坦克作战骑兵连（ERIAC），可以将其以排的方式分散向下加强，或将其与侦察勘察装甲连（EEI）全部或部分力量一起编组，担负掩护作战任务。

为实施最后一次拦阻行动，战术群在第一梯队只保留作战必需的战术分群力量，并减少其部署中的各种手段，以便快速地被己方部队接换。

战术群首先在一个正面为 20～30 千米的行动地域实施监视侦察，随后在正面为 10～15 千米的行动地域实施迟滞作战。根据情况，负责接换的部队其行动地域可能会更小（如当友邻部队采取防波堤式的防御部署时）。因此，战术群必须向各个战术分群下达清楚详细的命令，以明确其回撤的路线和分配给各战术分群的友军识别与接收点（PIA）。当战术群实施监视侦察时，它可能被多个负责接换的己方部队所接换。此时，每个战术分群应将其指挥所与负责接换的部队的指挥所对接，以确保顺利展开接换。战术群指挥员必须注意协调与敌脱离接触的行动节奏。

（四）行动方法

接换行动的程序方法由战术群与负责接换的部队紧密联系共同确定，为此，战术群向负责接换的部队派遣 1 名联络军官。战术群确定与敌脱离接触的时间和地点，确保有必要的时间抵达接换线（LRCL）。通常与敌脱离接触的地点距离接换线大约是 10 千米。在没有越过接换线之前，战术群要继续实施作战。自支援火力线起，它可以得到负责接换部队的炮兵火力支援。战术群指挥员在下达完最后一次拦阻命令后，便将其指挥所与负责接换的部队指挥所进行对接。

（五）战术运用的关键

轮式装甲战车合成战术群顺利被己方部队接换的关键，在于以下几点：（1）避免与敌部署犬牙交错。越过己方友军部署是一个较难处理的行动阶段；负责接换的部队必须能够清楚地区分要接换的己方战术群分队和跟随其后要打击的敌人。因此，战术群必须通过最后一次拦阻积极争取必要的时间，然后突然地与敌脱离接触，迅速而有序地后撤。（2）及时向负责接换的部队通报与敌接触交战的情况。通过将战术群指挥所与负责接换的部队的指挥所进行对接，向其传递所有必要的信息情报。战术群在第一梯队后保留一个战术指挥所，以指挥其最后的作战行动。（3）及时为最后一次拦阻作战做准备。战术群必须提前构思作战行动，集中其力量于最后一次拦阻作战上，因为拦阻作战的结果将极大地影响随后接换行动的展开。（4）协调部队有序地与敌脱离接触。在行动过程中，战术群必须保留在面对危险情况时能有效做出反应的能力，直到它被己方部队有效地接换。

第七节　安全防卫作战中的战术运用

在安全防卫作战中，轮式装甲合成战术群可能展开控制地域、防卫重要目标等行动。

一、控制地域

战术群实施控制地域行动，是要阻止敌人在某一地域内自由行动。一方面，及时发现和监视敌人在这一地域中的渗透行动或机动；另一方面，要对该敌采取必要的行动。

实施控制地域的目的，是要保持己方在该地域拥有行动自由，同时阻止敌方在该地域的自由行动。

控制地域是基于观察获取情报和保持干预行动能力两者基础上展开的行动。通常，在对明确的敌人采取强制性作战行动中，或者在对被判定为"不受欢迎"的人员或人群展开危机控制行动中，战术群实施控制地域行动。对于危机控制行动而言，控制地域是一种供参考的行动方式。

在武力强制性行动中，旅可能在两个大部队之间的间隙地，在旅的侧翼或后侧展开轮式装甲合成战术群实施控制地域行动。其目的是保持对必经通道地域的自由支配，或者是保护敏感目标。为此，战术群可能要面对各种不同的战场情况。

在危机控制行动中，控制地域只是一种供参考的行动方式。旅负责一个区域的安全，并根据情况使用适当的武力和手段，目的是使各方切实遵守相关约定。通常维持秩序不是旅的任务，而是当地警察部队或国际警察部队的任务。在某些情况下，旅会身处界限很模糊的情况，可能要面对自发的，而且更多时候是人为操纵的人群骚动。而旅在心理影响行动和战术行动上的自由度，在很大程度上有赖于旅是否能有效应对阻碍其完成任务的各种形式的风险和威胁。较难处理的问题是，旅在行动过程中既要显现出强硬和坚决姿态的同时，又不能造成人群不可接受的损失。

（一）控制地域的任务

战术群通过展开部署，寻找和定位敌人，盯住发现的敌人分队，并对其采取恰当的行动，或锁定、或消灭、或控制该敌。

比如，轮式装甲战车合成战术群控制地域时所承担的任务是："控制某某区域，并保持在该区域任何地方在30分钟内展开1个排实施干预行动，在1个小时内展开一个战术分群实施干预的能力。"

（二）实施时机和行动背景环境

在强制性行动中或在危机控制行动中，根据战场情况和任务需要，旅投入战术群实施控制地域行动。

如果任务区隐蔽物多且地形分割散碎，则优先考虑使用以步兵为主的合成战术群来展开地域控制；如果地形开阔，则优先考虑使用以装甲兵为主的战术群来实施。然而，不管主体兵种是步兵还是装甲兵，都必须给予战术群相应的加强，如对第一种情况要给予装甲兵加强，对第二种情况则给予步兵加强。

法军使用不同术语，对步兵合成战术群和装甲兵合成战术群控制地域的目的做了明确区分。法军认为，"控制地域"是属于以装甲兵为主的行动，是在广阔地域空间上展开行动的方式。而"控制环境"，指在一定时间内控制物理环境和人文环境的行动，属于步兵能力范围内要取得的行动效果。其前提是己方部队长期存在和占领着该地域，而且该地域（如稠密居民区）也对部队的行动提出一定的要求。

在强制性行动背景下，合成战术群在实施控制地域行动时可能要面对渗透进来的敌人，或在己方纵深空降或机降展开行动的敌人部队。敌人这些分队可能收拢起来后展开一个重大作战行动，其规模能达到1个营（300 人左右）或数个连，分布在数个要点。一旦抵达预定目标，这些敌人分队只能坚守数个小时：对于连规模的敌人，能坚守 3 ~ 6 小时，对于营则是 6 ~ 12 小时。它们是为后期敌人的作战行动做准备。根据它们进入战场位置方式的不同，敌人分队的装备也各异，从空降部队的步兵冲锋枪到可空运投送的轻型装甲车等。有时，还可能有游击队与这些敌人部队会合。

在危机控制行动背景下，战术群可能面对的敌人主要是：（1）民兵和派别武装。当正规军执行和平协议并愿意放下武器时，取而代之则可能是民兵或政党派别武装团伙，或多或少是独立的或极端的武装力量。这些不受控制的武装力量对战术群行动构成一定的风险。（2）"不受欢迎"的人员。在社会经过一段混乱时期后，当局势持续动荡不稳定时，匪徒通常会吞占某些领地，以实施走私贩毒和靠压榨当地贫困百姓来牟利。他们通常是在夜间活动，并限于某些特殊区域；但是他们拥有武器，并可能对妨碍他们夜间犯罪活动的战术群干预行动采取暴力对抗。（3）人群骚动。人群可能会通过被动的抵制行为或抗议活动，来对抗部队的展开和驻扎；或者，某些特别激进的个人会挑衅甚至袭扰部队。另外，人群对宣传和对恐惧的极度敏感性会产生恐慌现象，这可能会导致人群骚动或群体运动的终止。

（三）加强、部署和行动地域

根据行动地域的大小范围、要显示武力存在的意图和对情报的需求，战术群可能得到整个侦察勘察装甲连（EEI）或者部分力量的加强。还可能得到第二个步兵连的加强。如果战术群掌握侦察与反坦克作战骑兵连（ERIAC），可将其编组为一个战术分群，负责一个责任分区。

战术群要形成梯次部署，并要保留一支预备力量，从而能迅速及时地实施干预。战术群指挥员在不让职责过度分散的前提下，可以采用各种适当的力量编组形式。

战术群可能负责控制 1000～2000 平方千米的责任区域。当战术群需要保卫敏感地点时，行动地域则更小。

（四）行动方法

在对要控制的地域和开进路径上的关键地点进行全面准确的情报侦察之后，旅为战术群加强和配备相应的行动手段，使战术群在行动中能采取必要措施来控制态势和保持行动自由，并根据情况迅速、有效地做出反应。如有必要，战术群能根据行动方式，在遵守交战规则前提下灵活采取武力方法，或强制迫使方法，或显示武力方法，或说服方法，对敌人或敌对方造成适当损失来阻止其自由支配这一区域的企图。

情报是有效展开行动的基础。从任务开始时，战术群就要展开覆盖整个区域的情报部署，实施初期情报侦察。通过侦察，寻找和定位任何被认为是"不受欢迎"的人员和力量，并明确要监视的关键地点和重要方向。在完成控制地域整个任务过程中，战术群要组织持续不断的情报搜集。当战术群只是执行短期的控制地域任务时，战术群将给各个战术分群明确其责任区，并保留一战术分群作为预备干预力量。当战术群控制地域任务为期数个月，则战术群除了划分责任区外，还可让各个战术分群分担不同角色，并且每半个月轮换一次角色。比如，一个战术分群负责在一检查哨所展开部署，并对明确的地形要点实施侦察；另一个战术分群在现地展开并搜集情报；一个战术分群作为预备力量，随时在 1 小时内实施干预（1 个排则是在 30 分钟内展开干预）；一个战术排则进行休整值班（警卫、实施器材保养、训练等）。

当在控制地域区内发现某一敌人部队或者不受欢迎的力量时，则要尽早盯住和监视它，以避免情况恶化和波及更大范围。负责警戒的战术分群应根据战场情况尽早做出反应，视情况将其消灭、锁定、压制或驱逐出该地域。

（五）实施流程

在行动准备阶段，战术群首先，要研究任务，包括控制地域任务要取得的行动效果，行动中应遵循的行为规则和交战规则，战术分群担当的角色等。其次，战术群要研究行动的背景环境，包括尽量搜集有关当地居民、邻国盟友或中立方的情报；要通过各种侦察手段了解相关地域情况，研究要监视的关键点或要保卫的敏感目标等。必要时，各战术分群对各自的责任区展开研究。再次，对敌人、民兵或派别武装等敌情进行研究，包括估计敌人规模大小、定位敌人，研究敌人的要害部位、弱点和强点，敌人行动所针对的目标，可能采取的行动，以及敌人从环境寻求的支持等。在详细研究任务、地形和敌情后，战术群明确要监视或保卫的要点，以及潜在的目标，了解道路网的通行能力和必经的通道（以便计算展开干预行动所需时间），明确设置一个或多个监视哨所的可能性，以及行动对通信联络的要求（是否需要建立通信中继）。最后，战术群参谋部协助指挥员计划组织战术群的行动，组织战术分群的轮换，组织通信联络、指挥、后勤支援等，并明确作为预备力量的战术分群进入戒备和实施干预时采取的行动。

在任务实施阶段，战术群首先按计划展开各种部署，对地域进行监视：（见图 5-16，图 5-17）（1）负责某一责任区的战术分群开设静止观察哨，通过观察及时获取情报；还可以通过翻译及时了解该区域的信息。该战术分群要组织日常巡逻，并通过随机的巡逻，向敌人和民众显示己方力量的存在。此外，面对民众，该战术分群展开军事民事行动，以"吸引"民众，争取他们的支持，充分了解他们关心的问题。另外，还应了解可能的非政府组织行动相关信息。（2）负责搜集情报的战术分群，通过在相关区域展开临时的静态观察部署，并结合随机巡逻、与民众和当地政府进行联系等途径，积极广泛地搜集各种情报。此外，该战术分群还要组织随机搜索情报行动，每天变换搜索区域，并注意与民众和当地政

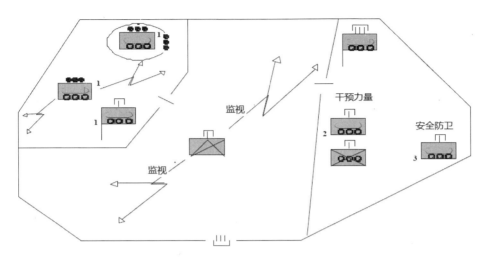

图 5-16　控制地域：合成战术群层面的角色分配

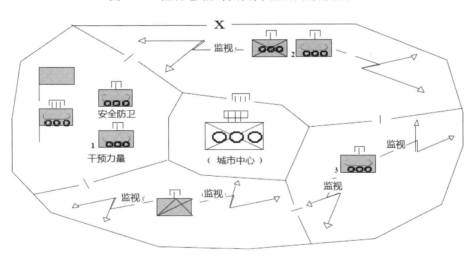

图 5-17　对城市市郊地区的控制

府保持联系。（3）战术分群为各排划分责任区，同时保留 1 个排作为预备干预力量。当发现某一敌对力量或不受欢迎的力量时，战术分群首先指挥与敌接触的兵力对其进行监视；如果可以，将其孤立隔离。随后，战术分群向战术群指挥员报告情况，并根据情况请求处于戒备状态的战术分群立即展开干预行动。战术群随后视情投入干预力量，在 30 分钟内展开 1 个排干预，以锁定和压制敌对力量；如果必要，使用战术分群其余力量展开干预。如果必要，战术群组建一个新的预备干预力量，确保应对突发情况。在展开干预行动的同时，每个战术分群迅速与其当地日常对话者取得联系；同时，战术群对将要实施的干预行动进行解释说明，并判断敌对力量姿态和当地政府的意图。在干预行动中，战术群要注意获取和利用情报，及时调整部署适应战场实际情况，进一步细化交战规则，改善搜集情报的方法程序，并适时转换警戒状态。在控制群体运动的情况下，战术群首先要做好自我保护，比如在车辆的侧面装上铁丝网，并命令工兵分队在部队前方迅速展开，以根据情况布设障碍物。在控制群体运动时，战术分群要避免分散和孤立，尤其要避免与人群犬牙交错。当战术分群处于不能继续完成其任务或处于脆弱状态时，应立即与人群脱离接触；战术群组织部队撤出，并根据情况使用障碍将部队与人群隔开；通过恢复或建立安全距离，以确保部队的行动自由。根据具体情况，战术群可显示要诉诸武力的决心来进行威慑，必要时，根据交战规则进行自卫。在干预过程中，战术群要保留 1 个装甲战术分群作为支援作战力量，以实施威慑性干预行动。

任务结束后，战术群要将控制权归还当局政府，并向当地部队转交所保卫的敏感目标。同时，应向民众做任务结束或干预结束的解释工作。

（六）战术运用的关键

成功实施控制地域的关键在于以下几点：（1）持续不断地搜集情报。战术群以分散行动的方式，战术分群则以静止或移动的小分队（排或巡逻队）组成网状点阵结构，广泛分布在相关区域中，不断搜集情报。通常，这些情报的有效期并不长；此外，应尽快利用已获得的情报，以更好完成任务。当发生突发事件时，必须赶在情况恶化之前，在人群没有在现地聚集之前有效控制事态发展。（2）展开覆盖整个地域的部署。在战术群层面，主要负责协调开展情报搜集工作，并集中获得的情报。此外，不仅要在情报搜集工作上展开覆盖整个区域的部署，更要在最短的时间内能在该区域任何地方做出有效反应。（3）分散展开行动，快速做出反应。各个战术分群对事件的报告必须迅速、准确。战术群指挥员应迅速判断情况和定下决心。战术群有效做出反应的时间是关键，而且必须做出适当的反应，以确保对局面的控制。（4）确保行动自由。禁止战术分群将力量分散成太小的单元，因为这会导致战术群的脆弱和不能做出有效反应。因此，法军规定最低行动级别是排，而且战术分群要能在排投入行动后30分钟内展开干预行动。（5）保留必不可少的预备干预力量。法军根据保持行动自由原则，要求战术群一直掌握1个战术分群作为预备干预力量，以便根据需要在该区域任何地方随时展开行动，显示我反对任何敌对行动或不受欢迎行为的决心。（6）采取轮换措施，避免墨守成规。如果战术群必须长期部署，则不应使战术分群担任固定不变的角色。通过不时轮换角色，以保持作战人员的士气、行动积极性和警惕性。（7）明确清楚的交战规则和行为规则。在开始执行任务之前，战术群指挥员从旅获得明确详细的交战规则（ROE）和行为规则。随后，他将交战规则和行为规则向下传达到每一级别，确保每个人都理解任务情况和指挥部希望实现的行动效果——这将促进各级发挥主动性。此外，还必须向各级定期通报情况。（8）显示客观性。战术群在行动中要向各方显示行动的客观性和公正性，这是必不可少的，也是很难做到的。通过定期改变战术分群所充当的角色，将有助于确保行动的客观性。

二、防卫重要目标

防卫重要目标，是指通过作战或直接占领，战术群占领某一阵地或某一地形点，并展开各种作战部署，以尽可能阻止防卫目标被敌人摧毁或夺占。

防卫重要目标与控制地域的目的相似，只是程序方法不同。战术群通

过攻占或占领一个目标，并使用各种手段对目标展开保护和防守，确保在一段时间内对该目标的自由支配。（见图5-18）

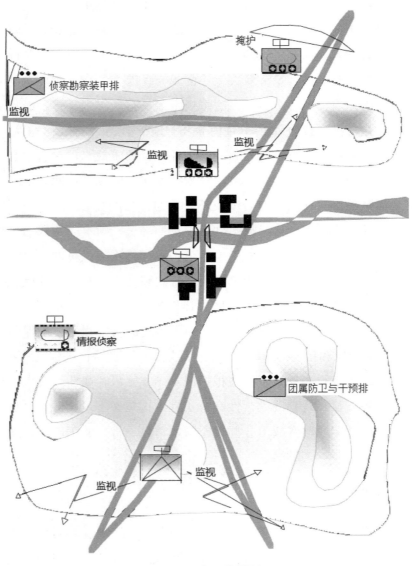

图 5-18　防卫重要目标

（一）任务

战术群是在非常有利的敌我力量对比关系情况下去攻占指定目标。因此，战术群更多是将注意力放在应对出现新威胁的反应能力上。实际上，在出现意料外的威胁时，战术群要通过保护要点来争取时间，以等待支援部队的到来。

通常轮式装甲战车合成战术群防卫重要目标的任务是："战术群采取强制行动，在1个小时之内，抢先各种直接威胁力量到达某要点周围。"或者"阻止某某敌人在某某区域投入行动，直到某某时间"。

（二）实施时机和行动背景环境

在武力强制行动背景下，当旅专注于准备下一步行动，并为此要控制某一关键地形、必经通道等时，旅可能要求战术群占领和防守某关键点。比如在实施迟滞作战中，旅可能要求战术群掩护某一后方区域，如控制某河流上的桥梁；在攻势作战中，旅可能要求战术群确保某一冲击发起线地段，以便于旅展开反击作战。通常战术群在完成防卫要点任务中，要在敌人侦察分队或安全防卫分队之前抢先行动，不让敌人对目标实施情报侦察或在目标区展开先期部署。战术群首先遇到的可能是敌人的轻型作战分队，但随后攻击性强的敌人主力很快就到来。同时，敌人可能针对相同目标在我方后沿机降或空降一作战力量。此外，这些敌人力量可能会与游击队会合。

在危机控制行动背景下，且在总体上执行控制地域的任务中，旅可能展开战术群以占领和保卫某一敏感目标，或控制各个敌对派别行动所针对的目标，以便随后在通过政治谈判确定其未来归属之前平息各方的过激行为。同样，对在敌对派别之间的隔离区域的敏感目标也是如此，必须确保各方不能靠近该目标，并阻止各种力量渗透进入。因此，战术群可能面对的敌人主要是：（1）民兵和派别武装。对于某些武装匪徒而言，要点可能被其视为是不可易手的，他们可能不肯放弃或拒绝失去从中得到的利益。因此，战术群可能要诉诸武力攻占此要点。（2）"不受欢迎"的人员。出于自身利益考虑，某些人可能会阻碍旅的行动和妨碍战术群行动的展开。

（三）加强、部署和行动地域

根据行动地域的大小范围，要显示力量存在的意图和对情报的需求，战术群可能得到整个侦察勘察装甲连（EEI）或者部分力量的加强。如果战术群掌握侦察与反坦克作战骑兵连（ERIAC），可以排的方式将其分散向下加强，或与侦察勘察装甲连一起担负掩护任务。战术群可能得到第二个步兵连的加强。如果要点需要构筑工事来加强或巩固防御工事，则可能需要工兵专业分队的加强。

战术群要形成梯次部署，且战术群指挥员要保留一支预备队，确保能迅速及时地实施干预。战术群至少要派 1 个战术分群占领目标阵地。

行动地域的大小可能是 400～800 平方千米区域，在某些情况下可能会更小。

（四）行动方法

战术群必须随时准备好强行投入作战行动，展开力量来占领阵地，并根据适当的交战规则来使用武器。

通常战术群以一部分兵力占领要点，其余力量用于要点的近方安全防卫和远方安全防卫。行动地域的大小根据对作战情况的判断而不同，但通常都比控制地域任务中的地域要小。旅必须向战术群明确任务持续的时间。通常防卫重要目标任务持续的时间较短。

（五）实施流程

在行动准备阶段，战术群首先，要研究任务，包括任务要取得的行动效果，完成任务的条件和要求，任务持续的时间，行动中应遵循的行为规则和交战规则，需要的支援和加强等；其次，要研究要点场所环境，包括要点的地形情况，要点的脆弱部位（以便展开针对性的监视和防卫），展开安全防卫部署需要构筑的工事，以及要点的周边环境；再次，要对敌人或派别武装等敌情进行研究，包括敌人的行动方式，强点和弱点，敌人从环境寻求的支持等。最后，战术群要根据所支配的时间，组织侦察，并视情况与当地政府取得联系。战术群指挥员要给各个战术分群分配任务，包括负责占领要点和直接防卫要点的战术分群，负责近方防卫和远方防卫的战术分群，作为预备干预力量的战术分群，以及负责情报搜集的分队等的任务；此外，还要组织相应的后勤支援，组织指挥通信联络保障等。

在占领要点阶段。首先，战术群向敌开进，并展开掩护部署。在武力强制性行动背景下，战术群先展开一直接掩护部署，同时派出侦察，并保持拥有支援作战能力；在危机控制行动背景下，战术群首先孤立要点所在区域，并视情况展开监视部署，或直接展开阻止敌对力量接近要点的作战部署。其次，战术群先敌采取行动，快速占领要点。如果要点还没被敌人占领，则战术群要快速进入，使用部分兵力展开先期部署，准备应对可能出现的威胁；在进入要点地域后，战术群展开侦察，进一步明确直接防卫、近方防卫和远方防卫的行动部署；最后，战术群展开和改善部署，包括在要点上的部署和在其附近区域的部署。如果要点已被敌人占领，在武力强制性行动背景下，战术群通过展开掩护部署和支援作战部署，在必要的火力打击支援下削弱敌抵抗力量后，对要点发起强攻；在危机控制行动背景下，战术群首先对占领要点的敌对人员施加压力，展开行动孤立要点所在区域，并展开削弱对方抵抗的行动。通常，在初始时，战术群应避免诉诸武力，而是通过说服对方放弃要点。在占领要点后，战术群适时展开相应监视部署，通过设立监视哨所、展开巡逻，或与当地信息情报网联系（如果需要，建立该网络），以搜寻相关情报。在危机控制行动背景下，战术群要在要点周围设立检查点，以有效控制要点和周边地域。

在防卫要点阶段，战术群要展开和完善掩护部署，并始终保持干预行动能力。在武力强制性行动背景下，战术群将继续完善初始防卫部署，并计划火力运用，保持能对敌实施拦阻作战和反击作战的能力；当敌人对要点采取行动时，战术群以掩护作战的方式做出反应。在危机控制行动背景下，战术群逐渐减轻初期孤立对方的部署，同时保持一定显示武力的能力；遇到突发情况时，战术群投入预备干预分队，或在局部以有利的力量对比关系来预防危机。

在任务结束阶段，如果是在武力强制性行动背景下，则战术群将要点转交给旅；如果是在危机控制行动背景下，则战术群将要点阵地恢复其原貌，并将要点转交给当局政府。

（六）战术运用的关键

成功实施防卫要点作战的关键在于以下几点：（1）控制要点周围的地域。只有及时确认并有效控制要点，才能保护要点不受各种威胁损害。要点目标不应该暴露在敌人远距离直瞄射击范围下，因此，必须监视瞰制我方要点阵地的周边制高点。（2）及时获取情报。显然，情报对于任何行动的成功都是非常重要的。（3）保持必不可少的预备干预力量。战术群要具备对任何威胁都能做出适当反应的能力。通常需要使用预备力量改变局部敌我力量对比关系。（4）迅速反应。反应的速度影响着能否有效保护要点。必须在情况恶化之前及时采取有效行动，否则会导致后期需要投入更大的力量。不管威胁力量性质如何，阻止其占领目标总比在其占领目标阵地后将其驱逐出去要容易。

第八节　轮式装甲战车合成战术群的指挥

由于轮式装甲战车合成战术群以轮式战车团为基础编组作战力量，通常由战车团指挥员担任战术群指挥官，对战术群内的各个分队和加强力量实施集中统一的作战指挥。通常战术群中编组一个指挥模块（指挥与后勤装甲连），由战术群指挥员直接掌握。该指挥模块包括 1 个参谋部，负责组织指挥作战行动和组织支援保障；1 个通信排，拥有数辆指挥车，负责对内和对外的全部通信联络。指挥模块拥有相应的指挥通信手段，除满足开设基本指挥所需要之外，还可以编组 1 个小型战术指挥所。

一、战术群指挥所的组成方式

通常，轮式战车合成战术群可采取以下几种指挥所组成方式：

建立一个单独的指挥所。这种方式只在特殊情况下才采用。通常是在作战行动以外的情况下采用这种组成方式，因为作战中如果指挥手段过于集中，显然会产生很大的脆弱性。通常，在集结地域和在待机地域，战术群也可以采取这种指挥所组成方式。

建立一个基本指挥所和一个战术指挥所。通过这种组成方式，可在没有预先通知情况下，展开一个轻型指挥组，确保战术指挥员可以到现地展开观察和实施话音指挥；指挥员可以在一辆前进装甲战术指挥车（MA-2MF）上，对作战行动实施指挥。尽管指挥员可以选择靠前指挥，但指挥所的核心工作仍然是将战术分群的作战行动与战斗支援和保障合理结合，以有效展开行动。这种指挥所组成方式的思想，是建立一个能够承担各种作战指挥功能的"重型指挥所"，以及一个灵活机动的"战术指挥所"，以求有利于作战力量的模块化组合。轻型"战术指挥所"用于靠前指挥，但却不具备"重型指挥所"同等的指挥能力。通常，战术指挥所只有二维协同、火力支援、后勤、情报、数据传输等能力；而且战术指挥所只能展开工作很短一段时间。此外，当展开战术指挥所时，基本指挥所最好不要实施转移，或者只是实施小范围转移。

建立两个同等分量的指挥所。在理论上，这种方式更加平衡；但是，在这种情况下，战术群将没有能力再展开一个轻型战术指挥所。此外，这两个指挥所不是严格一致的和可以互换的，因为战术群的某些指挥通信手段是唯一的，如 MESREG 和 PRA（用户端无线电台）。在这种指挥所组成方式中，由于每个指挥所在人员和器材上数量的减少，导致工作负担大大增加。然而，尽管有诸多不便，法军还是将这种指挥所组成方式保留下来，并在实施大范围运动时采用该方式。

二、指挥所的编组配置

战术群指挥所可编决策组、作战指挥组、后勤指挥组、兵种联络组、通信保障组。在各组的配置上，通常战术群指挥员和副指挥员编入决策组。也可以考虑 1 号首长和 2 号首长各负责一个指挥所。通常，战术群指挥员在单独的指挥单元，可根据需要向工作中的指挥所转移。这种方式很灵活，即使战术群 1 号首长处于旅指挥所时，也可以保证对战术群持续不间断地指挥。作战指挥组主要由指挥控制组和情报组这两个主要指挥组构成。在对各指挥组的指挥上，可考虑由指挥控制科（C2）负责一个指挥组，可以让作训科长负责另一个指挥组。后勤指挥组主要由技术保障科科长和医务长负责指挥。各兵种联络组由相应兵种联络组长负责。通信保障组，则由相应的通信士官负责。

参谋人员在各个前进装甲指挥车上的分配，将影响通信网络手段的分配。战术群指挥员可以选择最符合任务要求和效率最高的指挥手段配置方式，通常可采用按指挥功能分组和按层次分组两种方式。

按指挥功能分组：指挥控制指挥组和情报指挥组，分别配置在前进装甲作训车和前进装甲情报车上。前进装甲作训车上主要有作训军官、核生化军官（或作训军官副官），建立对上指挥通信网、对下指挥通信网；前进装甲情报车上主要有情报军官、情报士官，并建立对上情报通信网。这种配置方式能保证各组具备在各自领域（作战和情报）保持一致性的优点，既能对上也能对下展开通信联络。但是，这种配置方式要求在这两个组之间保持紧密联系，以确保作训科参谋军官及时注意和利用情况通报中的相关信息。

按层次分组：对上指挥组和对下指挥组，分别配置在前进装甲对上指挥车和前进装甲对下指挥车上。在前进装甲对上指挥车上，主要有情报官、核生化军官（或作训军官副官），建立对上情报通信网、对上指挥通信网；在前进装甲对下指挥车上，主要有作训军官、情报士官，建立对下指挥网。按层次编组是人为的区分指挥手段。由于在实际作战指挥中，这种编组方式很难将本级对作战行动的指挥与上级对作战行动的指挥严格区分开来，导致上下指挥关系不易区分。这种配置要求对上指挥组必须不断地向对下指挥组通报关于战术群作战的行动信息，以及从各战术分群获得情报。这一缺点可以通过信息流（如综合态势图），以及从一辆指挥车到另一辆指挥车的非广播式通信系统来弥补。但这种方式在运动中通常是不可取的：当指挥所转移时，由于前进装甲对下指挥车拥有一路不使用的无线电信道，变成了前进装甲作训车（本级上下指挥）。这时，它与战术指挥所的前进装甲指挥车的配置相同。当然，按层次分组这种方式也有好处：减少没有充分考虑情报就展开行动的情况，以及降低只从唯一的前进装甲作训车上实施指挥这种倾向。它还允许平衡网络过于拥堵的情况（通常饱和的两个网络是对上、对下指挥网）。最好是在驻止状态下，或者在指挥所进行小范围的转移时，才使用该编组配置方式；在运动中则比较困难。与步兵合成战术群指挥所相比，装甲合成战术群指挥所在总体上处于运动状态的时间比处于静止状态的时间长。

三、指挥所的人员组成和手段分配

通常战术群指挥所的编组、人员组成和手段分配如下：

决策组：主要由战术群指挥员、战术群副指挥员组成，配备2辆轻型装甲车，每辆车上都装备有第4代无线电台ER315。

作战指挥组：主要由作训科科长、核生化军官（或作训军官副官）、情报官、通信官、情报士官、2名参谋组成，可编成指挥控制指挥组和情报指挥组。配备4辆前进装甲指挥车，装备有第4代无线电台ER315。

后勤指挥组：主要由技术保障科科长、医务官等组成，装备2辆P4吉普车。技术保障科科长的吉普车上配备第4代无线电台ER315和集成自动通信网。医务官的吉普车只配备第4代无线电台ER315。

作战指挥加强组：主要由作训军官副官、核生化军官、情报官副官，以及数名兵种联络官（常设炮兵、工兵2名联络官）组成。配备2辆P4吉普车，第4代无线电台ER315。

战术群保障组：主要由渡河辅助科科长、人力资源办公室军官等组成，配备4辆P4吉普车，第4代无线电台ER315。

指挥所勤务组：主要由士官排长、士官秘书、2名通信员组成，配备2辆TRM4000卡车，4辆吉普车，2辆摩托车。配备1台第4代无线电台ER315。

除了以上指挥所的功能编组和人员组成以外，还有保障战术群指挥通信联络的通信保障组，由通信排组成。其具体编成如下：

通信1组：主要由1名士官组长、1名士官通信站长组成，配备2辆前进装甲车，每辆车上有2部第4代无线电台ER315，以及TR.VM.134、TR.VP.5等无线通信设备。

通信2组：其人员组成和手段与通信1组相同。

加密组：主要由通信排长士官、加密士官组成，配备1辆前进装甲车或TRM4000卡车，有2部第4代无线电台ER315。

四、指挥所的通信组网

建立一个单独的指挥所时，展开 2 辆前进装甲指挥车，建立对上指挥调频通信网、对下指挥调频通信网、对上情报调频通信网、团消息网MESREG、对上指挥调幅通信网；展开 1 辆前进装甲后勤指挥车，建立对上后勤调幅通信网、对下后勤调频通信网；展开 1 辆 4P 吉普车，建立后勤用户无线电台通信网；展开 1 辆 TRM 卡车，建立数据通信网。

建立一个基本指挥所和一个战术指挥所时，基本指挥所的通信组网与建立单独指挥所时的通信组网一致。对于战术指挥所，展开 1 辆前进装甲指挥车，建立对上指挥调幅 – 调频通信网、对下指挥调频通信网。

建立两个同等分量的指挥所时，在一个指挥所内展开 2 辆前进装甲指挥车，建立对上指挥调频通信网、对下指挥调频通信网、对上情报调频通信网、团消息网 MESREG、对上指挥调幅通信网。另一个指挥所的设置相同。此外，设立独立的后勤指挥单元，展开 1 辆前进装甲后勤车，建立对上后勤调幅通信网、对下后勤调频通信网；展开 1 辆 4P 吉普车，建立后勤用户无线电台通信网；展开 1 辆 TRM 卡车，建立数据通信网。

另外，战术群指挥员甚至可以派出指挥所的轻型装甲班，向前与战术分群取得联系，亲自前往现地指挥。在这种情况下，必须有两个通信组，每个组有 1 辆前进装甲指挥车，专门用于建立对上指挥通信网、对下指挥通信网和对上情报通信网。至于后勤通信网，则必须通过相应的手段（展开 1 辆前进装甲后勤车，1 辆装备用户无线电台的 P4 吉普车）来建立后勤对上通信网、后勤对下通信网、后勤 MESREG/ 数据通信网。作战中，可能会发生将指挥与后勤装甲连的前进装甲指挥车移交给战术群指挥所，并入统一后勤处的情况。参谋部的通信排原来只有 4 辆前进装甲指挥车。考虑到将指挥与后勤装甲连的前进装甲指挥车移交战术群指挥所后，将拥有 5 辆指挥车，因此技术保障科长可以得到 1 辆前进装甲车和相应的吉普车。

然而，在采取这种配置方式时必须仔细斟酌，要考虑到它会给指挥与后勤装甲连的指挥员带来不利的影响。这种情况下，他要负责指挥 2 级保障力量，而没有了前进装甲指挥车，他只拥有 2 辆 P4 吉普车，即他自己的和副指挥员的吉普车。将这两辆吉普车结合在一起，他可以建立以下通信网：战术群指挥网、指挥与后勤装甲连指挥网、团后勤通信网。因此，他不再有友军后勤行动网。而 2 级保障力量在运动中（特别是在作战侦察任务中），指挥与后勤装甲连副指挥员的角色不允许长期并排两辆 P4 吉普车。所以，当战术群采取这种配置方式时，要根据与旅后勤基地的联系情况对这一不足做出合理判断和采取相应弥补措施。

五、指挥所的转移

与步兵合成战术群不同，轮式装甲战车合成战术群主要在战车上作战，流动性较大，因此指挥所的转移是一个重要的问题。通常，战术群按以下程序进行转移：第 1 步，指挥所 1 处于工作状态，指挥所 2 收拢，转移，随后在新地点展开，测试通信联络；第 2 步，指挥所 2 展开工作，指挥所 1 收拢，转移，在新地点展开，测试通信联络；第 3 步，指挥所 2 处于保持工作状态，指挥所 1 处于待机状态。

此外，战术群也可能采取另一种方式转移，但尽量不采取这种方式：第 1 步，基本指挥所工作，战术指挥所转移，在新地点展开，测试通信联络；第 2 步，战术指挥所工作，基本指挥所收拢，转移，在新地点展开，测试通信联络；第 3 步，基本指挥所工作，战术指挥所处于待机状态。

六、指挥作战的流程

在强制性作战行动中，在投入交战之前，战术群指挥员要根据任务，明确战术群要取得对敌作战的效果，以及要采取的行动方式。通常战术群指挥员按以下流程实施指挥。

1. 获取情报信息

战术群指挥员从上级获得相关情报信息，并对情况进行分析判断，从而能够预见战场态势发展，并给予其下属部队指挥员必要的准备时间。下属指挥官则需要了解将要展开的行动的相关信息，以仔细研究相应的作战地域和敌人可能的行动。

2. 尽早下达预先号令，进行作战准备

由于战术群作战实施的速度在很大程度上有赖于在作战准备阶段争取到的时间和准备工作的程度，所以，只要条件允许，战术群指挥员就尽早下达预先号令。通过预先号令，指挥员为下属分队争取更多时间进行作战准备。这将有利于随后作战任务的执行，有利于各作战分队在行动过程中能更好抓住战机。战术群指挥所在拟制命令过程中要遵守"三分之一时间"原则[①]，使各战术分群指挥员可以更好地进行作战准备。预先号令的目的在于让各个分队指挥员在战术群展开"战术合理化程序"的同时，也同步启动本级的"战术合理化程序"。战术群通过向他们提供必要的基本信息（尽管这些信息是局部的，但也要是确定的、已知的、已决定的信息），使得各作战分队可以进行作战行动的相关构思。各战术分群指挥员在接到预先号令后，要充分利用时间来进行人员和物资的准备，展开本级的"战术合理化程序"，报告遇到的困难或提出相应的请求。

3. 定下决心，下达作战命令

通过定下决心，战术群指挥员表达其作战意图，明确在什么时间什么地点要对敌实现什么作战效果。他明确适当的行动方式，将战术分群的战术运用进行灵活组合，以达成作战目标。

在完成作战准备后，战术群展开作战行动。在行动实施过程中，战术

---

① 即争取用三分之一的时间定下决心，留出三分之二以上的时间给下属做准备。

群指挥员主要是不断预料敌人的行动，通过协同战术分群的作战，来达到预期作战目标。通过对战术群的各个作战分队在二维空间行动的管理，尤其是跟踪所有战术分群所在位置（位于最前方的分队、主力重心、最后的分队），调控战术群的部署，以避免被敌人割裂、堵塞，或在某一区域的己方部队过度拥挤或过分分散。战术群指挥员必须充分考虑到这点，并在采取相应措施后，才能恰如其分地实施分散指挥。

4. 实施情报侦察

战术群指挥员定期听取下属的情况报告，并根据战场事件，及时判断情况。他要对敌人可能采取的行动进行判断，并指示战术分群指挥员搜集相应情报。此外，还要将各种情况及时向上级报告，并检验交战规则和行为规则是否符合战术要求。

5. 指挥作战行动

为了保持作战部署协调一致，战术群指挥员要注意对正在进行的行动发展趋势进行预料，及时预见投入支援作战梯队的时机，适时提出火力支援请求、可能的加强请求，等等。根据具体情况，他适时下达作战实施命令。

6. 准备下一步将要实施的行动

对下一步的行动，战术群指挥员要注意确保战术行动和后勤保障能力之间的一致性。只要条件允许，战术群指挥员会在任务结束时对下一步将要展开的行动下达预先号令。

在危机控制行动的情况下，合成战术群不仅可以有效地承担传统作战任务，而且还必须对其任务范围进行延伸，因为特殊的行动情况要求战术群下属恰如其分地发扬自主性。因此，指挥机构要更加重视向下属分队进行任务解释和提出明确要求。

（1）明确交战规则和行为规则。战术群指挥员不仅要从上级了解到明确的交战规则和行为规则，而且要确保下级各个分队切实了解这些规则。

（2）解释任务。战术群指挥员要解释任务的精神实质，交战规则和行为规则的精神实质，以及赋予下属发扬自主性的条件和限制。

（3）搜集情报信息。在展开危机控制行动时，军事信息源不能完全满足获取必要相关情报信息的需求。因此，战术群指挥员应该建立情报信息搜集网；通过该情报搜集网，以敏锐的洞察力将各种报告的信息相互印证。

（4）评估。战术群指挥员必须评估各个事件的影响。战术群指挥员在将部分自主权下放给下属时，要求下属必须将当前情况及时报告给战术群指挥员，以便对情况做出准确判断。

（5）通报情况。根据对情况的判断，战术群指挥员决定将什么样的权限委托给战术分群。为了使战术群的每个人员都能很好理解情况的发展或事件的后果，指挥员要及时向战术分群指挥员通报情况。

（6）总结经验。事件的后果影响可能是各式各样的。为了更好地适应环境变化和任务需求，通过总结经验来不断改善应对措施。

第九节 轮式战车合成战术群的作战节奏控制

在强制性作战行动中，合成战术群通过不断地投入作战和展开行动，来保持一定的作战节奏。战术群指挥员根据战场上的地形要点、自然障碍等确定机动跃进幅度，然后通过跃进幅度来对作战节奏实施调控。在具体操作上，通过划出可在现地清楚识别的不同标志线，来明确机动跃进幅度，控制作战节奏。通常，这些不同的标志线有以下几类：

报告线：各战术分群和作战分队向合成战术群报告情况的标志线。其使战术群指挥所得以跟踪掌握各部队的行动进展情况，控制和调整其行动，以适应和满足任务变化的需要。

行动节奏转换线：合成战术群指挥所向各战术分群和作战分队明确是否改变行动节奏的标志线。指挥员根据对战场威胁的判断，决定在通过该标志线后，是优先考虑机动速度，还是优先考虑部队安全防卫，进而明确行动节奏。

协同线：各战术分群和作战分队之间协调行动的标志线。在没有得到命令之前，不能超越该标志线，以确保合成战术群整体部署的紧凑性、一致性。

战术群停止线：停止行动的标志线。

附件：不同法军轮式装甲战车团的建制组织

法国陆军现今主要编成以下 3 种轮式装甲战车团，分别为：

- AMX–10RC–48 装甲团；
- AMX–10RC–36 装甲团 + 侦察与反坦克装甲连；
- ERC–90–36 装甲团 + 侦察与反坦克装甲连。

值得注意的是，由于法国陆军组织结构在不断发展变化，随着陆军数字化建设步伐的推进，装甲团的相关编制组织也将发生变化，如指挥与后勤连下属的指挥与后勤排通信前进装甲车将改成"团信息系统机动技术方舱"，通信排的数字通信前进装甲车将换成一辆小卡车，TRM4000、GBC8KT、TRM10000 等卡车还在不断改进和定型中，指挥与后勤连下属的卫勤排前进装甲车将配属给各分队，等等。

AMX–10RC–48 装甲团

作战力量				性能		
数量	分队	装备	人员	主要装备	数量	弹药
4	轮式炮塔战车连（ERC），每连 4 个排	12 辆 AMX–10RC	军官 5 人 士官 19 人 士兵 84 人	AMX–10RC	48	38 发炮弹 射程 2000m 自持力

续表

作战力量				性能		
数量	分队	装备	人员	主要装备	数量	弹药
16	轮式炮塔战车排	3 辆 AMX–10RC 3 辆轻型装甲车 1 辆运输卡车	军官 1 人 士官 3 人 士兵 16 人	105mm 加农炮	48	800km — 17 小时油料：525L
				轻型装甲车 VBL	48	自持力 500 km 油料：102L 两栖

数量	指挥力量					
1	指挥与后勤装甲连 ECL（其中含 1 个团属防卫与干预排 PPIR ）		军官 17 人 士官 85 人 士兵 15 人	指挥所	4 辆前进装甲指挥车 可能还加强 1 辆前进装甲侦察车	
1	团属防卫与干预排 PPIR	1 辆轻型装甲指挥车 3 辆前进装甲车	军官 1 人 士官 4 人 士兵 19 人	指挥所 1	2 辆前进装甲指挥车	
				指挥所 2	2 辆前进装甲指挥车	

AMX–10RC–36 装甲团＋侦察与反坦克装甲连

作战力量				性能		
数量	分队	装备	人员	主要装备	数量	弹药
3	轮式炮塔战车连（ERC），每连 4 个排	AMX–10RC 轮式战车 12 辆 轻型装甲车 12 辆	军官 5 人 士官 19 人 士兵 84 人	AMX–10RC	36	38 发炮弹 射程 2000m

作战力量				性能		
数量	分队	装备	人员	主要装备	数量	弹药
12	轮式炮塔战车排	AMX-10RC 轮式战车 3 辆 轻型装甲车 3 辆 1 辆运输卡车	军官 1 人 士官 3 人 士兵 16 人	105mm 加农炮	36	自持力 800km 油料: 525L
1	侦察与反坦克装甲连（ERIAC），每连 4 个排	轻型装甲侦察车 8 辆；反坦克轻型装甲车 16 辆	军官 5 人 士官 23 人 士兵 97 人	"米兰"反坦克轻型装甲车	16	导弹: 32 枚 射程 1900m
4	侦察与反坦克装甲排 PRIAC 下属 1 个侦察小队，2 个"米兰"小队	2 辆指挥轻型装甲车 2 辆侦察轻型装甲车 4 辆"米兰"反坦克轻型装甲车 1 辆运输卡车	军官 1 人 士官 4 人 士兵 20 人	轻型装甲侦察车	36	自持力 500km 油料: 102L 两栖

续表

作战力量				性能
数量	指挥力量			
1	指挥与后勤装甲连 ECL（其中含 1 个团属防卫与干预排 PPIR）		军官 19 人 士官 96 人 士兵 164 人	指挥所	4 辆前进装甲指挥车可能还加强 1 辆前进装甲侦察车
1	团属防卫与干预排 PPIR	1 辆轻型装甲指挥车 3 辆前进装甲车	士官 4 人 士兵 19 人	指挥所 1	2 辆前进装甲指挥车
				指挥所 2	2 辆前进装甲指挥车

注：表内为 RB36、AMX-10RC+ERIAC 轮式装甲战车连编制；RB36、AMX-10RC+ERIAC 侦察与反坦克装甲连编制；RB36、AMX-10RC+ERIAC 指挥所编制。

ERC-90-36 装甲团 + 侦察与反坦克装甲连

作战力量				性能		
数量	分队	装备	人员	主要装备	数量	弹药
3	轮式炮塔战车连（ERC），每连 4 个排	12 辆 ERC-90	军官 5 人 士官 19 人 士兵 72 人	90mm 加农炮	36	射程 1900m
12	轮式炮塔战车排	3 辆 ERC-90 3 辆轻型装甲车 1 辆运输卡车	军官 1 人 士官 3 人 士兵 13 人			
1	侦察与反坦克装甲连（ERIAC），每连 4 个排	8 辆轻型装甲侦察车 16 辆反坦克轻型装甲车	军官 5 人 士官 23 人 士兵 97 人	"米兰"反坦克轻型装甲车	16	导弹： 32 射程 1900m

续表

作战力量				性能		
数量	分队	装备	人员	主要装备	数量	弹药
4	侦察与反坦克装甲排 PRIAC 下属 1 个侦察小队，2 个"米兰"小队	2 辆指挥轻型装甲车 2 辆侦察轻型装甲车 4 辆"米兰"反坦克轻型装甲车 1 辆运输卡车	军官 1 人 士官 4 人 士兵 20 人	轻型装甲侦察车	36	自持力 500km 油料： 102 L 两栖

数量	指挥力量					
1	指挥与后勤装甲连 ECL（其中含 1 个团属防卫与干预排 PPIR）		军官 23 人 士官 103 人 士兵 165 人	指挥所	4 辆前进装甲指挥车 可能还加强 1 辆前进装甲侦察车	
1	团属防卫与干预排 PPIR	1 辆轻型装甲指挥车 3 辆前进装甲车	士官 4 人 士兵 19 人	指挥所 1	2 辆前进装甲指挥车	
				指挥所 2	2 辆前进装甲指挥车	

注：表内为 RB36、ERC-90+ERIAC 轮式装甲战车连编制；RB36、ERC-90+ERIAC 侦察与反坦克装甲连编制；RB36、ERC-90+ERIAC 指挥所编制。

第六章　坦克合成战术群

法军的"勒克莱尔"坦克合成战术群主要是在装甲作战旅或机械化作战旅编成内行动。该合成旅能够在核化威胁环境下实施动态性强的快速机动作战，结合强攻和灵活攻击，对抗敌人装甲部队或机械化部队。

"勒克莱尔"坦克合成战术群可以为旅指挥员提供强大的火力、快速的机动力，以及全天候、全地形作战能力。指挥员将这三种能力结合，可以不断谋求在局部突然形成对敌优势，取得最佳对敌突击效果，更有效地消灭敌人。

当作战旅实施防御作战时，可以将坦克合成战术群用于实施攻击或反击，必要时展开以摧毁敌坦克为目标的拦阻行动，来粉碎敌人的进攻。当作战旅实施进攻作战时，可使用坦克合成战术群主动对敌发起以集中火力为主的强攻行动，突破敌人宽大的作战部署，在敌方部署薄弱部位或通过攻击行动创造弱点，突进和割裂敌人部署，从而彻底瓦解敌方防御体系。在实施安全防卫任务时，作战旅还可用坦克合成战术群控制一个战术地区或阻止敌方进入该地区，从而在不能（或不希望）毁伤对方或不与对方直接交战的情况下，威慑阻止对方挑起冲突行动。

第一节　"勒克莱尔"坦克合成战术群编组

"勒克莱尔"坦克合成战术群的力量编组，也是围绕一个核心力量，通过加强配属其他兵种力量，来编组成合成战术群。

一、核心装甲力量的编组

"勒克莱尔"坦克合成战术群的核心力量，主要是以"勒克莱尔 RC53"或者是"勒克莱尔 RC80"两种坦克团为主来编成。（见图6-1）

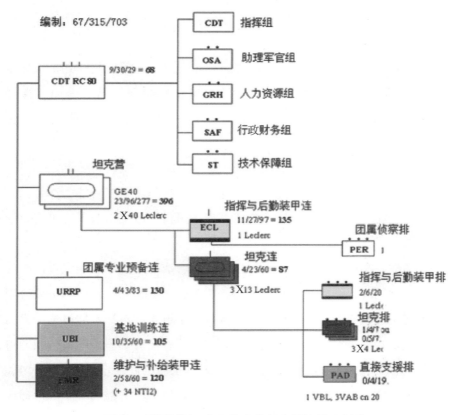

图6-1　"勒克莱尔 RC80"作战坦克团编制示意图

法军的"勒克莱尔 RC80"坦克团编有1个指挥部，2个作战坦克营，1个补给与维护装甲连，1个团属专业预备连，1个基地训练连。指挥部编指挥组、助理军官组、人力资源组、行政财务组、技术保障组。每个"勒克莱尔"作战坦克营编1个指挥与后勤装甲连（下辖团属侦察排），3个作战坦克连。每个作战坦克连编 1 个指挥与后勤装甲排，3 个作战坦克排，以及 1 个直接支援排。

　　"勒克莱尔 RC53"坦克团编有 1 个指挥与后勤装甲连，4 个作战坦克连，1 个维护与补给装甲连，1 个团属专业预备连，1 个基地训练连。指挥与后勤装甲连编指挥组、助理军官组、人力资源组、行政财务组；该连直接指挥团属侦察排。每个"勒克莱尔"作战坦克连编 1 个指挥与后勤装甲排，3 个作战坦克排，以及 1 个直接支援排。（见图 6-2）

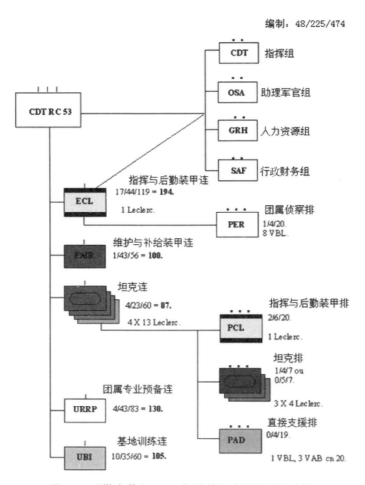

图 6-2　"勒克莱尔 RC53"作战坦克团编制示意图

二、可能获得的加强

在"勒克莱尔 RC53"或"勒克莱尔 RC80"两种坦克团的基础上，通过配属加强其他兵种力量，编组成"勒克莱尔"坦克合成战术群。

通常得到的配属加强有 1 个机步连、炮兵联络分队、工兵联络分队等。由于"勒克莱尔"坦克的作战节奏与陆航部队的行动节奏相一致，所以作战中勒克莱尔坦克合成战术群通常得到陆航力量的支援加强。在作战中，通常步兵在炮兵和工兵的支援下，突破敌防御或打开突破口；坦克合成战术群则通过突破口展开纵深突进，攻击敌纵深目标，割裂敌作战部署。

三、坦克合成战术群的力量组成

"勒克莱尔"坦克合成战术群通常由以下力量组成：

- 1 个指挥与后勤装甲连，包括指挥组、弹药油料补给排、卫勤排、2 级技术保障分队、通信组、核生化防护组；
- 3 个"勒克莱尔"坦克连，每个坦克连有 1 个指挥坦克排、3 个作战坦克排、1 个直接支援排，可能还编有 1 个炮兵支援观察组、1 个工兵排、1 个机步排；
- 1 个机步连；
- 团属侦察排；
- 1 个团属专业预备队；
- 1 个通信排；
- 1 个炮兵联络分队；
- 1 个工兵联络分队；
- 相应后勤保障力量。

四、按作战功能进行模块编组

可根据作战功能，将"勒克莱尔"坦克合成战术群的力量编组为以下模块：

指挥模块：由合成战术群指挥员直接掌握。包括 1 个参谋部（负责组织指挥作战行动和支援保障行动），1 个通信排（拥有数辆指挥车，负责对内和对外的全部通信联络）。指挥模块拥有相应的指挥通信手段，可满足开设基本指挥所、预备指挥所的需要。此外，指挥模块中常设的兵种联络分队有炮兵联络分队、工兵联络分队，根据需要，可能还有陆航联络分队。

后勤保障模块：用于满足合成战术群作战时的后勤保障。该模块包括 1 个油料弹药补给排、1 个维修排（负责障碍排除、修理、拖救）及 1 个卫勤排。有时还有加强的工兵力量。

作战模块：负责具体接触作战。包括 3 个"勒克莱尔"坦克连，每个坦克连有 3 个坦克排（每个坦克排有 4 辆"勒克莱尔"坦克）、1 个指挥坦克排、1 个直接支援排，可能还有 1 个机步排、1 个工兵排、1 个炮兵观察组。作战模块除了 3 个"勒克莱尔"坦克连，还有 1 个步兵连，以及其他兵种支援分队。

情报监视模块：由团属侦察排组成。

安全防护模块：负责战术群层面的核生化防护，由团属核生化防护小组负责。

第二节 "勒克莱尔"坦克合成
战术群的战斗特点

与法军上一代坦克团相比，并考虑到"勒克莱尔"坦克技术战术性能和"勒克莱尔"坦克团编制情况,"勒克莱尔"坦克合成战术群具有以下战斗特点。

（一）"勒克莱尔"坦克合成战术群向前推进时在纵深上呈现更多的梯次

"勒克莱尔"坦克连具有良好战术机动性,可在纵深方向上展开更疏开的队形部署,从而具有更大的实施机动包围作战的能力。法军强调,作战的成功不再依靠第一梯队的作战行动,而是先敌行动的能力。坦克合成战术群通过先头梯队展开作战行动来获取情报,目的在于试探当面之敌的抵抗能力和企图;第二作战梯队则采取强攻或灵活攻击的手段,打击和消灭敌人,以改变敌我力量对比关系。法军这种作战思想是以信息为主导,根据信息灵活反应,以先敌行动为基础的灵活机动作战思想。

（二）"勒克莱尔"坦克合成战术群的瞬间行动节奏大大加快

首先,法军通过各种战场侦察手段广泛获取战场情报信息,并通过信息系统快速传递信息,从而使得各个作战部队能更准确了解战场情况,能更准确地预见各种可能性,使各级部队具有掌握主动的能力。其次,"勒克莱尔"坦克合成战术群能够在运动中执行快速和精确的射击,真正具有在运动中实施遭遇战的作战能力。再次,由于战术群装备了作战信息系统,使得决心和报告的上传下达时间被大大压缩,加快了决策流程环,从而能比敌方更快地做出反应。最后,"勒克莱尔"坦克装备了各种高技术系统,比如在导航系统的辅助下,可以更方便准确地实施战场机动。另外,在情报侦察模块方面,必要时可给"勒克莱尔"坦克合成战术群加强坦克团属攻击侦察排（PER）,它可准确实时地报告接触交战的情报。基于以上这几点,"勒克莱尔"坦克合成战术群可以很快的节奏展开作战,并具有瞬时提高行动节奏的能力。

（三）"勒克莱尔"坦克合成战术群主要是展开非线性作战

"勒克莱尔"坦克合成战术群发挥良好的战术机动性和快速的作战节奏，不断寻求在大纵深上展开作战。因此，合成战术群更多是采取非线性作战样式展开作战。这种作战样式的好处在于能将机动性与精确火力更好地结合。在战场上面对敌人时，合成战术群可通过高速机动和动态变化的部署，阻止敌人准确把握战场态势及我方意图，同时它能对敌方部署的决定点或决定性中心给以决胜一击。战术群还可先敌发起行动，不让敌方依托要点来展开行动。此外，坦克合成战术群通过时而集中时而分散的行动，使得敌方炮兵难以对我实施有效的火力打击和压制。

然而，坦克合成战术群展开高流动性的非线性作战也有不利的一面。比如，当战场情况过于复杂时，则战术群有时难以重新恢复协调一致的行动部署。而且战术群不断变化的动态部署需要保持持续不断的指挥和联系；在通信联系不畅时，会有误伤友军的风险。最后，在后勤保障等方面，坦克合成战术群要具备与高速机动作战相适应的后勤保障和支援能力。

（四）"勒克莱尔"坦克合成战术群持续作战能力更大

首先，"勒克莱尔"坦克具有很强的跨越障碍能力，并可在能见度弱、核生化威胁等环境下展开作战行动，因此它可在恶劣的战场环境下持续作战。其次，以"勒克莱尔"坦克团为核心力量编成坦克合成战术群，并配备与"勒克莱尔"坦克机动作战能力相适应的后勤保障模块，从而能很好支持合成战术群的持续作战。最后，由于坦克连中的坦克排与直接支援排共同行动，两者可实现能力互补；而且在作战中，直接支援排可提供部分人员来接替疲劳或受伤的坦克乘员，增强坦克排的持续作战能力。

第三节　坦克合成战术群的基本
战术思想和运用原则

对于坦克部队的运用，主要是在战场上集中力量实施强攻作战。法军认为这一点是必要的。然而，法军强调"勒克莱尔"坦克合成战术群要不断地寻找自由行动空间和实施纵深突进，并将其视为更迅速、更节省力量的作战方式。

一、基本战术思想

（一）强调进攻性

强调进攻性，是因为在面对威胁时最好的战术防御就是进攻。而坦克兵本身就是专门用于实施进攻的兵种。所以，法军认为，坦克合成战术群要在作战中保持攻击性，以发挥坦克的战术优点。

（二）灵活实施机动作战

坦克合成战术群具有实施机动作战的灵活性，使得它可以首先利用坦克的装甲突击力来攻击敌人，在敌人部署上撕开突破口，随后迅速突入敌纵深，扩大战果。因此，作战中要赋予坦克合成战术群足够大的作战空间，才能与"勒克莱尔"坦克合成战术群的"突击力"相适应，便于它机动作战；此外，还要赋予它足够大的行动自由，便于它在作战中快速地变化其主要行动方向。

（三）强调简洁明了的行动思路和行动组合

简洁明了，是法军对"勒克莱尔"坦克合成战术群组织行动和实施作战的一个要求。因为在现代战场上，作战态势几乎实时发生变化，可能出现联系中断和孤立等情况，加上装甲部队行动速度和反应速度快，这些使得实施非线性作战异常复杂，并充满偶然性。此外，"勒克莱尔"坦克和战场信息系统等先进装备也带来了复杂性。这些都要求"以简对繁"，通过简洁明了的行动思路和行动组合，应对战场的复杂性和不确定性。此外，合成战术群在连续地组织计划作战、不断调整适应战场态势变化的基础上，要注重对各种可能发生的情况进行预测，以尽可能合理地部署后勤力量和指挥机构，跟上"勒克莱尔"坦克的作战节奏。

（四）注重以情报牵引作战

快速地获取和传输情报信息，是现代作战成功的两个主要因素。坦克合成战术群除了利用指挥信息系统获取各种战场情报信息外，还注重利用自身掌握的情报侦察力量，如团属侦察排，去不断了解接触作战的实时情况，以及对行动地域全纵深进行持续不断的情报侦察，从而更好组织战术群对敌突然发起打击行动。

（五）多兵种协同行动

"勒克莱尔"坦克合成战术群，是合成旅指挥员手中掌握的"重拳"突击工具。通过将它与其他兵种力量协同展开行动，可以使作战行动更加动态变化，为战术层次各方面的行动效果增值。法军强调，要关注坦克合成战术群与其他兵种的互补性，以及相应的支援和保障。在"勒克莱尔"坦克合成战术群和陆航空中机动战术群协同作战时，严密组织各兵种之间的协同行动尤为重要，特别是在反坦克火力、防空、指挥能力和后勤保障等方面的协同上。

二、"勒克莱尔"坦克合成战术群的运用原则

在使用"勒克莱尔"坦克合成战术群时，由于其武器装备的能力以及它在作战中所承担的角色，通常应遵循以下原则要求。

（一）在多兵种合同作战环境下使用坦克合成战术群

"勒克莱尔"坦克合成战术群在展开行动时，总是需要其他兵种的支援和保障，最好有防空掩护。实际上，法军认为几乎不能将坦克合成战术群单独投入城市居民地作战，因为在这种特殊作战地形中，居民稠密，遮蔽物繁多，并且面对的是预有准备之敌。只有在多兵种合同作战的环境下，才能更好地发挥坦克合成战术群的优点。

法军尤其强调，要尽可能将坦克合成战术群与陆航直升机协同行动。尽管"勒克莱尔"坦克具有诸多优点，合成指挥员在构思作战行动时要考虑到，除直升机以外，法国陆军当前的其他兵种装备与"勒克莱尔"坦克之间存在技术上的差距，因此在组织作战时，要计划好坦克合成战术群与其他兵种行动的协同。

（二）避免将坦克合成战术群用于实施静态作战和线性作战

"勒克莱尔"坦克合成战术群是以装甲兵为主的作战部队，必须避免将它用于实施静态和线性作战，否则将限制它机动作战能力的发挥。只有充分发挥坦克合成战术群的机动性，才能减少它暴露在敌人直接和间接火力打击下的情形。而且通过广泛、持续的机动，可限制或干扰敌人对我方的情报侦察，且有利于己方掌握主动。最后，通过动态地实施非线性作战，可阻止敌人有效地使用各种打击平台，干扰和妨碍敌人将各个作战阶段按既定顺序串联起来，迫使敌人总是处于失调状态。

（三）注重对火力的运用

"勒克莱尔"坦克合成战术群具有可以连续不断地使用、在运动中使用直接火力和间接火力的优点。因此，作战中战术群指挥员要注重对火力的运用，对目标列出优先打击顺序，并合理选择和使用各种火力：直接火力、间接火力、空地支援火力等。通过对火力的合理和有效运用，将火力与坦克的装甲突击力和机动力有机结合，最大限度地发挥战术群的作战效能。在运用火力时，战术群指挥员要对相应的作战空间进行管理，区分支援火力运用地域、坦克连行动地域等，避免发生己方火力误伤友军情况。

（四）在战术纵深内广泛展开机动作战

要充分发挥坦克合成战术群的良好战术机动性，在纵深方向上形成疏开队形部署，尽可能让敌人的进攻每次都"落空"。同时，通过己方纵深、疏开、动态的部署，迫使敌方作战部署被相应拉长，从而使其失去作战部署的紧凑性，暴露出更多可被战术群利用和实施机动包围打击的战机。此外，战术群要通过展开情报侦察和作战行动，不断寻找机会突入和渗透到敌方纵深，展开大纵深的机动作战。

（五）采取时而分散时而集中的动态部署

在与敌接触交战前，坦克合成战术群应保持疏开分散的作战部署。通过将指挥系统与导航手段相连接，"勒克莱尔"坦克合成战术群能将疏开分散部署状态保持到交战前一刻。在与敌接触交战时，坦克战术群将迅速集中力量，包括集中间接火力和集中直接火力，对敌实施猛烈的火力打击；而与此同时，各种战车和坦克依然在地域上保持分散部署。必要时，战术群也可以进行作战力量的短时集中，以便在敌方部署上撕开突破口。

正因为具备作战、指挥、情报和安全防卫等完备的手段，"勒克莱尔"坦克合成战术群才拥有快速反应力、强大火力、灵活机动的能力，以及行动收张自如的能力。在这些作战能力支持下，坦克合成战术群能在更大的地域空间上展开行动，动态地集中和分散，以更大的流动性和更快的行动节奏来突然打击敌人。

第四节　坦克合成战术群的基本任务

根据"勒克莱尔"坦克合成战术群所在作战旅情况的不同，它所承担的任务也有所不同。当作战旅展开攻势作战时，应最大限度地发挥坦克合成战术群的机动力和突击力，在行动中赋予它重要角色；战术群通过展开纵深部署，利用其机动力和防护力对敌进行包抄或迂回，或者发挥其强大火力来毁伤敌人后再扩大战果。当作战旅实施防御作战时，可以将坦克合成战术群先期投入作战，以迟滞敌人的进攻，或者在作战中对可能获得决定性胜利的敌人分队实施反击作战。在控制暴力冲突中，作战旅可使用坦克合成战术群控制宽广的地域，起到威慑作用甚至强制作用。

通常，"勒克莱尔"坦克合成战术群担负以下具体作战任务。

（一）在攻防作战中，作为决战力量机动灵活攻击敌人

在作战旅实施攻势作战时，可将"勒克莱尔"坦克合成战术群作为决战力量，利用有利的战场态势实施纵深突进，以摧毁敌方关键的决定点，如敌人指挥所、通信中心、支援武器平台、后勤系统等；或者通过迂回包抄或强行突破，占领敌纵深的重要目标。旅也可以投入坦克合成战术群，通过展开侧翼、侧后攻击，必要时实施正面攻击，去摧毁或压制敌方装甲群。

在作战旅实施防御作战时，坦克合成战术群可实施掩护作战，以阻止敌人的包围行动；或者，当作战旅已经实现大部预定目标后，可使用坦克合成战术群将敌人与其支援保障体系相割裂分开。旅也可以采取机动防御的作战样式，将坦克合成战术群用于实施装甲攻势作战。

（二）在安全防卫行动中，作为预备队随战场情况灵活做出反应

当"勒克莱尔"坦克合成战术群作为安全防卫地面部队的组成部分

时，可担负装甲预备队的任务，用于与敌接触作战和迟滞敌方坦克分队，或者对敌实施反击作战，或者通过侧翼攻击，加强己方部队锁定敌方先锋的行动。必要时，坦克合成战术群可执行接换友军的任务。此外，在安全防卫行动中，坦克合成战术群还可担任先锋的任务。

（三）在控制环境行动中，担任控制地域或要点的任务

当"勒克莱尔"坦克合成战术群作为控制环境的地面部队组成部分时，主要承担控制地域的任务，或者用于攻占关键区域和地点，并遏制对方，制止对方的敌对行动，保障己方部队的行动。

第五节　坦克合成战术群在攻防作战中的战术运用

坦克作战是由驻止、机动、分散、集中等一系列动作构成的连续行动，而且要按一定次序展开，不能偏重任一环节。尽管"勒克莱尔"坦克具有高机动性，能很好应对战场上经常出现的突然变化，但在实施作战中，由于师或旅组织的后勤保障行动间隔周期变化不大，其会对坦克合成战术群的行动造成一定影响。这就要求坦克战术群指挥员根据战场实际情况和战斗的需要，灵活运用战术战法和所支配的各兵种手段，去打击、压制、摧毁敌人。

在旅编成内，"勒克莱尔"坦克合成战术群是用于执行强制性行动的最理想工具。根据不同的作战阶段，坦克合成战术群可执行不同的任务。在向敌运动接近敌人过程中，坦克合成战术群首先展开攻击侦察，随后与敌接触，展开遭遇战作战。在旅对敌实施进攻作战时，坦克合成战术群可执行攻击、纵深突进、奔袭等任务。当旅实施防御作战时，该战术群可采取各种主动或被动措施，对敌人实施迟滞、正面拦阻、侧翼伏击、反击等行动。此外，坦克合成战术群也可在控制暴力冲突的行动中担任相应角

色，特别是用于控制地域，实现强制和平，或施加威慑影响。

一、运动接敌

旅将坦克合成战术群作为先锋，先期向敌运动接近敌人，是为了确保全体部队安全地向敌机动，与敌人接触展开作战，或为了与实施规避的敌人再次恢复接触进行战斗，从而对敌进行情报侦察，或为了掩护后续梯队行动和展开，或在必要时占领战术目标。

旅将坦克合成战术群作为先锋投入行动，目的是要与当前之敌的主力具体接触交战。

法军的先锋是一个近方安全防卫分队。它在一个开进中的部队前方展开，以侦察情报，掩护和保障主力的机动。先锋必须有足够的兵力，以满足第一波战斗的需要，从而保证作战旅有足够的时间和空间展开重大行动。同时，它必须与敌人保持接触，以提供实时的情报。

（一）运动接敌过程中的任务

坦克合成战术群展开接敌行动，主要是要先期获取情报和利用情报，并压制当前之敌。因此，在旅的命令中，赋予合成战术群的任务可表述为："克服可能遇到的敌人拦阻（或锁定），抢先敌人主力在某时之前到达某某区域。"或者"攻占一个作战地域，以保障旅消灭某某敌人"。

（二）展开运动接敌的时机

作战旅在向敌开进时，通常使用坦克合成战术群作为先锋来运动接敌。作为旅先锋，在与敌人主力接触前，坦克合成战术群必须与其前方的敌人侦察力量和安全防卫力量进行作战。这些都是坦克合成战术群的当前之敌。通常根据不同性质的敌人，作战旅为坦克合成战术群编配足够的作战力量，以实现预期的作战效果。因此，团属侦察排可以与"勒克莱尔"坦克一同行动；此外，侦察勘察装甲连可随时将其侦察到的情报及时通报给先锋坦克合成战术群，以便于它做好准备投入作战。（见图6-3）

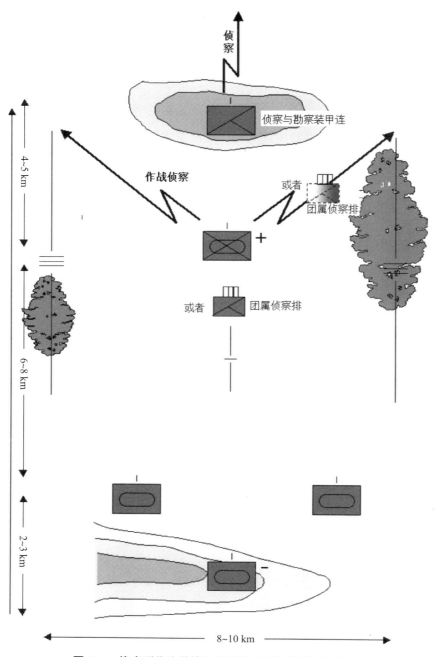

图 6-3　战术群作为前锋向敌运动时展开的部署示意图

（三）部署和行动地域

战术群一般成两个梯队部署，其部署构成要根据行动地域的宽度以及完成任务后所持的作战姿态而定。当合成战术群采取以 2 个坦克连为先头梯队的队形时，可以迅速向前开进，并可侦察尽可能宽广的地形；当采取以 1 个坦克连为先头梯队的队形时，则在遭遇敌人时可以快速投入后续梯队对敌展开攻击，或向要攻占的关键地点方向实施迂回，或展开接换友军行动。

当展开运动接敌行动时，坦克合成战术群可能负责一个 10～20 千米宽的行动地域。

（四）行动方法和程序

当未发现敌人时，合成战术群要在行动区域的整个正面上展开侦察，特别是对关键地点实施侦察。

当已经发现和定位敌人时，作为旅先锋的合成战术群要取道最快的路径来与敌人接触交战。第一阶段，准备接触作战。首先与战术群接触的可能是敌方安全防卫分队。坦克合成战术群必须迅速将该敌消灭，使它不能向敌主力发出告警或报告情报；或者避开该敌人，以避免被其纠缠迟滞，使战术群不能及时找到敌主力并与之接触交战。为此，战术群必须投入部分兵力来对敌实施包围，并将超越过的敌人安全防卫分队转交给随后己方的支持作战部队来消灭。当战术群展开遭遇作战来消灭敌方安全防卫分队时，必须对该敌展开迅疾的猛烈攻击，因为这将决定后续阶段的作战。在第二阶段，寻找敌人主力作战。主要是寻找和定位敌人主力的先头部队，确定它的性质、作战姿态、部署外廓，同时战术群要尽可能预留出广大的自由行动空间，以便展开机动作战。第三阶段，与敌接触交战。坦克合成战术群的第一梯队以最快速度展开，发挥最大的火力来压制敌方装甲目标或反坦克武器。根据敌我力量对比、任务、目的和行动的可能性，战术群指挥员视情投入第二梯队，在敌人的侧翼或侧后投入交战，集中火力来打击摧毁敌人；或者用第二梯队接换先头梯队，并在受敌威胁方向上展开拦阻作战；如果必要，使用第二梯队实施局部反击来掩护战术群与敌脱离接触。不管在何种情况下，都必须使用炮兵支援坦克合成战术群的行动。（见图6-4）

在作战过程中，坦克战术群要注意保持根据情况变化迅速改变作战姿态的能力，以便在作战侦察过程中，及时抓住和利用稍纵即逝的战机，对敌发起突袭，或者及时应对敌人对我实施的迂回行动，或者在与敌主力接触后，执行上级临时赋予的新任务。

二、迟滞

迟滞，是指己方分队通过展开作战、运用火力和布设障碍，以迟缓敌人在某个方向或在某个地域的前进。

战术群通过实施机动作战，并结合在纵深上展开各种作战行动，以消耗敌人力量，或迫使敌人先头分队展开和重复展开行动，从而迟滞敌人，或诱导敌人前往预定方向。与此同时，战术群还要保持尽可能大的作战潜力。

坦克合成战术群展开迟滞作战，主要是为了赢取时间，并通过将敌人诱导到一个利于我歼敌的地域，准备再次发起攻势作战将其消灭。

（一）迟滞作战的任务

在与敌接触和获取相关情报后，作战旅可能命令坦克合成战术群对敌实施迟滞作战。通常，其任务是"拒止敌人在……以南强行投入作战"，或者"将敌人限制在……地域"，或者"在……高地争取尽可能多的时间"。

（二）实施迟滞作战的时机

坦克合成战术群在对敌实施迟滞作战时，通常是在战术群与敌人主力交锋的情况下，且敌人主力可能会得到加强。

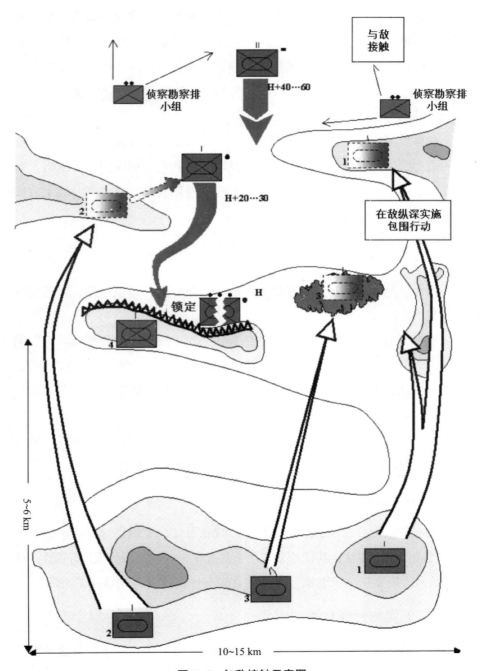

图 6-4　与敌接触示意图

为完成任务，作战旅必须给予战术群必要的步兵、工兵等其他兵种力量加强，使其有足够的战斗力去完成迟滞作战任务。

（三）部署和行动地域

战术群成两个梯队部署。战术群的部署构成将根据实施迟滞作战的行动方式、地形、敌人兵力以及预期作战效果而定。

通常，在实施迟滞作战时，坦克合成战术群可能在 8～10 千米宽的地域展开行动。

（四）行动方法和程序

通常合成战术群根据地形和敌人的反应，可灵活采取集中式或分散式的行动方式，来实施迟滞作战。

在作战准备阶段，战术群指挥员明确规定迟滞的方向，各战术分群的责任分区，迟滞作战行动每个阶段要争取的时间，各条拦阻线的位置和相关的友军接换行动，可能的反击方向等；指挥员还要明确战斗编组和部署、各战术分群的初始任务，作战中的相互支援关系；最后，战术群参谋部根据指挥员的意图，拟制炮兵火力计划（明确火力拦阻区）、工兵设置障碍计划等。

作战过程中，在上级规定的范围内，战术群指挥员将预定的己方作战节奏强加于敌，并在作战中通过投入预备力量，通过呼唤火力支援，通过转换作战姿态（拦阻、反击）等措施，来保持这一作战节奏。在迟滞作战中，坦克战术群不应保持线性的作战部署，而要采取能够针对敌人作战姿态的转变而及时做出相应的反应部署。战术群指挥员要在迟滞作战中抓住有利战机对敌实施打击，对敌造成损失。

在结束任务阶段，战术群要继续准备和实施拦阻行动，按上级命令被己方另一个战术群接换。在这一过程中，战术群指挥员要做好任务交接准备，派出联络分队与相应接换部队取得联系，并告知各个战术分群和作战分队接换线的位置、联络方式、己方部署进入点（识别与接换点）等。此外，战术群指挥员要向各战术分群明确与敌脱离接触线的位置，以及组织与敌脱离接触时的炮兵支援。在行动实施过程中，战术群指挥员要不断跟踪和协调各分队的友军接换行动。（见图 6-5，图 6-6）

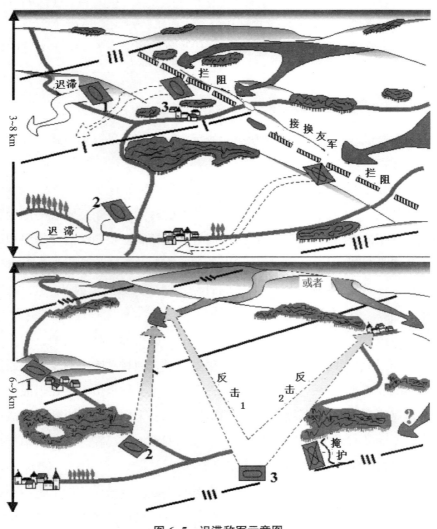

图 6-5　迟滞敌军示意图

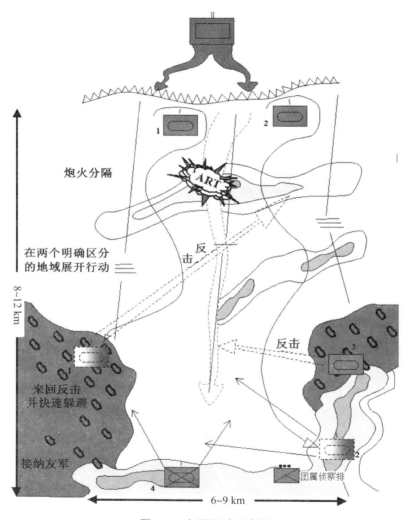

图6-6　包围行动示意图

三、拦阻

拦阻，是指战术群对正在运动中的进攻之敌突然发起以火力为主的打击行动，对敌造成尽可能多的毁伤，以粉碎敌人猛进之势，迫使敌人停顿下来。

对于包括坦克合成战术群在内的装甲部队，拦阻作战只是临时性任务。通常，拦阻是突然的、短暂的行动，并且以突袭方式发起。

在准确掌握进攻之敌的情报后，旅对敌实施猛烈密集的直接火力和间接火力打击，对敌造成尽可能多的毁伤，以迫使敌人停止前进，需要重新调整部署后才能继续发起进攻。

（一）拦阻作战的任务

拦阻作战的任务通常是"通过火力支援和某某部队在某某方向上的局部反击，阻止敌人在某某时刻之前越过 L 线。"或者"与敌争夺 L 线的自由支配权直到某某时刻"，或者"消灭某某敌人"。

（二）实施拦阻作战的时机

通常当处在敌人主攻方向上，且与敌人主力交锋情况下，旅可能使用坦克合成战术群实施拦阻行动。

作战旅可采取以下方式来使用合成战术群实施拦阻行动：作战旅命令第一梯队展开战斗的战术群，在后撤作战阶段中交替实施迟滞作战和拦阻作战。在这种情况下，战术群指挥员可以完全自主决定何时何地发起拦阻行动；但通常这种情况可能得不到友邻战术群的支援。或者作战旅投入第二梯队的战术群，并向其明确实施拦阻作战的条件、要取得的作战效果以及给予的支援。坦克合成战术群实施的拦阻行动属于第二种，组织和实施都相对比较复杂。在实施拦阻作战时，"勒克莱尔"坦克合成战术群将全部展开实施作战，并能得到一定的加强，以对敌形成强大的拦阻火力。

（三）部署和行动地域

在理想情况下，合成战术群可编组 1 个火力打击分队（其任务是打击摧毁敌装甲目标）、1个阻挡分队（如果是在正前方实施拦阻，它可以由上述火力分队担任）、1个掩护警戒分队（该分队可由团属侦察排或直接支援排派出，要尽可能轻便，其任务是将最新的战场情报通告火力分队）、1个预备队（用于对敌发起攻势作战）。战术群应尽可能形成"火袋"形作战部署，以便能同时毁伤尽可能多的敌人第一、第二梯队行进中的有生力量。如果战术群得到己方另一个战术群（坦克战术群或步兵战术群）的支援，则两者之间必须保持紧密的协同和联系。

在拦阻作战中，战术群负责拦阻敌人的地域宽度可大可小，通常根据地形、敌人规模大小和部署情况、敌人的后续支援力量等因素而定。综合考虑到这些因素，坦克合成战术群可以在4～7千米的正面上实施拦阻作战（不含警戒分队）。

（四）行动方法和程序

通常，战术群首先占领一个可以向多个方向行动的隐蔽待机地域，在该地域隐蔽待机和实施侦察。

当发现敌人主力沿着某路线开进后，战术群迅速向敌隐蔽机动，占领有利的射击阵位，对敌突然发起集火射击。通常坦克合成战术群此时是处在数量弱势情况下实施作战。因此，拦阻作战只能是暂时的，并且由旅对敌突然发起火力袭击来弥补这一弱势。只要战场条件允许，坦克合成战术群就要再次以攻势姿态对敌发起作战。此外，在任何情况下，战术群都要避免被敌锁定。为此，它必须在纵深部署上保留一支机动作战分队。

战术群在完成规定任务，实现预期拦阻作战效果后，战术群指挥员下达命令撤出阵地，并与炮兵火力射击协同，与敌脱离接触。根据情况和任务，战术群指挥员可下命令占领下一个阵地准备再次实施拦阻作战，或者再次实施迟滞作战，或者利用拦阻效果，对敌发起攻势作战，展开反击或灵活攻击。（见图6-7，图6-8）

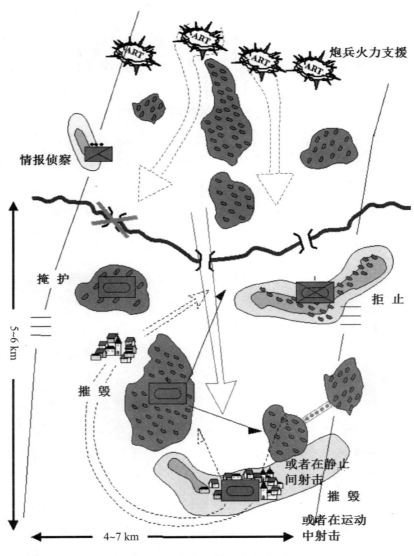

图 6-7　拦阻作战示意图（1）

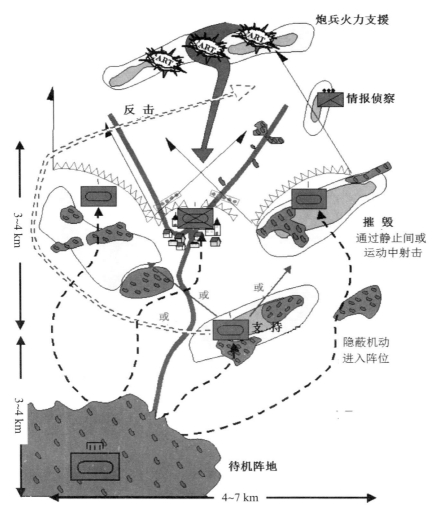

图 6-8　拦阻作战示意图（2）

（五）战术运用的关键

拦阻行动取得成功的关键在于：（1）通过将阵地与障碍相结合，将敌人"引导"到预定歼击区，迫使敌人在一个便于战术群发扬火力的方向上行动；（2）确保以足够的火力密度对敌实施打击；（3）确保发起拦阻行动的突然性，达成对敌突袭效果；（4）在任何情况下，都要在敌侧翼展开作战；（5）战术群要注意保持可实施攻势作战的反应能力；（6）在旅对敌进行火力急袭后，战术群要能够迅速改变作战姿态。

特殊情况下，可以使用坦克合成战术群临时实施拦阻作战；但通常是在预有准备下展开拦阻作战，以取得更好的作战效果。与反击相比，拦阻作战是一种比较"经济"的行动方式。它使迟滞作战富有节奏，因此在迟滞作战行动中经常对敌实施拦阻作战，两者配合使用。通常，此时总体上的敌我力量对比关系于我不利。另外，拦阻作战也是在进攻战斗中的一种常见行动方式，用于阻止或抵抗敌人的攻势反应。

四、反击

反击是指以攻势作战做出反应，消灭进攻之敌，至少通过对其造成一定毁伤来制止敌人的进攻，并在士气上再次形成对敌优势；或者通过发起攻势作战，消灭或驱逐突入我防御阵地之敌，以恢复我防御部署完整性。

战术群在一定时间－空间范围内展开机动作战，通过对敌造成毁伤，阻止敌人达成预定作战目的；如有可能，对后续之敌造成威慑。但是，由于战术群缺少作战准备时间，而且在敌我力量对比上只是占据局部优势，所以反击并不寻求对敌达成决定性作战效果。通常，在敌我力量对比为1：2的局部有利情况下，通过发起反击，在一定的时间－空间范围内对敌造成战术毁伤。（见图6-9、图6-10）

（一）反击作战的任务

通常，坦克合成战术群实施反击作战要完成的任务是："在与敌接触交战并突破敌人后，尽早控制某某地区。"或"将突入之敌消灭在某某区域（或在某某地段一线以南）"，或"将敌人驱逐到某某区域以外"，或"占领某某阵地并将突入之敌消灭在某某区域"。

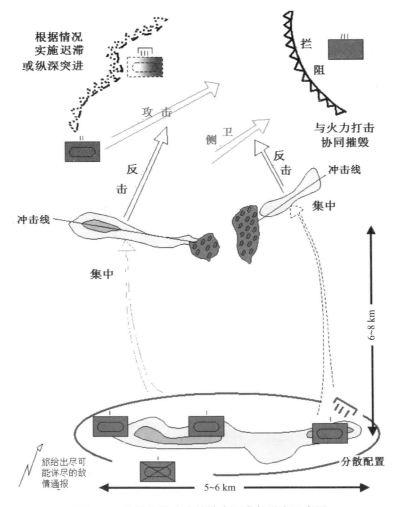

图 6-9　为毁伤进攻中的敌人而发起反击示意图

（二）实施反击作战的时机

在总体防御的背景下，在敌人后续作战力量加入进攻战斗之前，作战旅投入"勒克莱尔"坦克合成战术群实施反击作战。通常在以下两种具体情况下对敌实施反击：当敌人已经展开进攻时，或者当敌人已经突入我防御阵地时。

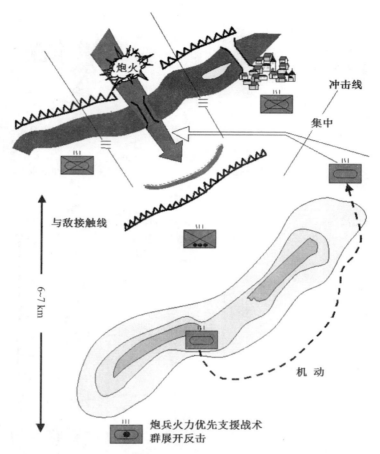

图 6-10　为恢复我防御部署完整性发起反击示意图

在第一种情况下，当敌人先锋的先头部队被我抗击分队阻止，而该敌后续梯队实施快速迂回，对己方侧翼展开攻击，以便随后向预定目标继续攻击。也可能由敌人的友邻分队对我侧翼发起攻击，这时敌人投入攻击行动的时间将更短。在这种情况下，敌人很有可能投入一个独立坦克营对己方实施攻击。

在第二种情况下，敌人某一作战分队已经成功突入己方防御体系，并企图建立桥头堡阵地，以保障紧跟其后的敌后续部队在运动中投入作战。在这种情况下，突入己方防御阵地的敌兵力至少是一个加强连，且敌人将在一个纵深有限、投入地段狭窄的区域中行动。

在以上两种情况下，旅可将坦克合成战术群投入反击作战。然而，在总体处于防御态势下，只有实现暂时的局部敌我力量对比优势，才能投入战术群实施反击。通常，当迟滞作战和拦阻作战不能够实现预定的作战节奏，或者为了恢复防御部署的完整性，旅或战术群发起反击行动。"勒克莱尔"坦克合成战术群可以在其投入作战的区域快速地扭转敌我力量对比关系，因此坦克合成战术群是用于实施反击作战的最理想工具。

反击与拦阻、攻击的区别，主要在于敌我力量对比上。通常攻击需要总体上敌我力量对比我方占据优势；反击则是在总体上敌我力量对比我方呈劣势，但局部具有暂时优势的攻势作战；拦阻是在敌我力量对比我方呈劣势时实施的行动。

反击行动持续的时间和涉及的范围比进攻的都要小。在反击的时机和行动范围的选择上，针对敌人投入第二梯队和集中炮兵火力的时机，要在敌我力量对比关系进一步恶化之前，尽可能通过局部攻势行动创造有利于己方的战场条件。根据要对敌实现的作战效果，反击涉及的范围可达到十几千米的地域。

（三）部署和行动地域

合成战术群在实施反击作战时，可成两个梯队部署，以便可以及时再次发起攻势行动。此外，两个梯队部署使得战术群掌握更大的行动自由，可更好地实施攻势机动作战，以及有效应对突然出现的敌人威胁。

战术群实施反击的作战地域，其宽度和纵深取决于敌人规模的大小和部署、地形以及可得到的支援等。通常，坦克合成战术群可以在 5～7 千米的正面上展开反击，行动纵深可达 8～12 千米。

（四）行动方法和程序

坦克合成战术群首先根据命令按时机动到待机地域。随后，在旅炮火的支援下，战术群抓住恰当时机，从隐蔽待机阵地突然向敌侧翼发起冲击，通过短停顿射击和运动中射击相结合，以火力杀伤敌人。行动结束后，在上级炮火支援下，与敌脱离接触。

（五）战术运用的关键

坦克合成战术群成功实施反击作战的关键，在于：（1）攻击行动的突然性。战术群主要通过隐蔽地向待机地域集中力量，以及各反击力量密切协同行动和突然发起作战来达成攻击作战的突然性。（2）合理选择反击地域和反击方向。必须明确一条有利的冲击线，以便各坦克连组织和实施短停顿射击和运动中射击。（3）要在现场通过观察确认情报的基础上，适时发起冲击。战场上，发起冲击的有利时机瞬间即逝，通常战术群指挥员要位于可以目视敌人的位置上来下达最后冲击命令，而不是在图上或者根据可能迟到的或已经发生变化的情报来下达冲击命令。

五、攻击

攻击是攻势作战的主要行动，战术群通过将火力和机动相结合，消灭既定敌人，或通过对敌造成尽可能多的毁伤，将敌驱逐出所占领的区域。

合成战术群的攻击行动可分为不同形式：（1）强攻：首先通过对敌实施突然、猛烈的火力打击，然后利用火力打击效果，迅速投入作战部队（通常是装甲部队和机械化部队），来消灭或压制敌人。（2）灵活攻击：首先通过对敌部署纵深实施渗透，然后逐步消灭被超越的、被分割孤立的敌人，从而瘫痪和割裂敌人的作战部署。灵活攻击方式是在突破敌人防御之后展开的作战方式。（3）行进间攻击：在接触敌人之后，在进入作战阵位之后，或者在完成攻击侦察之后，部队不停顿地直接对敌发起攻击。攻击部队未与敌接触之前，在行进间展开部署，在接敌运动中不停顿地发起冲击。行进间攻击是在实施遭遇战时展开的作战方式。（见图 6-10，图 6-11，图 6-12）

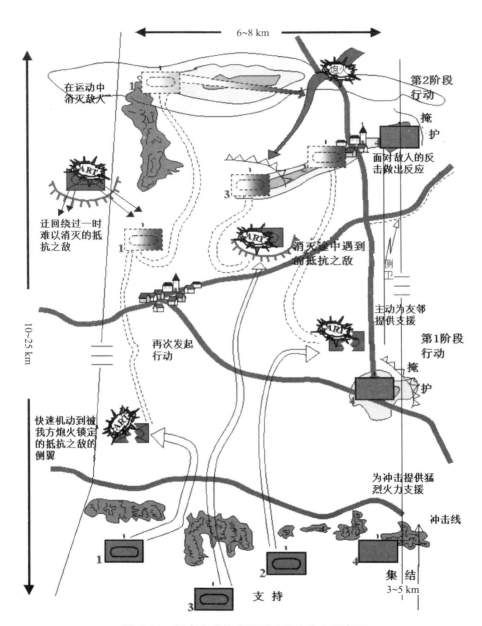

图 6-11　坦克合成战术群对敌实施攻击示意图

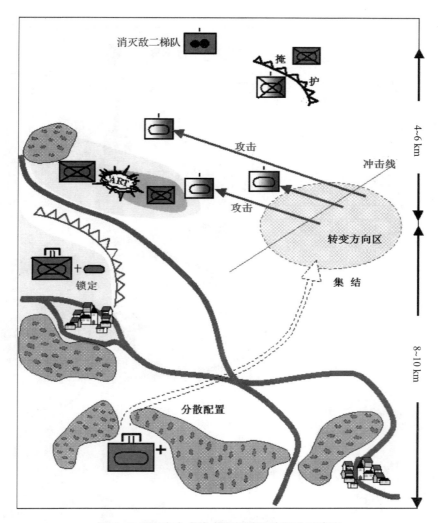

图 6-12　坦克合成战术群对敌实施强攻示意图

　　不管何种形式的攻击，其目的都是在纵深歼灭敌人和（或）以迅猛之势攻占敌人的阵地。攻击作战必须取得对敌决定性的作战效果。通常以局部 1∶3 的敌我力量对比优势，对敌发起攻击，大量摧毁敌人的装甲目标，或攻占某要点。

（一）攻击作战的任务

战术群实施攻击，主要是为了摧毁敌方的装甲目标，或使敌人丧失作战能力。通常通过攻占一个具体目标（地形）或一系列目标来完成任务。

通常攻击作战要完成的任务是："在我机械化师先头部队之前到达 L 线，向某某方向发起猛烈的攻击行动来消灭该线防御之敌。"或者"占领某地点以北一线直到某某时间"，或者"先我第二梯队之前到达 L 线，以攻势行动消灭该线防御之敌"，或者"攻占某某区域直到某某时间"，或者"在某某方向上并于某某时间之前依次或同时对敌发起攻击，以消灭在某地点以南投入战斗的敌人"，或者"将敌人孤立在某地点以北，并依次消灭敌人"。

（二）实施攻击作战的时机

通常，坦克合成战术群对以下两种情况的敌人实施攻击作战：持防御作战姿态的敌人，或者已经展开防御部署的敌人。

在第一种情况下，敌人暂时停止前进（或是准备转入防御，或是准备调整部署后再次向前推进），或是在运动中，且敌人的侧翼有掩护，后面紧随短期内可提供作战支援的梯队。

在第二种情况下，敌人已经形成两个梯队且有一定纵深的防御部署，布设好障碍和雷场，并结合强大的反坦克火力和炮兵火力；敌人还建立了用于反击作战的坦克预备队。因此，敌人作战行动会得到较强火力支援，并且辅以牵制和掩护行动。敌人在障碍区后可能还设有假阵地、预备阵地等。因此，只有通过作战才能查明敌人防御部署中的强点和弱点，以便随后对敌展开决定性攻击作战。

攻击作战行动是旅攻势作战的主要行动。只有当敌我力量对比非常有利，且交战地形允许时才实施攻击。一旦与敌接触作战的己方第一梯队友军创造了有利战场条件，旅就要果断发起攻击作战，在一定的时间 –

空间里消灭敌人。此外，攻击行动要有一定的准备时间，至少是获取敌情的时间。对于强攻或行进间发起攻击，进攻行动的准备程度，取决于所处战场环境。通常以强攻为主，行进间发起攻击只是适时的行动，目的是及时利用一有利的战场态势。对于灵活攻击，则要与旅实施的其他进攻行动平行展开。

（三）部署和行动地域

合成战术群在实施攻击作战时，通常成两个梯队部署，以便必要时再次对敌发起攻击行动，或有效应对意外情况。但是，在实施灵活攻击时，战术群可以不采取两个梯队的部署，尤其是在渗透阶段。

当实施强攻或行进间发起攻击时，合成战术群可在 4～5 千米的狭窄正面上发起攻击，但随后的行动地域可宽达 6～9 千米。行动地域纵深可以从 10 千米到 25 千米不等。

当实施灵活攻击时，"勒克莱尔"坦克合成战术群需要足够大的行动地域空间，以便于它广泛实施渗透和机动作战。通常行动地域纵深为 10～15 千米。灵活攻击的行动地域纵深很少超过 15 千米，以便获得己方有效的火力支援。

（四）行动方法和程序

"勒克莱尔"坦克战术群在攻击行动中，可得到对空火力掩护，得到情报支援，炮兵、工兵和陆航的支援。

当坦克战术群实施强攻或行进间发起攻击时，通常在作战准备阶段，要在战术层面为进攻做准备，包括为战术群创造超越的条件、冲击的条件，并组织好坦克部队集中阶段的机动，以及组织好火力协同。随后，在发起攻击之前，要展开先期作战，对接触作战的敌人进行定位和评估；如果可能，也对纵深的敌人进行定位和评估。最后，坦克战术群适时对敌发起冲击。通常作战旅采取以下作战部署：以负责实施攻击的 2 个"勒克莱尔"坦克合成战术群和负责掩护的 1 个机械化步兵合成战术群组成第一梯队；第二梯队实施支援作战，负责消灭被第一梯队超越的敌人，或重新发起攻击行动。作战旅也可能将坦克合成战术群单独投入一次攻击行动。在这种情况下，战术群必须自行组织掩护和部分支援行动；因此，它进攻行动的能力和范围将有所降低。相反，战术群投入作战所需的准备时间则更短，可实施行进间发起攻击。

当坦克战术群实施灵活攻击时，作战实施程序与上面大致相同，但是灵活攻击的行动范围更小，而且攻击目标完全不一样。通常，在师或旅编成内作战，"勒克莱尔"坦克合成战术群可以实施灵活攻击，负责在次要方向上消灭敌人，或打乱敌人的行动部署，或夺占一个战略重地等任务。在灵活攻击的情况下，坦克合成战术群应该消灭敌人分队或挤压敌人，以打乱敌人部署，至少将其驱逐出所占领的阵地。因此，战术群要渗入敌人作战部署中，从侧翼或侧后攻击敌人。灵活攻击由两个主要作战阶段组成。首先是渗透阶段。法军"勒克莱尔"坦克分队装备了可全天候实施作战的手段和先进导航系统，它首选在夜间实施灵活攻击，以方便其渗进敌方部署内。随后是作战阶段。在渗透进敌人阵地后，"勒克莱尔"坦克战术群从侧后对敌方的装甲部队或机械化部队发起攻击。通过与己方支援火力协同作战，孤立敌方分队，并展开机动作战逐个消灭被超越的敌人。通常，在实施灵活攻击时，必须为坦克合成战术群加强一个步兵分队。

（五）战术运用的关键

"勒克莱尔"坦克合成战术群对敌实施攻击作战取得成功的关键，在于：（1）确保在对敌展开冲击时具有火力优势；（2）敌我力量对比非常有利于己方；（3）要突然地对敌发起攻击行动；（4）正确地选择交战地区和实施连续攻击的方向；（5）要避免对敌发动正面进攻，尽管"勒克莱尔"坦克的装甲具有一定防护力，但也要尽量避免从正面进攻敌人；（6）要积极利用己方部队在敌人防御体系上打开的任何突破口，迅速突入敌方纵深，从后方攻击敌人的抵抗分队。

尽管"勒克莱尔"坦克能够在行进间实施射击，但法军强调，攻击行动在任何情况下都不是一种冲锋，而是将火力和机动有机结合的行动。实际上，坦克合成战术群是通过运用火力的突然性和行动的迅速性来使敌人失稳，进而尽可能多地毁伤敌人。

六、纵深突进

纵深突进是攻势行动中采取的行动样式，是将坦克部队投入作战的一种方式。在突破或侵入敌方阵地后，战术群继续向敌纵深发展攻击以割裂瓦解敌部署；如果可以，消灭纵深之敌。

"勒克莱尔"坦克战术群实施纵深突进，一方面，要抓住有利时机打乱纵深之敌的部署，甚至摧毁消灭敌人；另一方面，通过纵深突进有效地攻击敌人纵深的要害部位。

（一）纵深突进的任务

通过在敌人纵深展开作战，坦克合成战术群打击和摧毁敌人的指挥所、情报中心、火力支援或后勤保障分队，打乱敌人部署；或者，必要时占领纵深关键地域。

通常坦克战术群实施纵深突进行动要完成的任务是："尽早控制某某地域。"或者"自某某时间起，控制某地点一线以北地域"，或者"将敌人孤立在某高地上，并逐步削弱和消灭敌人"，或者"相继或同时消灭位于某某地域以东之敌"。

（二）实施纵深突进的时机

通常是针对攻击受挫的敌人，有时是针对处于防守姿态的敌人实施纵深突进。在大多数情况下，敌人将使用剩余兵力在原地实施防御作战，企图迟缓我方攻势作战，等待敌第二梯队投入作战。此时，作战旅视情况将坦克合成战术群投入纵深突进作战，并明确实施纵深突进的条件、要实现的作战效果，以及可能给予的支援。

坦克合成战术群初期面对的敌人，是敌方前期攻势作战中剩余的敌人，或者是敌方灵活攻击作战中随后将投入交战之敌。战术群实施纵深突进主要打击的，是位于纵深的敌目标。为此，战术群必须针对敌人弱处开刀，并打击其要害部位。一般地，坦克合成战术群必须迅猛一击，将敌人主力和随后将要展开攻势行动的敌人割裂分开。

（三）部署和行动地域

战术群可采取两个梯队的部署来实施纵深突进。通常第一梯队包括两个坦克连；它们分头展开作战行动，无须对齐队形。第二梯队在随后跟进，做好随时增强、支援、掩护、超越第一梯队的准备。

战术群的行动地域正面宽 10～15 千米，纵深可达 20～25 千米。初始时，纵深突进可以在一段 4～5 千米的地段发起，随后只要情况允许，就向外拓宽行动正面。

（四）行动方法和程序

首先，旅要为坦克合成战术群实施纵深突进行动创造条件，确保战术群能击中位于纵深的敌人要害部位。旅通过阻止敌方的反击和发挥己方部队快速反应能力，使用坦克合成战术群突然发起作战，并以猛烈突然的火力配合其行动，来为战术群提供相对的、暂时的行动自由。这将决定着战术群能否在敌人后方顺利实施纵深突进。随后，当战术群投入作战后，它必须瞄准敌人主力的后方展开主要攻击，因为那里有敌人暂时来不及防御的目标，是敌人部署的薄弱部位。位于纵深的敌指挥所和通信枢纽、支援武器平台、后勤补给车队或仓库，这些都是很脆弱的目标。坦克合成战术群可以迅速摧毁它们，并且不会明显地迟缓战术群进攻速度，因此必须将所有这些目标压制或摧毁。（见图 6-13，图 6-14）

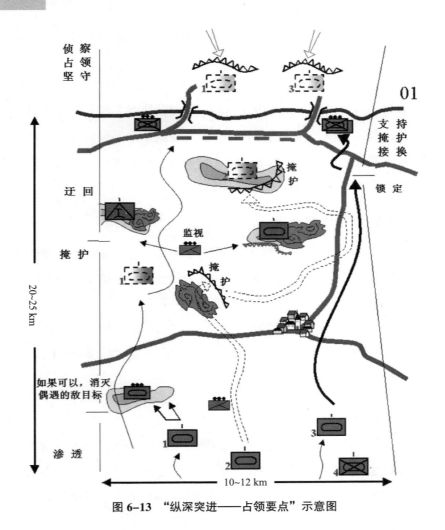

图 6-13　"纵深突进——占领要点"示意图

　　在纵深突进行动中，根据旅规定的作战目标的不同，战术群对敌人采取的行动也往往有所不同。如果纵深突进是以消灭敌人作战部队为优先，则战术群在整个行动区域内寻找敌人并与敌接触作战，通过突然快速地集中数个装甲连的火力，逐个消灭敌人。如果战术群以攻占要点为优先，从而保障旅后续作战行动的展开，或阻止敌人恢复防御部署，则战术群要以最快的速度向目标开进，并将被超越的敌人分队留给随后己方支援作战部队去围歼。

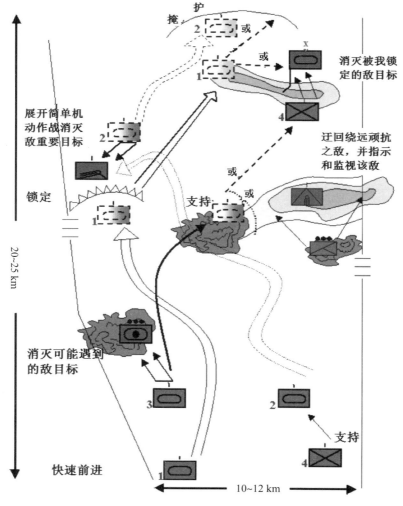

图6-14　"纵深突进——割裂打乱敌纵深部署"示意图

（五）战术运用的关键

战术群对敌实施纵深突进作战取得成功的关键，在于：（1）及时准确获取和传递有关地形和敌情的情报。对于纵深突进行动，敌情和地形等情报信息起着决定性的作用。作战旅必须搜集相关情报，并迅速传递给各级部队，使战术群指挥员酌情改变装甲连、步兵连的纵深突进行动方向，或者迅速发起强行作战。此外，旅指挥员要及时察觉敌人作战姿态的改变，合理决定纵深突进的范围和纵深。（2）注重速度，并充分发挥下级主动性。战术群要在敌人来不及做出协同一致的反应之前，抓住有利战机迅速发起作战，达成速战速决的作战效果。战术群指挥员一方面要根据战场情况迅速做出决定，另一方面要赋予各坦克连连长足够的自主权，使他们能够大胆勇猛地展开行动，寻找可自由行动的路线，抓住有利战机，摧毁遇到的敌目标。因此，战术群的行动是分散的。在步兵连的支援下，各坦克连在各自分区投入作战，无须对齐作战队形。（3）注意保持整个作战部署的协调性。纵深突进的范围不能超出无线电通信联络范围，或超出后勤力量的有效支援保障范围。如有必要，战术群要建立无线电通信中继。当战术群以不太充足的作战自持力投入纵深突进作战时，则要采取特殊保障方式对其进行后勤补给。此时，通常由旅来负责组织和实施后勤补给行动。此外，在组织协同上，旅关注的重点是确保实施纵深突进所需的条件，即在敌纵深对敌实施割裂隔离的时间和空间范围。这要求贯彻集中力量的作战原则，寻求在合适的地方实现良好的敌我力量对比关系，从而有效地应对敌方可能的反应。

七、装甲奔袭

装甲奔袭，是指快速侵入敌方部署纵深，以夺取关键地域或摧毁有重大战役价值目标的作战行动。

坦克合成战术群实施装甲奔袭的目的，是为了攻占上级认为对其行动至关重要的要点和地形，或者是为了使敌人的行动部署失去平衡。

在进攻作战中，当旅或师利用坦克的优点来实施装甲奔袭时，坦克合成战术群将使用主要力量来攻占敌纵深远处要点，以在将来阻碍敌人后续部队投入作战，或支援己方部队投入作战；同时，通过局部火力打击行动，摧毁脆弱的敌目标，并阻止敌人恢复部署。或者在防御作战中，战术群在敌人部署中撕开一突破口，强行突入敌人部署内，以摧毁敌人纵深脆弱的目标；同时，通过己方火力支援力量和预备队展开骚扰敌人作战，以暂时降低敌人进攻对己方的压力。

（一）装甲奔袭的任务

通常坦克战术群实施装甲奔袭要完成的任务是："在某某时间之前攻占某某目标，并消灭遇到的抵抗之敌。"或者"通过汇集攻击行动，逐次或同时消灭位于某某地域和某某地域的抵抗之敌"，或者"将敌人包围在某某高地并消灭该敌"。

（二）实施装甲奔袭的时机

坦克合成战术群实施装甲奔袭，是为师或旅的决定性作战做准备。通常由师或旅定下决心实施一次装甲奔袭作战。投入坦克战术群展开奔袭，是为了加快攻势作战的节奏，或为了使敌人长时间失去平衡。

（三）部署和行动地域

在奔袭作战中，战术群必须保留一个"机动力量"，因此，它成两个梯队部署开进。通常战术群可得到陆航、侦察勘察装甲连（EEI）或其他兵种侦察力量的加强，为战术群提供情报侦察保障。此外，还可得到一个机械化部队的加强；而且战术群通常是集中使用该机械化部队。

装甲奔袭范围根据作战需要、战场实际情况等来确定，并且要考虑到无线电通信能力。法军在使用第 4 代无线电台保障通信的情况下，奔袭范围为 20~30 千米。在展开无线电中继情况下，奔袭范围可以更大，大约为 50 千米。

（四）行动方法和程序

战术群首先，根据先期获得的情报，压制当前之敌，并抓住敌人部署暴露的有利时机，适时发起奔袭作战。其次，战术群快速侵入敌人部署纵深，展开战斗以攻占或摧毁预定目标。最后，战术群固守该目标，直到友军部队到来；或者，在任务失败时避开敌人攻击，并返回到友军接换地域。

　　通常，根据奔袭最终目的的不同，突入敌人部署的方式不同，执行奔袭作战的方法也不同。如果战术群实施奔袭作战是要攻占敌纵深的地形要点，则在奔袭过程中，"勒克莱尔"坦克战术群可能会遇到敌人实施回撤作战的装甲部队和机械化部队。开始时，敌人一般不会有协调一致的抵抗；然而，该敌人可能会逐步在其防御纵深恢复作战部署，并努力为其装甲部队随后投入战斗创造条件。坦克战术群务必不与敌人脱离目视接触，并且战术群在向前推进过程中，不要与已经展开防御的敌人纠缠作战。如果实施奔袭作战是为了使敌人的行动失去平衡，则战术群应该尽可能避免与敌人的装甲部队或机械化部队接触作战。（见图 6-15）

（五）战术运用的关键

　　坦克合成战术群对敌实施装甲奔袭作战取得成功的关键，在于：（1）师或旅必须为坦克合成战术群展开奔袭作战创造条件。旅或师要侦察获取并向战术群提供关于敌人纵深部署和目标的情报；要为战术群向目标快速突进创造条件，以及在战术群行动失败时能顺利地返回友军接换地域创造条件；要确保战术群获得空中火力支援、防空掩护和无线电通信中继保障。（2）寻求对敌达成突袭效果。法军强调最好是利用夜暗或能见度差的不良天候来发起奔袭作战，通过空隙地或展开渗透行动，进入敌方部署中比较稀疏的部位。也可以利用己方另一个部队成功突破敌人部署的有利时机，战术群迅速从突破口突入敌部署内，展开奔袭作战。通常，在战术群展开奔袭作战时，旅还辅助展开一个欺骗行动，使用传统的欺骗手段和电子战措施来实施佯动，以更好配合战术群实现奔袭作战的突然性。（3）在实施奔袭过程中，"勒克莱尔"坦克合成战术群指挥员要在行动的隐蔽性和速度两者之间合理地做出折中选择。为更好地实现突袭效果，战术群在开进过程中要注意保持隐蔽性，尽量避开明显场所、主要路线和

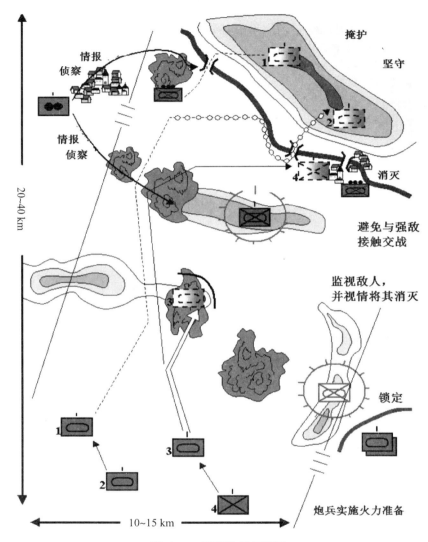

图6-15　奔袭作战示意图

特殊地点，特别要避开与敌发生遭遇战。在到达目标附近地域之前，如果行动的隐蔽性不能得到保证，或者行动节奏过慢不能确保成功完成任务时，则战术群应以速度优先。如果必须投入作战，则战术群应突然地打开通路；必要时，甚至可从正面攻击敌人。（4）情报保障是关键。在奔袭过程中，战术群需要及时获取相关情报，来寻找可自由行动的路径和确保其侧翼安全。因此，必须给予战术群必要的情报侦察力量加强，如陆航侦察力量、侦察勘察装甲连等。（5）确保战术群有足够的作战自持力。战术群在重新补充满油料和弹药后，才投入奔袭作战。在作战中，伤员的后撤和弹药补充等后勤保障，由师或旅来组织实施。通常有两种方案：呼叫陆航力量来实施，或者展开前进后勤保障地域。

八、控制地域

控制地域，是指阻止敌人在某一地域内的行动自由。一方面，它及时发现和监视敌人在这一地域内的渗透行动或机动；另一方面，通过对"不受欢迎"的人员或车辆采取行动，来实现对地域的控制。

坦克合成战术群控制地域的目的，是保持己方在该地域拥有行动自由，同时阻止敌方在该地域自由行动。（见图6–16）

（一）控制地域的任务

合成战术群通过展开部署，寻找和定位敌人，盯住发现的敌人分队，并对其采取恰当作战行动，或锁定、或消灭、或控制该敌。

通常坦克战术群控制地域时所承担的任务是："阻止敌人自由支配某地域直到某某时间。"或者"阻止敌人在某地区的所有行动"，或者"压制任何企图在某某区域实施不合法行为的敌人"，或者"消灭企图在我方区域开辟作战空间的任何敌人"。

（二）实施控制地域行动的时机

法军认为，控制地域是在完成强制和平任务之后，在控制危机阶段所实施的任务。该任务需要有一定的兵力优势。战术群在指定的地域内展开部署控制地域，以恢复或保持区域整体安全，避免各种暴力事件升级而导致武力冲突。

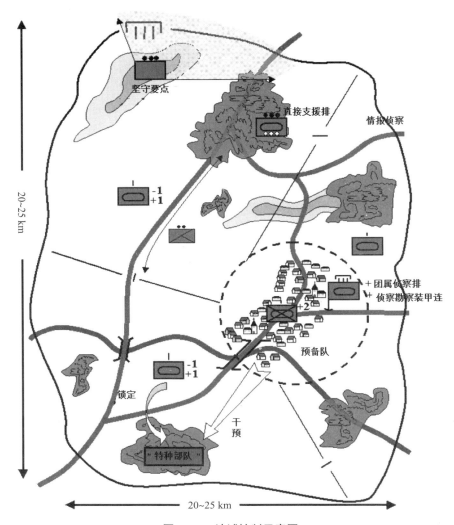

图 6-16　地域控制示意图

通过控制地域，战术群要及时发现和跟踪敌人在该区域的各种渗透活动或运动，并及时向指挥部报告所发现的情况。此外，战术群还必须采取相应干预行动，阻止敌人在该区域展开各种行动，至少是盯紧敌人的活动。

在实施该行动时，"勒克莱尔"坦克合成战术群可能会遇到人群、民兵，或以车载、空降、机降等方式渗透进来的敌人，或者敌人预置部署的特种作战分队。这些敌人通常难以被发现，并利用夜晚展开活动。在高强度冲突的战场上，战术群可能还会遇到散落的、孤立于其基地的敌装甲分队或机械化分队。这些敌人分队聚集后，其数量可达 1 个营（约 300 人）的兵力，可展开实施大的行动。

（三）部署和行动地域

展开控制地域行动时，在战术群指挥员避免使职责过度分散的前提下，可以根据实际情况灵活采取各种部署和力量编组方式。通常，战术群在部署上要保留一支预备力量，以应对突发情况，及时展开干预行动。

根据要控制的地域大小范围，以及战术群要显示其存在的意愿和对情报的需求，坦克合成战术群可能得到 1 个侦察勘察装甲连或者该连的 1~2 个排兵力的加强，以及相应步兵连或步兵排的加强。

通常，"勒克莱尔"坦克合成战术群可控制一个超过 500 平方千米的区域。

（四）行动方法和程序

情报是成功实施任何行动的基础。自开始执行任务时，"勒克莱尔"坦克合成战术群首先就要积极搜集情报，并展开覆盖整个区域的情报部署。战术群以分散行动的方式，通过在区域内广泛部署静态的或机动的小分队，建立起点阵式侦察监视部署。此外，战术群要将重点放在机动上。通过己方不定期、随机性强的机动，增加敌人的不安全性。战术群还要与宪兵或地方司法部门、公安部门等紧密合作，并寻求相关帮助。最后，战术群要建立可靠、快速的通信系统。

战术群的部署必须能覆盖整个地域。通过将整个区域划分为数个分区，分配给各个战术分群负责控制。但是，情报方面的行动必须集中在战术群层面，以便更好组织协同。

行动过程中，一旦发现敌人分队，战术群必须立即盯住该敌，然后动用预备力量（通常由装甲兵组成），在炮兵的支援下对其实施压制或消灭。可以使用陆航力量协助坦克战术群更好地搜集情报，盯住发现的敌人，或增强干预行动的效率。工兵分队则随时待命，根据需要提供各种支援保障。

第六节　坦克合成战术群的指挥

伴随着合成战术群模块化编组的理念，以及坦克合成战术群的新作战样式，法军要求进一步明确和更新 RC80 坦克团指挥员以及 GE40 装甲骑兵群（营）指挥员的职责，以及相应的指挥组织。

法军 RC80 坦克团是一个不担负作战任务的部队，在平时由 2 个坦克营组成；在战时，可将其下的坦克力量编组成 1 个或 2 个独立坦克群。因此，RC80 坦克团指挥员只拥有"建制"指挥权，主要担负平时部队训练和作战准备的职责，对其所隶属的师、旅负责。

而 GE40 装甲骑兵群则是加强的装甲部队。它列入作战旅编成内，可单独执行作战任务。法军 GE40 装甲骑兵群在装甲作战领域有很强的指挥能力。在以装甲兵为主体的作战行动阶段中，GE40 装甲骑兵群指挥员可以承担协同多个合成战术群行动的任务。他能指挥旅置于他支配下的各种技术手段和人员，去完成赋予的作战任务。

在特殊情况下，如果旅指定 RC80 指挥员对一个以 GE40 装甲骑兵群为主编成的坦克合成战术群实施指挥时，则 GE40 装甲骑兵群的指挥员充当副指挥员或者作训科长；或者，GE40 装甲骑兵群指挥员还可以与其下属部队一同前出，在现场激励部下和督促作战节奏，以确保 RC80 指挥员的指挥，避免增加额外的指挥层次。

一、战术群指挥所的组成方式

坦克合成战术群指挥所必须能跟上装甲作战部队的行动节奏，有时甚至是非常快的节奏，以确保实施持续不间断的指挥；同时，它还要保持与上级畅通的通信联络，随时接收命令和传递信息。通常，它在一个地点展开工作的时间有限（2~4小时），以减少可能受到敌人的威胁。这些要求战术群指挥员采取合理的指挥所编组，以适应当前的和将要实施的机动作战。通常可采取以下几种指挥所组成方式：

建立1个单独的指挥所，将所有的指挥人员、器材和手段都集中到一个地点上。通常，在待机地域或在集中地域，在控制地域任务中，或当长时间执行低强度行动时，可采取这种编组方式。该方式可以确保各种联系畅通，在良好的条件下长时间展开工作；而且必要时，可快速组建1个战术指挥所。但是，这种指挥所编成过于庞大和脆弱，要有相应的安全防卫部署提供保护。

建立2个同等的指挥所，将参谋部人员以及指挥手段平均分配到完全相同的2个指挥所。这种指挥所编组方式适合高节奏的作战行动，可通过交替展开工作，减少遇到的风险，且有很大的使用灵活性。然而，这要求控制好在两个指挥所之间的过渡。此外，这种方式不允许建立大量的、长期运行的通信网络，并容易导致参谋人员疲劳。最后，在采取这种指挥编组方式时，必须保持作战指挥单元和联络分队的唯一性。

建立1个基本指挥所和1个战术指挥所。战术群指挥员通过一个精干指挥组（通常是作训军官和情报军官）尽可能靠近其作战部队进行现场指挥；而基本指挥所主要是用于与上级联系、与后勤基地联系和进行作战计划。这种指挥所编组方式主要针对战场情况突然发生变化，或需要指挥员到行动现场指挥的情况，比如实施进攻作战。但这种指挥所编组方式不能长期工作。实际上，战术指挥所中指挥员只掌握一个精干指挥组，只能用于指挥作战行动；由于缺乏相应联络手段，在协同各兵种行动上有一定困难。

二、指挥所的编组配置和分工

装甲兵机动作战的特点，要求指挥系统能在机动中持续不断地运作，且得到很好保护。通常战术群指挥所由 4 个部分组成：决策单元、作战指挥单元、联络分队、指挥保障分队。决策单元由战术群指挥员和副指挥员组成。作战指挥单元，由各个功能的专业军官组成，包括作训、情报、后勤、通信、核生化。联络分队，由其他军兵种部队的联络军官组成，常备的有炮兵、工兵联络分队，可能还有陆航、交通运输、空中引导等联络分队。指挥保障分队，由保障指挥所正常运作和战场生存所必需的其他人员组成。除了以上这 4 个基本组成部分外，根据具体行动情况，指挥所可能还有负责民事领域行动，与盟国或外国军队联络与合作的其他专业人员。

在决策单元中，战术群指挥员负责做出决策。根据情况，他也可委托副指挥员进行决策。通常，指挥员通过作战命令（特别是在"作战意图"中）来表达其作战意图、决心和上级的要求。在作战指挥单元，各专业军官根据指挥所内部的明确任务分工，以及各自专业领域，负责跟踪作战情况的进展，及时向上级报告情况，为首长进行决策做准备（报告战况，分析己方和敌方可能的行动，分析受领的任务等），并根据首长定下的决心拟制行动命令。各联络分队通常与战术群指挥所紧密联系展开工作，确保各兵种的行动与战术群的作战行动相协同；在构思作战行动阶段，兵种联络分队主要充当技术顾问，辅助战术群指挥员更好地使用所掌握的各个兵种力量去完成任务；此外，他们还利用各自兵种的侦察力量侦获的信息，来补充和完善战术群侦察行动所获取的情报。指挥保障分队囊括了保障指挥所正常运作、安全保卫和战场生存所需的保障力量。通信排长负责展开通信设备和建立通信联络；他要研究指挥通信系统的展开和连接，并在必要时向战术群指挥员提出建议。指挥所地域管理员负责组织指挥所的转移、展开、近方安全防卫，以及指挥所人员的生活保障。秘书处负责登记指挥所收到和从指挥所分发出去的各种文档材料。

三、指挥所的通信组网

通常，坦克合成战术群是利用 GE40 装甲骑兵群编制内的指挥通信手段来建立指挥通信网。根据指挥需求或作战阶段的需要，战术群指挥员给出指示，将这些指挥手段按需编组建网。如果旅派出的战术群需要更多的指挥手段，则由旅负责来提供。

在一般情况下，战术群对指挥通信联络的需求如下：在内部通信联络上，战术群需要建立指挥与情报通信、后勤通信、支援通信；在外部通信联络上，战术群需要建立指挥通信、情报通信、后勤通信、警戒通信。必要时，战术群还要建立与两翼友邻的通信联络，与空中支援力量的通信联络。战术群所掌握的通信手段能部分满足这些需求。通常，由通信参谋根据战术群指挥员的指示来具体组织建立各种通信联络。

战术群指挥所通常可展开 1 辆装甲作战指挥车，建立连接师或旅的对上指挥调频通信网、连接战术群各分队的对下指挥调频通信网、连接师或旅的对上指挥调幅通信网；展开 1 辆装甲情报指挥车，建立连接师或旅的对上情报调频通信网、连接战术群各分队的对下指挥调频通信网、连接师或旅的对上后勤调幅通信网；展开 1 辆装甲后勤指挥车，建立连接战术群各分队的后勤调频通信网、战术群指挥调频通信网、后勤用户端无线电台通信网。

通过建立各种指挥通信网，战术群指挥所对上可接入师旅指挥网、情报网、后勤网；平级可连接第 2 个指挥所或战术指挥所、友邻部队或盟军部队；对下可通过指挥情报网和后勤网连接下属分队。在战术群内部，指挥员通过战术群指挥调频通信网，可连接 3 个装甲连、指挥与后勤装甲连、机械化步兵连、炮兵联络分队、工兵联络分队、团属侦察排、渡河辅助工兵排；通过战术群后勤调频通信网，可连接3个装甲连、指挥与后勤装甲连、机械化步兵连、团属侦察排、渡河辅助工兵排，以及可能的其他后勤保障分队。

由于战术群通信手段的非保密性，以及在面对敌方电子战攻击时的脆弱性，战术群指挥员应该时时关注通信联络的防护。通常，法军坦克合成战术群采取以下措施来保护通信系统：在投入作战前，尽可能少地使用辐射型通信手段。即使是数据传输，也是通过辐射手段（0.4瓦功率）实现的；在交战过程中，通过严格遵守通信操作程序和规则，以及采取各种措施来降低无线电以及数据通信的发信频率、发信时间、发信功率等；保留一定数量的冗余收发信机，将它们作为预留通信设备，不通电，并且所有附件都不与之相接，确保其在电磁脉冲下得到很好保护。

此外，在作战命令中，必须明确规定在遭到敌方电子压制时应采取的措施，包括所有通信设备操作员以及拥有无线电通信手段的官兵，都要清楚相应措施的内容。

四、指挥流程

作战中，坦克合成战术群可以快速转变作战姿态，抓住有利战机迅速行动。战术群这些能力不仅与其优越技术性能和战术能力紧密相关，而且还取决于指挥所是否能在最短时间内下达相应命令。因此，只要条件允许，"勒克莱尔"坦克合成战术群指挥员就要针对即将执行的作战任务，对下属分队实施指挥，包括下达预先号令，明确作战意图，明确任务结束后应采取的行动，等等。

在作战准备阶段，要：（1）准备决策。在接到上级命令后，或者当前情况突然发生改变时，战术群指挥员必须对行动的时间－空间范围，要实现的目标（任务），敌情和我情以及敌我可能采取的行动，后勤保障情况等主要因素进行分析，以定下决心。与此同时，指挥所参谋军官和兵种联络分队军官根据各自的专业方向对情况进行分析研究。通过分析，他们共同对情况做出一个集体判断，并向战术指挥员提出行动建议。（2）定下作战决心。指挥员经过自己的分析判断，并在参谋部的情况判断结论和建议基础上，进行决策。此外，为了进一步缩短战术群指挥所反应时间，应经常对敌我双方可能要采取的行动模式进行预想，并进一步简化决策程序。通过在战术群层面进行初步简单的"作战谋划"，尽可能为战术群下属分队展开行动争取必需的提前时间，特别是对于火力支援和作战支援保障等方面的准备。另外，如果可能，还可通过对初始作战地域展开侦察（如派遣轻型装甲车或侦察直升机），及时发现敌情，争取更多作战准备时间。（3）拟制和发布命令。战术群指挥员在定下决心和明确作战意图后，指挥所参谋军官根据决心开始拟制命令，然后呈交给指挥员或战训军官审批签字。可以文字配图的形式，或以图示命令的方式来拟制作战命令。随后，通过通信员或通过召集分队指挥员到指挥所当面下达命令的方式，向下属分队和兵种联络分队发布作战命令。随后以报告或信息通报的形式，将命令副本呈交给上级；如有必要，也送交给友邻。

在作战实施阶段：指挥员要将指挥所配置在尽可能长时间内实施指挥作业，而且在作战紧张时节不需要转移的地方。指挥所位置的选择还要兼顾方便展开通信联络，并考虑到指挥所的安全问题。在行动中，战术群指挥员可通过指挥网下达命令，并尽可能靠前指挥。通过战术指挥所，战术群指挥员尽量靠近先头部队，以更好了解和判断情况，激励下属战斗。行动中，指挥员通常以口头命令的方式向下属分队下达命令，然而必须在指挥所拟制这些口头命令。一般地，战术群指挥所可拥有大约1个小时的时间来准备和拟制作战命令；如果是作战行动命令，则大约是半个小时。这些时间还要加上下属分队研究任务，以及传递给他们的下属人员的时间。因此，从开始拟制命令到现地实际执行命令所需要的时间是很难进一步缩短的。所以，最好能通过预先号令让下属对任务预先有所了解，并迅速做好执行作战任务的准备，或者准备在完成任务后采取相应行动的准备。（见图6-17，图6-18）

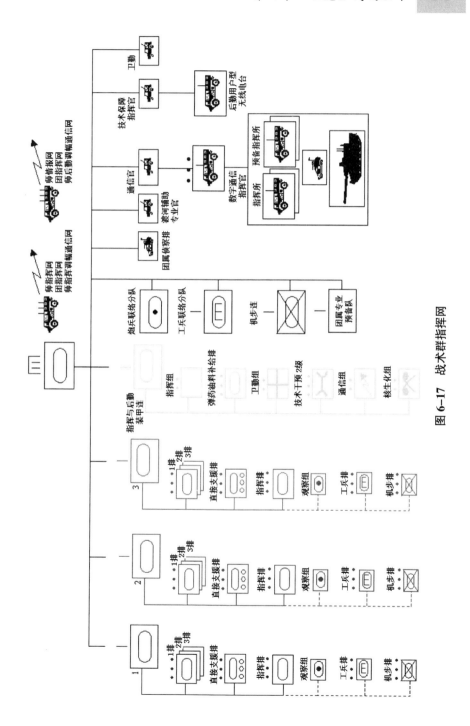

图6-17　战术群指挥网

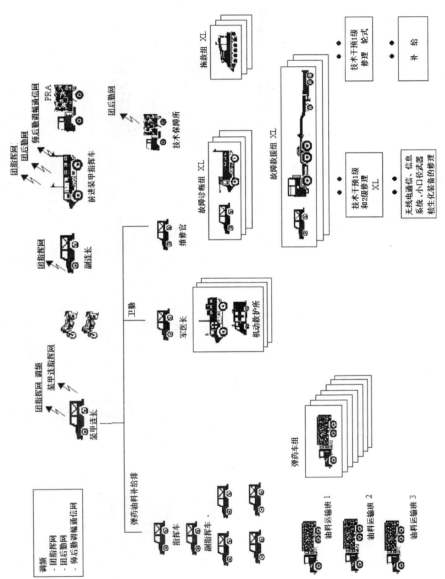

图 6-18 指挥与后勤装甲连网

第七章 其他支援保障兵种力量

除了合成战术群主体力量的战术运用外，其他各种加强力量的运用也是法军合成战术群战术运用多样化的来源。作战中，旅可使用陆航力量给合成战术群提供直接支援或间接支援；或视情向合成战术群派出炮兵支援联络组，或展开相应的反坦克力量、防空力量、工兵力量来支援合成战术群作战。

第一节 陆军航空兵

法国陆军将陆航力量视为空中机动作战主要力量。作战中，法国陆军可投入空中机动作战编队，展开进攻、伏击或摧毁敌装甲目标等行动样式，以执行短时间高强度的作战。在支援合成战术群作战上，陆航部队可以提供直接支援或间接支援。合成战术群能直接掌握的陆航力量是陆航小群（12 架）或陆航中队（8 架）。在支援性加强时（战术控制），陆航小群或陆航中队隶属于师或旅或合成战术群。此外，陆航旅、陆航团还可以展开机动作战、空中协同作战，配合合成战术群行动和战术小群的行动。陆军航空兵可展开以下战术行动：侦察、反击、灵活攻击、奔袭、迟滞、拦阻、掩护、警戒、控制地域、防守要点、空战、空中指挥。

一、法军陆航力量的编成

法军地面作战指挥部在使用陆航力量时，根据要对敌达成的作战效果，来确定空中机动作战力量的任务。同时，必须为空中机动作战力量确定一个与其行动能力和行动速度相匹配的行动区域。如果空中机动作战力量与地面部队共同展开作战时，应尽量避免将地面作战力量与陆航力量同时展开在同一地域空间内，避免相互交叉重叠。因为这不仅对地面作战部队提出过高的要求（要对陆航力量进行引导、指示和分配目标，实施战术控制等），还有造成友军误伤的风险。

法军陆航力量编为陆航旅、陆航战术群、陆航战术分群以及陆航中队。

陆航旅（G605+G604=94 架或 G605=60 架直升机）：在陆航旅指挥所指挥下，它承担空中机动作战、空中协同作战等任务；它还可展开所有类型的行动，以配合地面合成战术群作战。在配属性加强时（作战控制），陆航旅（G605+G604）隶属于地面作战力量指挥部或军，陆航旅（G605）隶属于地面作战力量指挥部或军或师；在支援性加强时（战术控制），陆航旅（G605+G604）隶属于军，陆航旅（G605）隶属于军或师。

陆航战术群（G604=36 架或 G603=24 架直升机）：在陆航团（战术群）指挥所指挥下，它承担空中机动作战、空中协同作战等任务；它还可展开所有类型的行动，用于配合地面合成战术分群作战。在配属性加强时（作战控制），陆航团（G604）隶属于地面作战力量指挥部或军或师，陆航团（G603）隶属于地面作战力量指挥部或军或师或旅；在支援性加强时（战术控制），陆航团（G604 和 G603）隶属于师或旅。

陆航战术分群（G602=12 架直升机）：在陆航战术分群（陆航小群）指挥所指挥下，承担直接支援任务。在配属性加强时（作战控制），陆航战术分群隶属于地面作战力量指挥部或军或师或旅；在支援性加强时（战术控制），陆航战术分群隶属于师或旅或合成战术群。

陆航中队（G601=8 架直升机）：在陆航特遣队指挥下，承担直接支援任务。在配属性加强时（作战控制），陆航中队隶属于地面作战力量或军或师或旅；在支援性加强时（战术控制），陆航中队隶属于师或旅或合成战术群。

二、空中机动作战的支援方式

在一般情况下，空中机动作战力量为己方战术层次的地面部队行动提供作战支援，针对可能的敌人地面和空中机动作战力量展开作战。作战中，空中机动作战力量投入全部和部分的火力支援力量、情报侦察力量和空中机动力量，在飞行的直升机上展开行动，有时可得到己方地面部队（乘坐或不乘坐直升机）的配合，以对抗在地面上行动的敌人，或在超低空实施空地机动作战的敌人。通常以间接支援或直接支援两种方式展开行动。

使用陆航力量以间接支援方式展开行动时，地面部队指挥员在赋予空中机动作战部队任务中，只规定要对敌实现的主要作战效果，以及明确其对己方正在展开的行动应起到的主要作用。而具体行动则由空中机动作战部队指挥官来指挥组织实施，并以直升机的作战节奏来展开行动。有时，空中机动作战部队展开行动的地点可能在地面部队交战地域以外，此时陆航指挥官可自主决定要展开的行动。

在以直接支援方式展开行动时，它要求空中机动作战部队按照地面作战的节奏和作战方式，参与到地面部队展开的行动中。在这种情况下，空中机动作战力量将围绕着地面部队战术群行动，完成它们赋予的任务和实现它们要求的主要制敌效果，并在被支援分队的作战时空范围内展开作战。

三、空中机动作战编队的使用方法

法军在运用空中机动作战编队时，根据陆航力量加强关系的不同（支援或配属），分别采用集中使用或分散使用这两种方法。

当地面作战部队指挥部以陆航支援来适时加强下属部、分队作战时，应采取集中使用的方法。在这种情况下，地面作战部队指挥部通常将空中机动作战编队直接投入作战，而且赋予它相应的行动自主权。在向它明确任务和要实现的作战效果后，主要是由空中机动作战编队自主组织和实施行动来完成任务。此时，空中机动作战编队大部分时间是以间接支援方式来支援地面作战行动。

当陆航部队被配属到某地面作战部队，或隶属于某地面部队的编制内，它可将所掌握的空中机动作战力量（必须不小于陆航中队的规模）临时配属给下属分队，此时，采取分散使用的方法。在这种情况下，空中机动作战力量的大部分任务是要与被加强的地面分队共同实施，其拥有的行动自主性小，并且必须与地面部队行动节奏同步。此时，空中机动作战编队主要以直接支援的方式参与地面作战行动，但这并不排斥在有限的范围内也可自主行动。

目前，法国陆军的合成战术群主要是以步兵为主或以装甲兵为主编成的。但是，法军已经开始考虑以陆航部队为主编成空中机动作战合成战术群，而且陆军条令研究与开发中心已经开始编拟空中机动作战合成战术群的相关条令。陆航部队是作战节奏更快、行动更加灵活、受战场地形限制更小的新兵种。显然，以陆航为主编成合成战术群，其战术运用与步兵合成战术群、装甲兵合成战术群的战术运用有明显的不同。但目前，法军仍然没有正式发布空中机动作战合成战术群的作战条令。在法国陆军现行作战条令中，对陆航力量的运用仍然以支援地面部队行动为主。

四、陆航部队支援合成战术群作战的时机

陆航部队在对步兵合成战术群提供支援时，可使用侦察作战直升机提供情报侦察支援，使用支援保护直升机提供对空掩护支援，使用运输直升

机实施机降作战支援，必要时可投入攻击直升机参与反坦克作战等。考虑到指挥、后勤保障等问题，一般是在旅编成内作战情况下，步兵合成战术群可以得到陆航力量的加强。通常陆航编队以临时加强的方式，为步兵合成战术群提供间接支援或直接支援。由于陆航部队和步兵合成战术群两者行动方式上的差异，步兵合成战术群在使用加强的陆航力量时，要密切与陆航指挥与联络组进行联系和协调，以确保空中机动作战编队与步兵合成战术群之间的行动相匹配。

而陆航力量对装甲合成战术群（轮式战车合成战术群和坦克合成战术群）提供支援时，无论装甲合成战术群是独立自主行动，还是在旅编成内行动，由于陆航部队与装甲合成战术群在任务、行动方式，以及在使用规范（行动空间和交战地域大小）上的相类似，陆军航空兵无须采取特殊的适配措施，就能够很好地为装甲合成战术群提供情报侦察、火力支援和机动等方面的支援和保障。然而，要在作战旅层面对陆航力量的行动做出规定，明确是将陆航力量与地面部队对接置于其战术控制（TACON）下，或者通过编制关系从属于作战控制（OPCON）下。

五、合成战术群可使用的陆航力量和原则要求

合成战术群可使用的陆航力量大小和性质，根据战场情况，合成战术群行动在整个作战行动中的地位，以及该合成战术群的规模大小而定。通常，合成战术群可使用的陆航力量最常见编组是加强的混合飞行中队。

不管是在战术控制还是在作战控制下，置于合成战术群支配下的陆航分队必须拥有多种能力，以有效地执行情报侦察、火力打击、战场机动等任务，而且要有足够的后勤自持力，不至于对被支援的地面部队造成负累。

按照当前法军陆航部队的情况，攻击直升机团可以展开一个基本单元（飞行中队）规模的混合分队，支援步兵合成战术群或装甲合成战术群的

作战行动。该陆航混合分队至少包括 3 架支援－保护直升机（执行情报侦察、支援、战场监视和对空防护任务），4 架反坦克直升机（执行火力支援），以及数架运输直升机（负责自身的后勤保障，可能还执行运输任务，或参与编组特种作战分队、工兵机降干预分队等）。

空中机动作战司令部：下辖 1 个空中机动作战旅、1 个空中机动支援营和 1 所陆军航空兵学校。其空中机动作战旅为新创建的第 4 空中机动作战旅，包括 3 个战斗直升机团（原直属于陆军司令部），装备约 300 架武装直升机和运输直升机，位列欧洲第一水平。预计到 2019 年，武装侦察直升机方面将拥有 67 架"虎"式武装直升机和 81 架"小羚羊"武装直升机。运输直升机将拥有 44 架 NH-90 运输直升机、43 架 SA330"美洲豹"多用途直升机、26 架 AS532"美洲狮"多用途直升机和 8 架"狞猫"运输直升机。空中机动作战司令部集中了陆军航空兵资源，可加强直升机使用的协调性，便于组织陆军空地力量的联合训练和作战。空中机动作战力量主要承担三重功能：战术运输，提供空中指挥所；联合行动，与地面部队协同作战；负责国土保卫。

不管是步兵合成战术群还是装甲合成战术群，在使用加强的陆航力量时，要注意陆航部队的作战特点。陆航部队在行动速度、机动性、地形适应性和行动可逆性上有着自身的特点，而这些特点能完美地与装甲战术群的运用原则相匹配。为了更有效、顺利地展开行动，合成战术群在使用陆航力量时必须遵守以下原则要求：

（1）避免将地面部队和空中陆航部队部署重叠；

（2）陆航要在"另外的地方"以"不同的方式"快速地行动；

（3）不能将陆航力量用于防守地形，但可用于辅助其他兵种力量攻占和控制某地形；

（4）使用陆航对运动中的敌人实施侧翼攻击，发挥其反坦克作战优点。

通常，一个武装直升机飞行中队的交战地域与一个轮式装甲战车合成战术群的交战地域大小大致相当。装备了 VIVIANE 瞄准器和夜视装备的反坦克直升机，不仅使得法军陆航力量具备昼夜空中机动能力，而且还有良好的昼夜作战能力。

六、陆航部队在支援合成战术群作战中的任务

在支援合成战术群作战行动中，可将陆航力量作为地面部队的增强作战力量，用于暂时改变局部敌我力量对比关系，或作为作战支援力量，或掩护力量，或独立作战力量。合成战术群指挥员根据要对敌取得的作战效果，来具体确定陆航力量的战术运用。通常，侦察直升机中队或武装直升机中队的交战地域，其正面在开阔地可达 40 千米；在实施作战侦察、监视侦察时，正面可达 20 千米；在对敌实施迟滞作战时，正面可达 15 千米；在实施拦阻、消耗作战时，正面可达 10 千米。在起飞后，陆航中队在某一地域上空行动的平均自持力（有效时间）为 45 分钟。

作战旅指挥员或合成战术群指挥员可使用陆航力量具体展开以下战术行动。

（一）侦察

作战旅在向敌人主力开进过程中，旅可将编成内的陆航力量先于旅地面作战侦察分队开进，或与其同时开进。通常，该地面作战侦察分队由轮式装甲战车合成战术群编成。

在与敌人接触后，当正面宽超过作战侦察战术群的行动地域正面时，陆航力量可分担部分正面的作战侦察任务。或者，可将陆航部队作为反坦克作战预备队，用以支援和保障该合成战术群的行动。或者，将陆航部队用于独立完成某项与其他战术群行动相关的任务，如以作战侦察方式查明敌方部署的间隙，侦察某一目标的情报，等等。

此外，在执行该任务过程中，陆航部队要发挥自身优点，承担常态化任务。如掩护己方战术群，对抗敌方直升机和慢速飞机，并对敌方高速固

定翼飞机来袭发起告警；在战术群换班后，辅助实施伤员后撤等。

（二）灵活攻击

作战旅可使用编成内的陆航力量，为以实施机动作战为主的合成战术群提供以下支援：当合成战术群实施攻击作战时，可用陆航实施火力支援，以增强反坦克作战力量；或者合成战术群给陆航部队划分一个地域，使陆航部队在该地域内自主作战，或以自主行动方式打击确定的敌目标。当合成战术群实施渗透时，可以陆航力量侦察敌方部署间隙，或对战术群侧翼展开掩护，或者在战术群行动过程中，对次要之敌展开反坦克作战。当合成战术群负责消灭被己方先前部队超越的敌人时，可以使用陆航部队打击摧毁敌目标。在这种情况下，为了避免因己方空地部署重叠而招致友军误伤的风险，必须将陆航部队的行动在地理上与地面部队相区分开来，通常分配给陆航部队一个"自由猎杀"区，以便直升机自主地发现和摧毁敌目标。此外，合成战术群可使用陆航反坦克力量实施集中支援，在局部空地协同作战再次对敌发起攻击，以改变敌我力量对比。

（三）反击

作战旅可将陆航力量用于支援合成战术群实施反击作战，使战术群具备 3 : 1 局部力量优势，以确保成功对敌实施反击。通常，陆航部队可以在战术群反击作战的以下三个阶段展开行动：在作战准备阶段，陆航侦察直升机通过自身的侦察手段和通信手段，向战术群指挥员提供不断更新的实时战场情报，使指挥员可抓住有利的时机投入反击作战力量，打击明确的敌目标。在实施装甲反击阶段，陆航部队可投入反坦克直升机，每机携带 4 枚"霍特"反坦克导弹，一方面，与战术群共同对位于 4000 米地域范围之内但处在己方坦克炮火射程之外的敌装甲目标进行火力打击；另一方面，掩护战术群的侧翼安全，对抗敌人任何牵制行动或侧翼威胁。在己方装甲兵与敌脱离接触阶段，可使用陆航部队对接触之敌实施打击，以连续的火力边退边打，辅助己方地面装甲部队与敌脱离接触。

此外，在执行该任务过程中，陆航部队要注意发挥自身优点，承担常态化任务。

（四）奔袭

作战旅可将编成内的陆航力量先期投入交战，一方面，为将要实施奔袭作战的合成战术群提供敌人部署薄弱部位的相关情报，甚至发现敌人部署的间隙；另一方面，可使用陆航运输直升机提供快速的后勤保障。当装甲战术群实施快速机动侵入敌方部署时，陆航部队可在战术群突进过程中提供侧卫掩护；在缺乏防空力量掩护情况下，陆航部队可承担对空防卫任务，为战术群提供伴随掩护（通常法军使用"虎"式直升机执行该任务）；在渗透过程中遇到敌人各种局部抵抗时，可使用陆航部队削弱可能会迟缓战术群突进的敌人。当战术群抵达目标地域，展开攻占关键地域或摧毁关键目标的作战时，陆航力量可使用机载武器参与夺占或攻击敌人要点的行动，或使用运输直升机机降投送特战队员展开"立体冲击"；或者也可以将陆航力量用于展开掩护作战任务。最后，当合成战术群撤出战斗时，可使用陆航力量组建反坦克预备队，应对突发情况。

由于对敌实施奔袭作战是在己方友军前沿线之前展开的行动，所以涉及陆航力量运用的行动必须在旅的 3D 协调处认真细致准备，组织严密协同。

（五）迟滞

陆航部队无须采取特殊的适配措施，就可直接参与装甲合成战术群的行动，共同完成以空间换时间为特征的迟滞作战任务。通常，装甲合成战术群在实施以迟滞敌人为主的作战中，可得到陆航部队以下支援：在迟滞行动准备阶段，合成战术群应发挥直升机快速机动的优点，使用陆航力量从尽远处搜集当面之敌的情报，包括敌人的部署、主要作战方向、行进速度，等等，进而使得装甲合成战术群指挥员可准确选择与敌"初始接触"

的地域，甚至可以争取到必要的时间来增强拦阻线作战。在紧急情况下，反坦克直升机可以在初期单独实施迟滞作战，诱导甚至牵引敌人的开进。在迟滞作战行动过程中，当交战行动正面过于宽大时，可将陆航部队的反坦克直升机投入作战，使其和战术群其他作战分队一样，负责一个分区的拦阻作战任务；同时，陆航直升机的战场监视设备要持续不断地侦察，以及时发现可能影响我主要作战行动的敌人迂回行动。在装甲部队实施两次拦阻作战时，当战术群完成首次拦阻后，可视情况投入陆航部队与敌交战，并在敌人再次向前推进时使用直升机对敌实施监视侦察。但该行动只能在距离下一个拦阻区足够远的地域线上实施，以避免敌人炮兵火力对该区域的反击射击。在结束迟滞作战阶段，当战术群实施最后一次"向后跃退"时，为支援战术群在接换线之前更好地与敌脱离接触，陆航分队可单独与敌交战，然后将敌人转交给负责接换的己方部队。但这种使用陆航力量的方式要满足必要的前提条件，即必须与炮兵有很好的协同，且指挥手段能满足两者协同作战。此外，当地面力量足以确保与敌脱离接触时，可将陆航分队用于参与战术群部、分队的接换，甚至引导它们前往识别与接换点。

同样，在执行任务过程中，陆航部队要注意发挥自身优点，承担常态化任务。

（六）拦阻

在对敌实施迟滞后，战术群可能要对敌展开拦阻作战。此时，可使用陆航部队参与到以下战术群的作战行动中：在战术群的拦阻作战部署之内或部署边缘地域，投入陆航分队与敌展开接触作战；或者使用陆航部队掩护地面部队的部署；或者攻击实施迂回作战的敌人第二梯队。考虑到在拦阻作战过程中，我方作战部署空间将不可避免地被敌人压缩，因此使用陆航力量对敌纵深第二梯队实施攻击时会有较大的风险。在执行任务过程中，陆航部队要注意发挥自身优点，承担常态化任务。

（七）保障友军接换

当战术群被友军接换时，陆航分队可以通过对敌展开观察和火力袭扰，辅助战术群与敌脱离接触；在战术群与敌脱离接触后，可使用直升机在空中引导战术群地面分队前往友军接换部署的进入点；随后将敌人转交给负责接换的友军部队。此外，陆航部队还承担掩护己方战术群，对抗敌方直升机和慢速飞机，并对敌方高速固定翼飞机来袭发起告警。在战术群换班后，可用陆航力量辅助实施伤员后撤等。

（八）掩护

在旅编成内实施作战时，陆航部队可以辅助战术群执行掩护任务，在以下 3 种地域内展开行动：（1）在作战部署展开区之前，或者在战术群之前，陆航分队可实施情报侦察，或者单独负责一片区域或一段正面，或者作为预备队随时提供火力支援。（2）在战术群侧翼，陆航直升机发挥良好机动性，及时查明战术群各分队的开进情况，从尽远处持续不断地跟踪监视，并在战术分群与敌接触时及时提供火力支援。（3）在结合部间隙地，在与友邻旅以上大部队密切协同前提下，陆航部队根据战场情况或实施情报侦察或进行火力干预，其行动与上面大致一样。无论在何种地域、何种情况下，都应该提前对所有陆航部队的行动非常严谨地组织密切的空地三维协同。

同样，在战术群实施掩护任务中，陆航部队也应承担常态化支援保障任务。

（九）监视侦察

当战术群在对进攻之敌展开监视侦察时，陆航力量的运用与战术群实施迟滞作战和拦阻作战中的情况类似。

（十）控制地域

战术群执行控制地域任务时，通过对相关地域实施持续不断的监视，及时发现敌人和尽快采取相应的行动。通常，战术群可得到陆航部队在情报、火力和机动力三个方面的支援：（1）情报侦察。陆航分队白天使用轻型直升机，晚上使用夜视望远镜或装备"VIVIANE"探测仪的反坦克直升机进行侦察监视。陆航侦察力量与分布在地面上的静态侦察手段重叠部署，可以有效地发现敌人的动向或对突发事件发出告警。它能在4000米距离上辨别装备，在1000米距离上识别人员。在己方地面分队遇到敌人拦阻或遭敌打击时，陆航侦察力量可引导己方分队实施迂回。（2）火力支援。当敌人的进攻危及己方战术群某个分队时，陆航分队的支援－保护直升机使用机载20mm机关炮，反坦克直升机可以使用直接支援火力或展开牵制作战来解救这一分队。在这种情况下，最好和与敌交战的己方分队之间组织密切协同，并由后者独自掌握使用火力的权限。（3）机动保障。由于装备了夜视器材，陆航部队可以昼夜使用运输直升机跨过各种自然障碍或人工障碍，将作战分队机降投送到指定地点上。

（十一）攻占或防守要点

在攻占和把守某一要点时，战术群同样也可以获得陆航部队的协助。

战术群在攻占某一要点时，在（可能得到的）炮兵火力支援射击结束之后，陆航部队根据具体情况，或对要点周围地域展开控制，确保己方攻击行动部署的安全；或使用运输直升机通过数次冲锋波次机降投放战术分队；或对指定敌目标或预先查明的目标实施火力打击。此外，可发挥陆航部队的高机动性，快速转变主要攻击方向，临时为战术群提供必要作战力量，以改变局部敌我力量对比关系。

战术群在防卫某一要点时，由于直升机在敌人炮兵间瞄火力面前的脆弱性，不适宜将陆航兵力作为预备队停驻在要点上。然而，陆航可以两种方式来展开作战：一方面，可将陆航力量用于对要点展开远方掩护；另一方面，在别处建立一个安全防卫基地，编组陆航武装干预预备队，昼夜随时准备实施干预作战。

（十二）空战

法军始初是在直升机上挂载"CELTIC"导弹，使其具备对空攻击能力。随后组建了超近程空对空作战部队（AATCP），装备"密斯特拉风"超近程防空导弹，使陆航具备有效对抗敌方直升机和慢速飞机的能力。到目前为止，法军已经在攻击直升机团使用这种对空作战方式。然而，法军认为应该改变超近程空对空部队（AATCP）这种作战理念，而要将其融入"大防空"的整体防空体系中。法军强调当前只是将防空武器挂载在直升机上而已，而不是直升机拥有空对空导弹的武器系统概念。在"虎"式直升机列装陆航部队充当支援－保护直升机之后，法军陆航部队已真正具备空对空导弹武器系统。

陆航部队实施对空掩护时，不管是融入整体防空还是为战术群提供伴随防空掩护，都分三个阶段展开行动：目标获取、目标识别、射击。出于节约支援－保护直升机的考虑，在对空目标获取（探测和电子定位）上，法军通常使用直升机以外的其他手段来实现。然而，这一阶段是关键性的，可确保陆航对空掩护兵力能在敌机航线上及时进入战位。

陆航对空掩护兵力通常由5架直升机组成：3架直升机挂载航炮，2架直升机挂载超近程空对空导弹；或者2架直升机挂载航炮，3架直升机挂载超近程空对空导弹。由飞行中队的一名军官负责指挥作战。

当战术群需要陆航部队为其提供对空掩护时，必须在赋予该战术群作战任务的旅指挥所内针对陆航对空掩护作战进行认真准备，因为法军只有在旅以上才拥有组织相应空地三维空间协同的手段。在战术群指挥所层面，可组建一联络分队，作为战术群指挥员、直升机编队指挥员和旅协同组三者之间的对接接口。

（十三）空中指挥所

战术群在实施任务过程中，如果有紧急需要，可考虑使用一架运输直升机作为空中指挥所。法军用于保障空中机动的直升机装备有先进的通信手段，包括4台第四代无线电台、自动化通信集成网络等，并在供电上完全自主，完全满足建立空中指挥所的需要。

第二节　提供作战支援的其他地面兵种力量

在其他地面兵种力量的使用上，炮兵可向合成战术群派出支援联络组，协助合成战术群指挥员使用炮兵支援火力。除了向合成战术群派出炮兵支援联络组外，有时根据任务需要，可能将1个"阿特拉斯－眼镜蛇"跟踪雷达（反炮兵雷达）侦察排配属给一个战术群，置于炮兵观察联络组组长指挥下。此外，炮兵目标获取分队参与合成战术群的情报搜集，编入各战术小群的接触作战情报获取组，负责侦察掌握与敌接触作战的情况。在反装甲作战方面，旅属反坦克连可以编入合成战术群中使用，也可与合成战术群配合使用。

在现代战争中，对空安全对地面部队行动的展开有着关键性影响。在防空兵的使用上，法军建立大防空概念，通常合成战术群内不编防空兵。只有在特殊情况下，防空兵连才可能配属给一个合成战术群实施作战。

在工兵支援方面，合成旅的工兵团作战工兵连的作战工兵排、重型扫雷工兵排、机动布雷工兵分队、机动保障工兵等力量，都可视情况用于支援合成战术群作战。

一、炮兵的支援和运用

合成战术群在作战中可使用的炮兵力量，有自身编成内的伴随火炮，战术炮兵群的间接火力支援、反炮兵雷达支援、目标探测分队支援以及反坦克炮兵支援等。

（一）地面炮兵的支援和运用

1. 伴随火炮

合成战术群伴随火炮有 120mm 迫击炮和 81mm 改进型迫击炮。合成战术群编成内的支援迫击炮排的行动由合成战术群指挥员来指挥。如果合成战术群仅在自身伴随火炮 120mm 迫击炮支援下展开作战，没有得到战术炮兵群的支援，则必须组织空地三维协同，以确保己方空中飞行器安全。81mm 改进型迫击炮的射程相对较小，通常只适用于合成战术群自身实施火力支援，来支援与敌交战的战术分群。

120mm 迫击炮最远射程为 12 千米，有效射程为 8 千米。一个 120mm 迫击炮连 1 次携带 144 发炮弹，可压制 2 个机械化步兵排（1 公顷）；可迷盲 400 米正面；可照明 1 平方千米。

2. 炮兵支援联络组

合成战术群在作战中通常得到己方战术炮兵群的间接火力支援。法军强调在作战部队（团）和战术群层面必须建立炮兵支援联络组。炮兵群必须派遣专业人员去协助与炮兵火力行动直接相关的各级指挥机构，包括部队（团）指挥所、合成战术群、非炮兵专业情报侦察力量、盟军炮兵、直接控制机构（空地三维安全控制）等。通常在合成战术群内，炮兵观察联络组组长辅助合成战术群指挥员使用炮兵；各个炮兵观察小组跟随战术分群一起行动。炮兵联络组及其下属的观察小组属于派出他们的炮兵群指挥所的组成部分。

炮兵观察联络组可在合成战术群编成内行动，或者在上级整体战场观察部署中自主行动。在合成战术群指挥所内，炮兵联络组以及炮兵观察联络组组长一起辅助合成战术群指挥员使用地面炮兵间接支援火力。炮兵群为他们配备完成任务所需的各种观测和通信器材。炮兵观察联络组组长可对其下属的数个炮兵观察小组下达相关的射击命令和情报侦察命令。

通过炮兵支援联络组，合成战术群可有效使用己方战术炮兵群的间接支援火力，包括 155mm 牵引火炮，射程 28 千米；155mm 自行火炮，射程 28 千米；单管火箭炮，射程 70 千米，且弹头装配 GPS 导航仪；"恺撒"火炮系统，射程 38 千米。在间接炮火支援作战效能上，如 155mm 自行火炮炮兵团，1 次携带 400 发爆破弹，有效射程 20 千米。它可压制敌 1 个坦克连（5 公顷）；可迷盲 3000 米正面；可照明 5 平方千米。

3. 反炮兵雷达

"眼镜蛇"反炮兵雷达可用于探测正在射击的敌方地面火炮目标信息，并为己方炮兵对其实施反压制指示目标，也可以为己方射击单元与友军射击单元协同对敌进行压制射击指示目标。当前，法国陆军装备的"眼镜蛇"反炮兵雷达已经被集成到地面炮兵射击与联络自动化系统中，或集成到目标信息探测群中。需要时，"眼镜蛇"反炮兵雷达同样可以参与合成战术群作战行动。此时，要将它置于炮兵观察联络组组长指挥下。

通常拥有 1 个"阿特拉斯 – 眼镜蛇"跟踪雷达侦察群的地面师旅部队，在以下两种情况下，可将 1 个"阿特拉斯 – 眼镜蛇"跟踪雷达侦察排配属给一个战术群：（1）将"阿特拉斯 – 眼镜蛇"侦察单元（大约 1 个排兵力，属于战术分群级别）配属给拥有各种探测器的炮兵目标探测分队，支持该目标探测分队实施情报侦察，为战术群行动提供情报保障。（2）从"阿特拉斯 – 眼镜蛇"跟踪雷达侦察群抽取 1 个"阿特拉斯 – 眼镜蛇"侦察排，直接加强给合成战术群，使合成战术群更好地完成保护任务和地区支援任务，如在维和行动中战术群对冲突各方实施监视。

"眼镜蛇"反炮兵雷达具备弹道探测能力，在 2 分钟内最多可定位 40 个炮阵位置，精度 50 米。

4. 炮兵目标探测分队

炮兵目标探测分队除了为炮兵提供服务外，也可以为合成战术群作战提供情报支援。在支援合成战术群作战时，目标探测分队的任务主要是对己方部队与敌接触作战情况进行跟踪侦察，以及参与合成战术群的情报搜集。它具体展开情报侦察和情报搜集的力量有接触作战情报侦察分队（DAC）和其下属的各个接触作战情报侦察组（EAC）。

通常，将接触作战情报侦察分队（DAC）下属的各个接触作战情报侦察组（EAC）配属给合成战术群的各个基层分队，使其随基层作战分队展开行动。这些编入各基层分队（战术分群）的接触作战情报侦察组，主要是通过在接触作战情报侦察平台（接触作战侦察车 VOA），在合成战术群行动地域内，距敌 0～10 千米距离上对敌展开侦察。它主要使用超短程微型无人机（TBAFE，超低空短航时无人机，无须进行空地三维空间协同）、被动探测系统、末端制导武器的目标指示系统等来展开侦察行动。接触作战情报侦察分队指挥员将协同各组的侦察行动，使各组行动与被支援的合成战术群的作战行动相一致。

目前，法军逐渐将炮兵目标探测分队从炮兵编制中独立出来，组建独立的接触作战情报侦察分队。在队长指挥下，数个独立的接触作战情报侦察小组可分别在多探测器平台上工作，主要是操作微型无人机，在距敌 0～10 千米距离上（最远可距离敌人 20 千米）对敌实施侦察。接触作战情报侦察分队拥有以下探测手段：

- 光学远程探测系统（探测距离 6000～8000 米），拥有一个光学探测通道和一个红外探测通道。

- 短程、广角探测雷达（探测距离 6000～8000 米），并连接一个被动红外探测系统。

- 操纵方便的微型无人机，可在 150 英尺以下空域活动，实施侦察。

- 抛撒型传感器。通过广泛抛撒这些微型传感器，可用于展开告警部署，或用于持续观察某一植被茂密的隐蔽地域。这些传感器提供的信息将可以允许炮兵正确识别目标，并可实现首发直接命中的精确射击。

- 战场机器人。能在居民区复杂地形上灵活机动，并隐蔽地完成情报侦察任务。

● 监视雷达（1 组两台 RAPSODIE 雷达），用于对作战地域的交通干道进行监视，及时发现敌方车辆，获取相关情报和保障炮兵射击。

以上这些装备允许接触作战情报侦察分队探测发现距离接触线 20 千米以内的战术目标，并对目标进行跟踪、识别目标特征和进行精确定位。

（二）反坦克炮兵

法军反坦克炮兵对合成战术群的支援，主要有"米兰"反坦克导弹排，以及车载"霍特"反坦克导弹连（排）。

在某些作战阶段中，如作战侦察、监视侦察、侧卫掩护等，法军将"米兰"反坦克导弹排编入侦察与支援战术分群[①]内。此时，"米兰"反坦克导弹排可以与团属作战侦察排紧密配合，共同展开作战行动。当"米兰"反坦克导弹排展开时，需要团属侦察排（SRR）来为它指示有利地形、监视侦察敌人；随后，反坦克导弹排可为战术分群提供反坦克安全防卫，甚至加强该战术分群的反坦克作战能力。

对于车载"霍特"反坦克导弹连（排），根据战场情况和预期达成的战斗效果，可将其编入合成战术群中使用，也可与合成战术群配合使用。当将车载反坦克导弹连（排）编入合成战术群中使用时，在使用方式上，首先优先考虑半集中使用，即将反坦克连（CAC）的一部分力量置于部队指挥员直接指挥下，另一部分配属给合成战术群的下属作战分队；其次考虑分散使用，即将反坦克连各排置于合成战术群下属的一个或数个作战分队的指挥下使用；最后考虑集中使用，即反坦克连各排置于部队指挥员直接指挥下。在支援合成战术群作战背景下，当集中使用反坦克连时，最好采取两个梯队部署。当车载反坦克导弹连（排）与合成战术群配合使用

---

① 侦察与支援战术分群负责掩护第一梯队团或合成战术群作战，或为其提供侧卫掩护，或参与坚守防御或消耗防御等。通常在防御作战中，它以固定式侧卫实施掩护；在进攻作战中，以机动式侧卫实施掩护。

时，反坦克连可以与被支援保障的合成战术群（或机动作战合成集群）一同展开作战，担负支援保障任务，或监视敌人。此时，应严密组织好反坦克连与合成战术群之间的射击协同（火力掩护、延长射击、停止射击等），并明确委托指挥的层次。反坦克连也可以用于执行以防御为特点的拦阻任务，通常由"霍特"反坦克导弹前进装甲战车分队具体实施，并给予其适当加强，负责为合成战术群或合成战术集群拦阻某一意料之外的敌人威胁。特殊情况下，反坦克连也可以编入战术群的部署，和己方装甲兵一起行动，对敌装甲目标实施打击。"霍特"反坦克导弹连还可以编入担负掩护任务的合成战术群中，在该战术群的前方或侧翼展开掩护，保障第一梯队的装甲部队投入作战；或者，在合成战术群的各种行动中，反坦克导弹连展开固定式或机动式侧卫，支援合成战术群的行动。

二、防空兵的支援

法军贯彻的是大防空思想，将防空作战分为空防（由空军负责）、防空（由防空炮兵、陆航支援－保护直升机负责）和全般对空防御（各种武器对空射击）三种等级的作战行动。

在陆战场上，主要由防空炮兵来承担防空任务。中程防空炮兵部队负责整个作战地域的对空掩护，是陆军地面部队防空的主要力量；近程防空力量作为前者的补充，主要为前出作战分队或主要要点提供防空掩护。为避免友军误伤，法军强调地面防空炮兵部队必须与空军指挥所紧密联系，共同建立起防空分队使用规则。法军计划在 2015 年，防空炮兵的近程防空作战系统除了具备打击 6000 米以下传统的飞机、直升机能力外，还将具备打击敌方空地导弹、巡航导弹和无人机的能力；而中高程防空系统除了具备这些能力外，部分防空系统还具备拦截弹道导弹的能力。

在防空炮兵力量的使用上，主要由作战旅或师来指挥作战。防空炮兵不直接与合成战术群建立支援关系。合成战术群通常在己方获得制空权的情况下，或者在己方防空炮兵部队的防护伞下展开作战。当任务需要为合成战术群提供伴随防空掩护时，法军通常使用陆航支援 – 保护直升机为合成战术群提供直接防空保护。

最后，合成战术群还可利用自身的各种武器对空射击，实施全般对空防御。

三、工兵的支援和运用

步兵合成战术群和装甲兵合成战术群在作战中通常都得到 1 个工兵连的加强，即合成旅工兵团的作战工兵连（工兵机械化作战连或工兵装甲作战连）。该作战工兵连的任务是在作战旅指定的时间 – 空间范围内为合成战术群提供支援，或者在合成旅整个作战地域展开行动。通常，该连要在多兵种合成作战环境下展开行动，在合成战术群或所属工兵团的掩护下完成所担负的支援保障任务。

作战中，该作战工兵连能承担各种保障任务。它可直接参与接触作战，对敌方坚固工事实施破坏作业，可参与城市作战，或在登陆作战中开辟登陆场等。它可为作战部队提供机动保障，在部队开进过程中辅助部队通过复杂地形，在障碍区强行开辟通路，可架桥渡河，修复被破坏的道路或开辟迂回道路等。它也可实施反机动保障，如预先设置障碍系（拦阻障碍、零星设障）或随机布障（预有准备布障或临时机动布障），参与拦阻分队的行动等。此外，它还可以辅助作战部队展开部署，为机降突击作战开辟机降场，或在部队短期驻停时参与安全防卫部署的展开。合成战术群在得到工兵连配属加强时，主要将其用于实施机动保障和反机动保障。

通常在攻击侦察、攻占突破口、进攻、反攻和纵深突进等行动中，战术群使用该工兵连实施机动保障，为战术群打通主要前进道路。行动中，工兵连指挥官位于合成战术群指挥所内指挥行动；由该连副指挥官负责组织实施指挥官制定的作战行动，并向工兵连指挥官实时报告作战工兵连的任务进展情况和可能遇到的问题。在合成战术群指挥所中，工兵副连长可局部地替代工兵连长。工兵连的各工兵排则分布在各个作业点上，具体实施工程作业。在实施机动保障时，1个工兵排需要3~4小时在雷场开辟一条100m×4m的通道，需要30分钟开辟一条12m×1m的通路；需要2小时排除堵塞物（树木或房屋）和开辟100米前进通路；需要2小时架设100米长的桥。

在实际运用上，例如打开突破口通路，合成战术群将作战工兵连的工兵排配属给第一梯队作战分队。该工兵排被分配到明确的通路开辟点上，具体实施开辟通路作业。工兵连拥有的重型扫雷器材允许同时开辟4条通路，满足合成战术群第一梯队的2个作战分队的需要。负责开辟通路的工兵力量组成和装备如下：

● 1个重型扫雷排，其组成为：1个指挥组（由1名军官、1名士官、3名士兵组成），1个配备1台AMX碾磕式扫雷坦克和1台遥控与控制前进装甲车的探测组（由1名士官、5名士兵组成），2个扫雷组每组配备1台AMX犁式扫雷坦克（每组由1名士官、3名士兵组成），3台自卸式平板运输车，1台轻型卡车。

● 1个作战工兵排。

● 必要时还有1个架桥排，拥有必要的装备来克服反坦克壕。

使用这些工兵力量来开辟通路，可使用两个方法。方法1：每个排负责开辟1条通道，作战工兵排长及副排长协调分配各种手段的使用（重型扫雷组、作战工兵组、架桥组）。他们向工兵连指挥员报告通路开辟进展情况或遇到的困难。在这一阶段，工兵连指挥员位于合成战术群指挥员身旁，辅助其对工兵的使用。方法2：配属给合成战术群的工兵连指挥员直接协调重型扫雷排、作战工兵排、架桥排的使用。

在使用工兵实施反机动保障时，合成战术群直接指挥配属的反机动工兵连，通过计划内布障，增强障碍系的拦阻能力。在反机动工兵力量运用上，1个工兵排2小时可布雷形成1千米地带雷区；4~6小时可毁坏1座桥梁；2~3小时布设堵塞物（树木或房屋）100米。反机动工兵连可在合成战术群整个作战地域（前沿或侧翼）展开行动，利用自然障碍和必经通道来布障。在面对预料外敌人威胁时实施机动布设障碍（通常在侧翼），战术群可以采取机降工兵干预分队的方式，或工兵干预分队乘坐前进装甲车前往相关区域实施手工布设障碍的方式，进行临时布障。

　　在使用工兵力量辅助作战部队展开部署时，工兵进行工事构筑作业，30 分钟可构建一个前进装甲车或坦克掩体；4 小时可为一个坦克连构筑掩体；12 ~ 24 小时可为一个步兵团构筑掩体。

　　最后，法军强调战术群在使用工兵力量时，最小的使用单位是工兵排。

第八章　法国陆军合成战术群在阿富汗战场上的实战运用

在合成战术群的实战运用上，法军认为其在阿富汗战场上部署展开的"卡匹萨"（Kapisa）合成战术群是比较成功的一个典范，并曾一度集中军内外媒体对该行动进行了深度宣传报道。针对阿富汗战场的特殊地形，法军首先使用具有山地作战特长的阿尔卑斯山地猎人部队为主编组成"卡匹萨"合成战术群；随后在战术运用上，法军实施以开辟前哨基地为基础，随即展开地域控制的"墨点战略"，实现"战控"有机结合，稳步推进。下面就详细介绍法军"卡匹萨"合成战术群在阿富汗的作战经历。

第一节　作战任务

本次作战行动是法国陆军步兵合成战术群的一次战术行动，是在安全防卫的行动框架下展开的控制地域作战。行动的大背景是在阿富汗战后的重建阶段，为控制阿富汗北部地区和实现地区安全稳定，在北约阿富汗国际安全援助部队的指挥下，法军前出开设前哨基地，以控制卡匹萨山谷地域。

一、法军"卡匹萨"合成战术群展开行动所处的阿富汗战争背景

2001 年 10 月 7 日，美英联军对阿富汗发动了代号为"持久自由"的

作战行动，阿富汗战争拉开序幕。12月22日，美英联军取得托拉博拉战役胜利，阿富汗塔利班政权垮台，"基地"组织有组织抵抗结束，标志着阿富汗战争大规模作战阶段结束。2001年12月22日，阿富汗临时政府成立，标志阿富汗进入重建阶段。美英宣布在阿富汗的军事行动进入以积极搜剿代替大规模空袭和城市作战的新阶段，搜剿作战成为贯穿于阿富汗重建过程的美英联军行动方式。

2001年12月—2003年8月，美国盟国向阿富汗派遣了国际安全援助部队。始初美军在阿富汗的军事行动大部分是单独实施的，其主要是考虑避免联盟作战带来的政治影响。然而，随着伊拉克战争爆发，美国打击国际恐怖主义的"战争"焦点被迫转移，此时美国需要得到多个国家的支持。2003年8月，北约接管国际安全援助部队的指挥权，该部队改称北约阿富汗国际安全援助部队。然而，到了2007年2月，美国与北约达成协议，接管了北约阿富汗国际安全援助部队的指挥权。

在这一期间，美英联军以及后来的北约阿富汗国际安全援助部队在阿富汗战场上主要展开了以下较大规模的搜剿作战行动：

2002年"蟒蛇行动"。"蟒蛇行动"是阿富汗战争开战以来最大规模的地面搜剿作战。参加此次行动的美军有第10山地师、第101（空中突击）空降师一部及各军种的特种部队约1000人。此外还包括澳大利亚、加拿大、丹麦、法国、德国、挪威等国的少量部队和阿富汗武装力量数千人。然而，"蟒蛇行动"并没达到预期的清剿效果。情报显示"基地"组织在巴基斯坦部族地区建立了庇护所，并进行了休整和人员补充。随后，"基地"组织不断发起对英美联军袭击的"夏季攻势"。美英联军为了应对塔利班的"夏季攻势"，又接连进行了几场较大规模的清剿行动。但是，塔利班武装力量尽可能避免和美军正面作战，采取化整为零的办法隐藏到阿富汗山区的洞穴和坑道中。一旦面临美英联军围剿，他们就伺机逃入巴基斯坦的部族控制地区。

2003年冬季，塔利班逐步完成对武装力量的重组与整编，为来年发起更大规模的"夏季攻势"做好了准备。而且"基地"组织采取了新的战法，以 50 人为一个进攻小组对孤立的阿富汗政府军的前哨站、警察局或巡逻队发起袭击，随后迅速以 5～10 人的小组分散撤离，从而有效躲避美军和阿军的反击。

2004—2005 年，阿富汗安全局势进一步恶化。尽管驻守阿富汗的美军和阿富汗政府军发动了一些清剿活动，但是由于美军在阿富汗驻军有限，清剿战斗往往变成击溃战，大量的塔利班武装分子越过阿富汗与巴基斯坦边境，隐藏在巴基斯坦的部族控制区，使美军的诸多军事行动功亏一篑。

2006 年，塔利班在阿富汗南部地区的势力不断膨胀，甚至控制了南部的数个省份。为了应对不断恶化的安全形势，北约领导的国际安全援助部队在阿富汗南部发起了多次军事行动。通过几场战斗，北约声称取得了对塔利班的"战术胜利"，清除了该地区的叛军力量。但是实践证明，塔利班并没有被彻底击败。北约的军事行动不得不持续到 2007 年。

2008 年，随着伊拉克战场形势的好转，以及美国国内要求从伊拉克撤军的呼声高涨，美国政府逐渐将战略重心转移到阿富汗。为了迅速改变过去数年不断恶化的安全形势，美军第一个举措就是大举增兵。2008 年 9 月，法国作为北约成员国，在北约阿富汗国际安全援助部队旗帜下，将法军第 27 山地步兵旅部分兵力编组 1 个步兵合成战术群，投送到喀布尔东北部，与美军共同展开行动。本战例就是在这一背景下展开的。

法军在阿富汗卡匹萨地区展开部署，其作战意图是通过向卡匹萨山谷纵深开设前哨基地，在该地区建立起国际安全援助部队的军事存在，确保卡匹萨山谷地域的安全。

二、法军"卡匹萨"合成战术群力量编组和任务

时任法军陆军参谋长的艾尔里克（Elrick Irastorza）将军表示："由于在阿富汗战场上需要面对恶劣的战场环境，作战部队必须掌握专门的

山地作战技能才能胜任作战任务。因此，我不会把法军阿尔卑斯山地猎人部队投送到乍得沙漠地区作战，或者把海军陆战队用于阿富汗卡匹萨谷地前线作战，否则，法军在阿富汗作战将会遇到很大困难，尤其是在冬季。"

　　因此，法军根据在阿富汗战场上的任务，面对敌人的性质，以及阿富汗战场地形特点，遵循合成战术群作战编组原则，有针对性地编组作战力量。法军从第 27 山地旅①中抽调力量，组成"卡匹萨"合成战术群。该步兵合成战术群由 1 个伴随后勤支援保障连、2 个合成战术分群（连规模）以及相应指挥机构组成，共 700 多名法军官兵。该战术群于 2008 年 9 月抵达喀布尔以东大约 100 千米的卡匹萨省，接替原本驻扎在该地区的美军部队。

　　"卡匹萨"合成战术群的任务是在联合国和平行动旗帜下，辅助阿富汗政府军和警察部队，确保卡匹萨山谷地区的安全。作为国际安全援助部队的组成部分，该合成战术群被命名为"猛虎"特遣队（Task force），而其友军则是美军的"勇士"特遣队。它们共同辅助阿富汗政府军和警察在卡匹萨省展开反暴乱行动，确保当地居民安全，以推进当地的经济发展，巩固社会稳定局势。

　　"卡匹萨"合成战术群的具体任务，是在卡匹萨山谷的两个入口〔尼吉拉（Nijrab）山口和塔加布（Tagab）山口〕开设前哨基地，并将两个战术分群部署展开在这两个前哨基地，以拓展在卡匹萨省的控制范围，确保该地区的安全。在为前哨基地选址时，"卡匹萨"合成战术群作战科科长认为："选择这两个山谷进口作为前哨基地，非常符合当地战场地形。通过以这两个前哨基地为依托，可很好控制整片地域。由于山谷纵深一直延伸到巴基斯坦边境，通过将法军部队部署在两个山谷入口位置，就能很好

---

① 法国陆军 2 个"应急作战旅"之一。这两个"应急作战旅"分别为第 27 山地旅和第 11 空降旅。法国陆军第 27 山地旅下辖 1 个山地轮式装甲营、3 个山地步兵营、1 个炮兵营、1 个工兵营。

地控制反叛武装进出山谷，必要时也可以向前推进到反叛武装控制的山谷纵深地域。"

　　法军"卡匹萨"合成战术群为完成开设前哨基地任务，制定了以下行动思路：法军和阿富汗部队沿着卡匹萨山谷抵达位于尼吉拉（Nijrab）山口和塔加布（Tagab）山口的村庄，保护平民不受塔利班武装的伤害；部队在开进到叛乱分子在当地的据点实施清剿、攻占并控制该区域的同时，工兵展开前哨基地基础设施构建作业；随后战术分群正式进入前哨基地驻防，以基地为依托展开长期控制地域任务。通过在该地建立起国际安全援助部队的军事存在，并展开军事民事行动，确保卡匹萨山谷地域安全，促进当地经济发展，然后视情将保护地区安全的任务移交给阿富汗政府军。（见图 8-1）

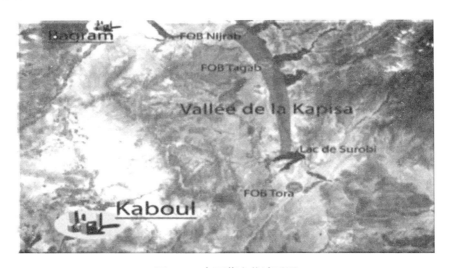

图 8-1　卡匹萨山谷地形图

　　代号"猛虎"特遣队的法军第 27 山地步兵旅"卡匹萨"合成战术群在卡匹萨山谷地区顺利完成所承担的安全保障任务，直到 2009 年 6 月，随后由海军陆战队第 9 轻型装甲旅换班接替。

第二节　法国陆军合成战术群的
"阿拉萨伊山谷"行动

　　法军"猛虎"特遣队在卡匹萨山谷入口开设前哨基地的行动，主要涉及步兵合成战术群"攻击侦察"和"控制地域"两种战术运用。在攻击侦察阶段，行动分两步实施。首先合成战术群向预定目标地点开进，直到与叛乱分子武装力量接触；随后，战术群先头部队与敌展开接触作战，并以召唤间接火力的方式对敌实施打击。在控制地域阶段，合成战术群展开控制地域作战部署，压制敌人，为工兵建造前哨基地提供安全保障；在进驻前哨基地后，合成战术群建立应急干预预备队，保持对周边地域的监视和控制，一旦发现敌对行动征候，立即向上报告情况，并迅速反应采取干预行动。在此基础上，战术群实施军事民事行动，与当地居民展开接触和交流，提供医疗服务，强化与当地民众的联系。

　　此外，法军"卡匹萨"合成战术群在这次开设前哨基地的行动中，还得到美军各种空、地力量的支援和配合。

一、"阿拉萨伊山谷"行动的过程

　　本次行动代号为"阿拉萨伊山谷行动"，行动持续10天。行动前一天，在合成战术群的托拉（Tora）前哨基地，法军下达作战任务：扫荡尼吉拉山口和塔加布山口地区，建立安全区，支援阿富汗国防军建立两个前哨基地。（见图8-2）

　　第一天，清晨06时04分，法军第27山地步兵旅的官兵从托拉基地出发，向阿拉萨伊山谷开进。首先，侦察分队在前方侦察，驱逐可能遇到的敌人；工兵分队则跟进扫雷，保障道路安全；大部队在随后跟进。同时，美军运输直升机在山谷两侧机降"勇士"特遣队第四连，先期占领山

图 8-2　兵力部署图

脊线，确保侧翼安全和视情况提供支援。法军在开进过程中，随着深入山谷腹地进入反政府武装控制区，前方侦察分队与敌警戒小分队遭遇，敌人对法军先头部队展开小规模的阻击袭扰。法军前方侦察分队随即与小股阻击敌人展开交战，并为伴随炮兵指示目标，使用 120mm 迫击炮压制和驱逐了该敌。随后，大部队继续前进。

08 时 24 分，部队抵达第一个拟建前哨基地的地点，位于阿拉萨伊山谷的巴扎尔镇，反政府武装采取了越来越剧烈的攻势行动。08 时 50 分，法军在巴扎尔镇周围展开作战部署，首先将该镇半面包围，向敌人开火，主要以狙击手进行指示性射击，进行火力侦察；而敌人则对法军进行骚扰性射击。由于敌人规模不大，先遣连足以应对和压制该敌。接下来，法军先遣连选择有利地形，利用郊外建筑物，用沙袋垒筑防御工事，并在建筑物外围部署装甲战车。通过建立临时防御阵地，并以火力辐射周边进行地域控制，为随后作战部队进入巴扎尔镇进行搜剿作战打下基础。

10 时 00 分，工兵分队按时抵达巴扎尔镇，并在作战部队的掩护下开始动工建筑前哨基地。在这一过程中，反政府武装又发起骚扰性进攻，企图阻止建筑进程。法军防守分队一方面用机枪和 120mm 迫击炮进行还击；另一方面，位于山脊上的美军特战分队呼叫美军空中力量 A-10 对地攻击机，并为其指示目标，对郊外山上正在集结的反政府武装进行轰炸。这种"杀鸡用牛刀"的作战目的不仅仅是为了消灭敌方小规模有生力量，更是为了对敌人造成心理威慑。在夜幕降临前，反政府武装得到越来越多的加强，双方交战剧烈。法军依托临时防御阵地，发扬火力打击敌人造成其众多死伤。零星交战持续直至半夜，枪炮声才渐停，工兵随即继续展开构筑工程，并连夜持续作业不停。

第二天，上午08时00分，法军根据战场情况，将行动重点从在建的前哨基地外围临时防御阵地，转向具备雏形的前哨基地内部建设。部队首先在外围展开警戒防卫，主要是以狙击小组监视敌人；而在基地内的工兵抓住时间进行工程施工：首先建起围墙、观察哨位、射击阵位，以及其他辅助岗位，以便在敌人发动攻击时，可以从基地进行360度的火力支援。在推进工程进度的同时，阿富汗政府军的数辆坦克于10时05分抵达，进行增援。它们占据小镇附近高地，代替法军战术分群监视四周情况，让法军暂时休整。同时，美军直升机不断在空中盘旋，随时提供火力支援。这一阶段的行动主要是巩固前哨基地，并初步依靠基地实现反应式防御。此时，注重使用装甲兵进行直瞄射击威慑，使用直升机进行远程快速反击威慑。

12时10分，随着前哨基地进一步完善巩固，以及在巴扎尔镇外围多国部队作战部署的完善，法军发起行动进入小镇，对可能的敌武器发射阵位和巢穴进行搜查清剿，如可疑的房屋、有一定工事加固的房屋等。步兵分队在装甲战车直瞄火力和狙击手支援火力的有效射程内，逐步逼近小镇内，展开逐家逐户的拉网式搜索，以清剿塔利班残余力量；同时，作战工兵在周边地区展开排雷作业，逐渐巩固所占领的地区，稳定安全形势。反政府武装已经于前一天夜里退出小镇，虽然小股兵力仍在小镇外进行零星射击骚扰，但总体情况在法军控制之下。这一阶段，法军在基本实现有效控制该地区前提下，作战力量前出对周边地区进行扫荡和实际占领控制。

17 时 30 分，侦察分队再次观察到小镇外围反政府武装有反扑的迹象。法国陆军合成战术群立即做出反应，以猛烈火力压制敌人。在确保施工环境安全的情况下，工兵展开持续作业 2 个昼夜，基本完成前哨基地的构筑。在基地的基础构筑完备，具备一定的坚守防御条件后，合成战术群正式转入基地防守和地域控制阶段的行动。由于基地选址适当，法军从基地可俯视监控整个小镇及周边区域，可迅速展开干预行动，从而确保当地居民的安全，使之脱离反政府武装的控制，为随后展开军事民事行动，与当地居民接触沟通打下基础。

前哨基地开设完毕后，基地的后勤补给问题成为关键。在后勤补给供应上，法国陆军合成战术群派出专门的护送分队，为补给车队提供伴随掩护，每个月平均护送 10 个车队的物资。每次在护送补给车队之前，合成战术分群都要预先抵达相应地区，进行战术和技术上的准备，确保护送补给车队的行动万无一失。实际上，后期的地域控制行动，关键是基地后勤补给。如果油料供应中断，不但战车无法开动，就连基地的供电、取暖都成问题，前哨基地将无法正常运行。

总之，前哨基地的建成和运行，使得多国部队可以有效地控制该山谷。这一行动的成功，是法、美、阿多国力量联合作战，共同努力的结果。在此过程中，由法军山地旅派出的合成战术群充分发挥自身山地部队善于利用地形实施作战的优点，圆满完成任务。

二、行动经验反馈

在总结"卡匹萨"合成战术群阿富汗战场上的成功经验时，法军认为有以下几点：

1. 准备充分

为完成好任务，法军在将"卡匹萨"合成战术群投送到阿富汗战场之前就做了充分准备。首先"卡匹萨"合成战术群指挥员向所属人员清楚解释任务环境、任务性质、所面临威胁的性质，以及可能会遭遇的各种后果。随后，根据任务，部队在与阿富汗战场环境类似的场地展开针对性战前训练，包括战术训练和技术性训练。此外，法军在后勤保障方面，将武器装备、弹药和各种后勤物资按时、按要求投送到位，并确保作战人员和后勤保障人员都清楚各自的职责、行动环境和要求。

2. 发挥部队自身特长，确保行动自由

在作战行动过程中，"卡匹萨"合成战术群指挥官注重发挥部队善于山地作战的特长，使得阿富汗绵绵起伏的山地复杂地形对于法军而言是一种优势，而不是一种障碍。不管天候如何，部队都可以持续机动地作战。因此，法军阿尔卑斯山地猎人部队通过利用山地地形，快速反应击溃敌人，使得战术群指挥官拥有一定的行动自由。

3. 分工明确，程式化快速反应

除了执行清剿作战行动外，针对在卡匹萨地区很容易遭遇反政府武装突然袭击的实际情况，法军部队做了相应的反应式部署，要求班排做好随时应对塔利班势力的伏击和袭击，以快速做出反应击溃敌进攻。通过规定比较科学合理的程式化反应流程，并明确在遇袭时部队官兵如何做出反应，以及各自在反应中的角色和位置，确保在遭到突然袭击时部队能有条不紊地协调行动。

4. 军事清剿与军事民事行动相辅相成

"卡匹萨"合成战术群通过展开清剿行动，以及在当地的部署存在，主要是给当地居民以安全感，为后续军事民事行动创造条件。正如"卡匹萨"合成战术群军事民事行动技术顾问所认为的："通过为当地居民提供安全保障，以促进经济的发展，使得法军在当地的行动显示出正义性。一旦在某一地区的安全得到保证，后勤补给力量开始进入该地区，除了为部队提供后勤补给，还可以从医疗和物资上救助当地居民。"法军希望在军事民事行动中通过与当地居民的接触，广泛宣传合成战术群在当地存在的目的和必要性，尤其是了解当地居民的期待，为更高层次的决策者提供信息情报。从"卡匹萨"合成战术群负责人文环境行动的小分队搜集到的信息，法军刚开始在山谷展开部署时，当地居民本能地害怕，并对法军展开的合作行动持有犹豫态度。但随着法军军事民事行动的展开，法军开始逐渐争取和赢得当地民众的信任，使得后续任务得以顺利展开。

5．军事行动直接服务于经济和政治，以经济发展巩固军事行动成果

法军工兵在当地建房开路，同时法军部队为当地提供安全保障，使得阿富汗本国民营企业、外国投资公司和国际人道主义组织能进入该地区，为该地区经济发展创造安全稳定的环境。美国及北约国际安全援助部队希望，随着当地安全条件的改善，经济生活开始逐渐恢复运作和发展，使当地居民能逐渐脱离反政府武装的控制。而随着经济建设项目的启动，计划在卡匹萨山谷地区大力推动发展建设，并在首都喀布尔周边建设一条经由萨拉吉（Siraj）连接贾拉拉巴德（Jalalabad）和贾巴尔（Jabal）的高速公路，从而为卡匹萨当地经济发展带来契机，而这又将进一步赢得当地民众的支持。

三、法军作战方式对联军在阿富汗作战方式的影响

法军这种以开设前哨基地进行地区控制的"战控"相结合的行动方式，对美军后期在阿富汗的行动提供了参考，并发展为后来所谓的"墨点战略"。

"墨点战略"的主要思想，是以较少军事力量夺取敌对势力控制的一个较大地区，然后向周边辐射影响。具体战法是首先动用兵力在反政府武装占领区建立数个分散的点状安全区（类似于前哨基地），然后以每个安全区为中心，加强防御，将反政府武装完全隔离；再向各安全区投入大量

重建资金，将其建成远比周边更为繁荣稳定的"样板"，从而形成拉拢周边民众的向心力，使其逐步摆脱反叛武装的影响；而后，由各安全区逐步向外扩展控制范围，最终达到"由点到面"、全面控制该地区的目的。其原理就如同在餐巾纸上滴上几滴墨汁，墨汁逐步向外扩散，直至连成一片、覆盖整张餐巾纸，由此被称为"墨点战略"。

2010 年 2—4 月，北约联军对阿富汗马尔贾地区的塔利班武装发起了一场大规模军事行动，代号为"共同行动"。在该行动中，北约联军和阿富汗政府军共出动了 1.5 万人，而塔利班在该地区仅有 1000 人。联军对塔利班形成"牛刀杀鸡"的压倒性优势，并且运用了"墨点战略"的行动方式。对于"墨点战略"这种作战思想，美国陆军约翰·H.斯皮策上校在《军事评论》2011 年 1—2 月号上撰文，对在阿富汗的反暴乱作战的重点提出了自己独特的见解。他认为，反暴乱作战的重点是树立民众对未来的希望和对政府的信心，而不是展开军事民事行动去赢得人心对美军的支持。他直言，美军的最终目标是撤离阿富汗，需要赢得人心的是阿富汗政府，一语道破"墨点战略"的软肋所在。

第三节　法国陆军合成战术群实战经验教训

除了阿富汗作战中，法军认为合成战术群战术运用取得一定成功经验外，在其他战场上，如在索马里、在海湾战争中，法军也在实践中总结了不少教训。其中最主要的教训，是法军部队在作战实践中没有充分遵守模块化组合的原则要求。

虽然法军文件 TTA900 已经对模块组合原则的局限性做了清楚表述，但在实践中，这些局限性似乎没有得到法军的重视。TTA900 中明确表示，在运用模块组合原则时，要注意解决以下三个问题：紧急情况下编组模块化部队时间不充足问题，部队同质性问题，模块化部队级别与作战强度相适应问题。

1. 紧急情况下编组模块化部队时间不充足问题

编组模块化战术群需要一定的时间，而大部分时间是用于将相关部队在作战动员期间置于"集成训练营"进行战前训练。因为在此之前，各个部队之间相互不了解，而且不熟悉彼此的指挥官。而在陆军地面作战中，指战人员之间必须很好地相互了解，这至关重要。在紧急情况下编组合成战术群，如果各组成力量之间缺乏相互了解，可能将导致组合后作战能力有所削弱。"卡匹萨"合成战术群在投送到阿富汗战场之前进行战场训练，能较好解决这一问题。但在法军其他行动中，由于战场需要紧急而仓促编组模块化部队进行兵力投送，导致作战中因沟通不畅而产生内部摩擦力的例子不胜枚举。

2. 部队同质性问题

部队同质性问题是模块组合原则应用中遇到的又一个问题。法军在作战实践中，有时将模块编组的灵活性曲解到将其他兵种部队作为"徒步行动"部队来代替步兵的程度。当法国陆军必须在不同战场上展开大量人员，而且又没有足够的步兵来满足展开部署需求时，就出现寻求使用"徒步行动"部队的企图。例如在波斯尼亚，法军第 40 炮兵团的 1 个"徒步行动"排就被编入步兵连中，作为步兵排使用。虽然他们坚称只是将"徒步行动"部队用于执行传统的检查点任务和车队护送任务，但却没有考虑到一个假的步兵连可能要在战场上执行真正步兵的任务。在索马里行动中，戈瓦德里（Quadri）将军强调，由来自不同兵种单位人员临时组成的"徒步行动"部队在指挥方面带来许多困难。他抱怨这种滥用模块化原则组建的部队，在某种程度上妨碍了部队对作战强度变化的适应，甚至成为已经展开行动的部队的真正束缚。

经过海外作战实践，法国步兵合成战术群得出的战术经验教训是，必须强调作战分队的同质性，官兵有在一起工作的习惯，并且建立起基本的相互信任。而装甲部队似乎没有这种问题的困扰。例如，法军第2装甲师内，装甲兵在作战中经常要面对临时调整编组的情况。在"勒克莱尔"装甲师，其指挥官声称："我们已经习惯这种变动。这是再简单不过的了，只需调节我们电台的波长就可以了。比如，只要将电台旋钮从508调到528，就那么简单。"这种力量编组灵活性来源于该装甲师各级在平时就建立起来的相互信任和彼此重视。

3. 作战强度对模块化部队级别要求问题

针对不同强度的作战，跨国实施模块化编组作战力量的级别应不同。通常，在高强度多国联合作战背景下，模块化编组作战部队的级别应较高；而低强度作战中，则级别可适当向底层延伸。例如，法军前任地面部队指挥官福尔泰（Forterre）将军就认为，在盟军或多国部队作战框架下，特别是对于高强度作战，作战旅应由同一个国家的部队组成，以获得必要的作战力量一致性；而德国和英国则认为这一级别不应小于师。在低强度作战中，多国联合层次可延伸到营的级别，前提是在语言交流和操作程序上没有问题，并且明确知道其上级联络者，且遵守相同的交战规则。

此外，法军还注意到，在实际作战中，指挥员为了确保任务完成，还是习惯于将各种不同功能的部队编组在一起，尽管某些部队对于完成该项任务是多余的，只是作为某种冗余备份。但这与根据任务来适当编组作战力量的节约原则不相符。例如，在海湾行动中，法军的"幼鹿"装甲师担负了在其能力范围之内的任务。但这种作战力量运用的逻辑顺序是颠倒的。模块组合原则是要"量体裁衣"，而法军有时还习惯于选择"成衣"。如果只满足于凭想象去编组力量，对模块化组合原则的曲解和误用将变成一个障碍，并导致模块的过度细化（根据人员情况），最终形成组织涣散的局面，甚至缺乏组织性。

参 考 文 献

1. 法军条令

［1］法军作战条令. INF223——以步兵为主的合成战术群使用手册. 2001.

［2］法军作战条令. ABC 103——以轮式装甲战车为主的合成战术群使用手册. 1999.

［3］法军作战条令. ABC 111——以"勒克莱尔"坦克为主的合成战术群使用手册. 1998.

［4］法军作战条令. ALAT 101——陆军航空兵编队使用手册. 2001.

［5］法军作战条令. ART 405——地面炮兵使用手册. 2001.

［6］法军作战条令. INF 204/1——中程反坦克排使用手册. 2000.

［7］法军作战条令. INF 211/215——车载霍特反坦克导弹连、排使用手册. 1998.

［8］法军作战条令. 车载步兵下车作战辅助排（SAED）使用概念. 2002.

［9］法军作战条令. INF203——连属支援排使用手册. 1999.

［10］法军作战条令. ART 441/1——"密斯特拉风"防空排运用手册. 2001.

［11］法军作战条令. ART 441/2——"密斯特拉风"防空连运用手册. 2001.

［12］法军作战条令. GEN 120——工兵作战排支援运用手册. 2000.

［13］法军作战条令. GEN 140——AMX-30B2 DT 重型机械扫雷配使用手册. 2001.

［14］法军作战条令. INF 207——步兵团狙击步枪手使用手册. 2000.

［15］法军作战条令. INF 206——团属侦察排使用手册. 2000.

［16］法军作战条令. INF212——步兵战斗连使用手册. 1999.

［17］法军作战条令. MAT 406——战车维修连使用手册. 2001.

［18］法军作战条令.SIC 603——作战信息系统使用手册——第三部分：旅信息系统. 2002.

2. 中文著作类

［19］（美）爱德华·A.史密斯. 基于效果作战［M］. 北京：军事科学出版社，2005.

［20］（美）戴维·S.艾伯茨，理查德·E.海斯. 权力边缘化：信息时代的指挥与控制［M］. 北京：军事科学出版社［M］. 2006.

［21］（美）戴维·S.艾伯茨，大卫·阿尔伯特. 信息时代军事变革与指挥控制［M］. 北京：电子工业出版社，2005.

［22］（英）詹姆斯·莫法特. 复杂性理论与网络中心战［M］. 北京：军事科学出版社，2006.

［23］全军全事术语管理委员会. 军事科学院. 中国人民解放军军语（全本）［M］. 北京：军事科学出版社，2011.

［24］陆军步兵营（连）机降反机降战斗教材［M］. 南京：总参谋部第六十研究所，2009.

［25］郭东升，毕崇君，等. 陆军步兵营阵地战斗［M］. 南京：总参谋部第六十研究所，2009.

［26］红军装甲团阵地进攻战斗与蓝军步兵营阵地防御［M］. 南京：南京陆军指挥学院，2010.

［27］许金根，刘延刚. 装甲兵营仓促防御战斗教材［M］. 南京：南京陆军指挥学院，2003.

［28］摩托化步兵营对野战阵地防御之敌进攻战斗 .［M］. 南京：陆军指挥学院，1991.

［29］装甲步兵营连战术教材［M］. 北京：解放军出版社，2011.

［30］费爱国，许同和，徐德池. 网络中心战与信息化战争［M］. 北京：军事科学出版社，2006.

［31］赵滨江. 论网络中心战［M］. 北京：解放军出版社，2004.

［32］步兵营遭遇战斗［M］. 北京：总参军训部，1982.

［33］陆军步兵营（连）遭遇、伏击、先遣战斗教材［M］. 南京：总参军训部，2008.

［34］郭玉千，黄海峰. 机械化步兵营战术教材［M］. 北京：军事科学出版社，2011.

［35］刘志祥. 一体化联合作战条件下机动进攻战斗研究［M］. 南京：南京陆军指挥学院，2006.

［36］郝政利. 联合作战中陆军航空兵运用［M］. 北京：解放军出版社，2006.

3. 期刊报刊类

［37］卢新才，谢胜武. 法国陆军的"撒手锏"："蟒蛇"和"蝎子"［J］. 中国军工报，2010.

［38］管宁宁，仲永龙. 法国陆军展开"天蝎"计划［J］. 环球军事，2010.

［39］原颖. 法军"快反尖刀"是如何炼成的［J］. 解放军报，2012.

［40］贾新乐. 法军"未来步兵"投入阿富汗战场［J］. 参考消息，2011.

［41］法军测试未来战士系统. 科技文摘报尖端军事［J］. 2012.

［42］法军换装新一代步兵系统［J］. 参考消息，2011.

［43］李良勇. 法军在马里陆空合战［J］. 辽宁日报，2013.

［44］杨羽. 跟着法军去"扫荡"［J］. 国防时报，2012.

［45］珠峰. 法军新"铁锤"可打移动目标. 知识博览报，2012.

［46］法军欲靠小型精锐称霸欧盟［J］. 沿海时报，2013.

4. 外文资料类

［47］MANUEL D'EMPLOI DES SYSTÈMES D'INFORMATION OPÉRATIONNELS，Tome 3-Le système d'information de la brigade，05 Septembre 2002.

［48］MANUEL D'EMPLOI DE LA COMPAGNIE DE COMBAT D'INFANTERIE，18 mai 1999.

［49］MANUEL D'EMPLOI DE LA SECTION DE RECONNAISSANCE REGIMENTAIRE，le 23 mai 2000.

［50］MANUEL D'EMPLOI DES TIREURS D'ÉLITE DES RÉGIMENTS D'INFANTERIE，le 31 mars 2000.

［51］MANUEL D'EMPLOI DE LA SECTION APPUI，le 20 octobre 1999

［52］MANUEL D'EMPLOI DE LA SECTION ANTICHAR MOYENNE PORTEE，le 24 juillet 2000.

［53］MANUEL D'EMPLOI DU GROUPEMENT TACTIQUE INTERARMES A DOMINANTE INFANTERIE，le 17 septembre 2001.

［54］MANUEL D'EMPLOI DES UNITES ANTICHARS COMPAGNIES ET SECTIONS VAB-HOT，le 15 juin 1998.

［55］MANUEL D'EMPLOI DU GROUPEMENT TACTIQUE INTERARMES À DOMINANTE BLINDÉE ROUES-CANON，le 7 juillet 1999.

［56］MANUEL D'EMPLOI DES GROUPEMENTS TACTIQUES À DOMINANTE LECLERC，le 30 novembre 1998.

［57］MANUEL D'EMPLOI DES FORMATIONS DE L'AVIATION LEGERE，Le 06 septembre 2001.

［58］MANUEL D'EMPLOI DES FORMATIONS DE L'ARTILLERIE SOL-SOL，le 01 octtobrre 2001.

［59］Manuel d'emploi et de mise en oeuvre de la section SATCP MISTRAL，le 21 dé cembre 2001.

［60］MANUEL D'EMPLOI DE LA SECTION DE DEMINAGE MECANIQUE LOURD（AMX 30 B2 DT），le 31 juillet 2001.

［61］MANUEL D'EMPLOI ET DE MISE EN OEUVRE DES SECTIONS DE COMBAT DU GENIE，le 11 juillet 2000.

［62］MANUEL D'EMPLOI DE LA COMPAGNIE DE MAINTENANCE ADAPTEE AU THEATRE（CIMAT），le 27 juin 2001.